极端天气下城市公共交通多层复杂网络脆弱性研究

马 飞 孙启鹏 尚 震 王作航 著

科学出版社

北 京

内 容 简 介

本书分析暴雨、重度雾霾等极端天气对城市公共交通系统的影响机理，建立了暴雨极端天气、重度雾霾和考虑鲁棒性的城市公共交通网络级联失效模型，通过实证分析测度暴雨极端天气和重度雾霾下考虑车辆动态限行的城市公共交通系统脆弱性，得到了暴雨强度阈值、网络节点和连边最佳容量，以及不同情景下脆弱性的主要诱因，并深入分析极端天气下城市公共交通系统的鲁棒性特征，最终提出城市公共交通复杂网络的脆弱性治理策略。

本书可供从事城市交通、基础设施和气候经济等相关领域的研究学者和科研工作者参考，也可为城市交通运输等相关领域的从业人员和管理者提供决策支持。

图书在版编目（CIP）数据

极端天气下城市公共交通多层复杂网络脆弱性研究 / 马飞等著. —北京：科学出版社，2024.9

ISBN 978-7-03-077664-8

Ⅰ. ①极… Ⅱ. ①马… Ⅲ. ①城市交通系统－公共交通系统－研究 Ⅳ. ①U491.1

中国国家版本馆 CIP 数据核字（2024）第 016725 号

责任编辑：徐　倩 / 责任校对：王晓茜
责任印制：赵　博 / 封面设计：有道设计

科 学 出 版 社 出版
北京东黄城根北街 16 号
邮政编码：100717
http://www.sciencep.com
中煤（北京）印务有限公司印刷
科学出版社发行　各地新华书店经销

*

2024 年 9 月第　一　版　开本：720 × 1000　1/16
2025 年10月第二次印刷　印张：13 3/4
字数：275 000

定价：152.00 元

（如有印装质量问题，我社负责调换）

序

在全球气候变化的背景下，极端天气事件如同汹涌的波涛，不断冲击着人类社会的安宁与发展之舟。其频发的态势、深远的影响，已成为不容忽视的时代课题。据国际权威气象组织的统计，近十年来，极端天气事件的数量激增近三成，其中，洪涝等自然灾害以其巨大的破坏力和沉重的经济损失，备受关注，对全球经济社会发展构成了严峻挑战。

我国由于独特的地理位置和复杂的地形条件，成为受极端天气事件影响最为显著的国家之一。统计数据显示，国内超过三分之二的城市都曾遭受过暴雨洪涝的侵袭，这不仅是对居民生命财产安全的重大威胁，也是对中国城市管理和经济社会高质量发展的巨大挑战，尤其是对城市公共交通系统的稳定运行形成了前所未有的压力。

长安大学马飞教授长期关注城市基础设施系统韧性治理问题，在国内外学术期刊上公开发表了大量研究论文，聚焦于城市公共交通系统在极端天气特别是暴雨洪涝中的运行规律与应对策略，撰写了《极端天气下城市公共交通多层复杂网络脆弱性研究》这一力作。该书不仅是对当前城市交通管理难题的深刻剖析，更是对未来城市可持续发展路径的积极探索，其学术价值和实践意义不言而喻。

该书基于系统论视角，将城市公共交通系统视为一个多层次、多要素相互交织的复杂网络，深入剖析了极端天气如何作用于这一系统，并引发连锁反应，导致网络功能受损甚至瘫痪的内在逻辑。通过创新的测度方法和深入的理论分析，揭示了极端天气下公共交通网络脆弱性的本质，为构建更加安全、高效、韧性的城市公共交通体系提供了坚实的理论基础。

难能可贵的是，该书不仅关注了暴雨等传统极端天气对城市公共交通系统造成的直接脆弱性影响，还前瞻性地探讨了由重度雾霾等极端天气引发的车辆动态限行而形成的间接脆弱性影响。这种全面而深入的探讨无疑为我们理解并应对复杂多变的极端天气挑战提供了更为广阔的视野和更为丰富的思路。

此外，书中关于城市常规公交与轨道交通复杂网络在多种攻击策略下的鲁棒性研究具有较高的学术价值和实践指导意义。通过精准识别复杂交通网络中的关键节点，并提出相应的鲁棒性提升策略，为城市交通系统的韧性建设提供了有力的理论支撑和实践指导，为城市交通管理者和决策者提供了宝贵的参考和借鉴。

总而言之，该书以其独特的视角、严谨的论证和丰富的实践案例，为城市公共交通系统应对极端天气的挑战提供了新的理论框架与实践路径。我相信，该书的出版将为城市公共交通高质量发展注入新的活力，为构建更加绿色、高效、安全、精细的城市公共交通体系贡献智慧与力量。

是为序。

[签名] 博士

香港理工大学工程学院

2024 年 8 月

前　言

近年来，随着全球气候变暖加剧，极端天气现象不断增多，给城市交通系统带来了严峻挑战。公共交通作为城市交通系统的重要组成部分，承担着保障城市居民正常出行的重要任务。暴雨、重度雾霾等极端天气，导致城市公共交通系统无法正常运行，甚至会诱发公共交通系统级联失效，不仅破坏城市公共交通系统的拓扑结构，还会影响居民的正常出行，反映出城市公共交通系统在应对极端天气时的脆弱性特征。基于此，有必要研究城市公共交通系统遭遇暴雨、重度雾霾等极端天气时的级联失效过程及其脆弱性生成机理，探究其脆弱性测度方法及鲁棒性治理策略，为城市公共交通系统应对极端天气提供理论参考和实践依据。

本书基于复杂网络理论构建城市常规公交-轨道交通网络，探究多种极端天气对城市公共交通系统的影响机理，分别建立了面向暴雨、重度雾霾极端天气的城市公共交通网络级联失效模型，以及考虑鲁棒性的常规公交-轨道交通网络混合攻击策略模型，从而刻画在多种攻击情景下城市公共交通网络节点和连边失效的动态过程；在此基础上，考虑复杂交通网络中客流的动态变化情况，从网络结构和公共交通系统客运服务能力两个维度，提出了测度城市公共交通系统脆弱性的综合评价指标体系，在一定程度上丰富了城市公共交通系统脆弱性的研究成果；此外，通过实证分析，测度了极端天气下考虑车辆动态限行的城市公共交通系统脆弱性，得到暴雨强度阈值、网络节点和连边最佳容量，以及不同情景下脆弱性的主要诱因，并深入分析了极端天气下城市公共交通系统的鲁棒性特征，最终提出了城市公共交通复杂网络的脆弱性治理策略。在理论方面，本书通过引入多种扰动变量，实现暴雨、雾霾、动态客流、限行政策等系统内外部影响因素的定量表示，使得构建的理论模型与方法具备一定拓展性，能够适用于其他极端天气或政策环境；在实践方面，本书的研究成果可为城市公共交通运输部门制定公共交通基础设施规划、识别重点关注线路和站点、暴雨极端天气下的应急管理提供决策参考，为重度雾霾天气下轨道交通大客流事件应急方案的制订提供了理论参考，同时为城市公共交通管理部门、轨道交通运营公司以及公交公司的协作配合提供了实践路径。

在本书研究过程中，陕西高校哲学社会科学重点研究基地负责人吴群琪教授在研究思路和框架确定上给予了宝贵指导。西安市气象局公共气象服务中心徐波主任和郭庆元科长为本书气象学模型构建与分析提供了宝贵建议，西安市交通信息中心黄凯主任和徐玉凤科长等为本书城市公共交通运行数据分析提供了重要支持。长安大学经济与管理学院王小建副教授、魏娜博士等在本书初稿形成后，对书稿进行了多轮修改。武汉大学刘飞博士、中电通途（北京）科技有限公司石文静、华设设计集团股份有限公司梁远、陕西交通控股集团有限公司赵成勇等对本书相关内容进行了深入研究，课题组任玮、杨治杰、刘擎、崔芷若等博士研究生和朱玉洁、崔睿颖、胡江艳、汪倩倩等硕士研究生共同参与了本书的数据采集、内容研讨和撰写修改工作。在书稿出版前，科学出版社的责任编辑对本书内容进行了修改指导。在此一并对上述单位和个人的大力支持表示感谢，正是有了课题组各位老师、研究生和科学出版社责任编辑的辛勤付出，才使得本书顺利成稿出版。

本书是国家社会科学基金项目“极端天气下城市公共交通多层复杂网络脆弱性形成、测度及治理”（18BGL258）的部分研究成果，在教育部工程研究中心“道路基础设施数字化”、陕西高校哲学社会科学重点研究基地“综合运输经济管理研究中心”、陕西高校青年创新团队“未来交通与区域发展”的指导下开展研究工作，由长安大学经济与管理学院专著出版资金支持出版。

本书对暴雨和重度雾霾极端天气下的公共交通系统运行进行了初步探讨。然而，城市公共交通系统是一个复杂的巨系统，尤其在极端气象条件下其运行机理较难解构。随着城市公共交通领域防灾减灾的挑战与日俱增，需在明确极端天气灾害链作用机理的背景下，对城市公共交通系统运行作进一步研究和探索。除了本书研究的暴雨、雾霾极端天气外，未来可进一步对暴雪等其他类型极端天气及灾害链对公共交通系统的影响进行深入探索，并将不同极端天气类型对公共交通系统的影响进行对比研究。同时，在城市公共交通网络脆弱性测度中，本书采用最大节点度攻击策略，当节点的度相同时，该策略不能有效衡量不同节点的重要性，未来可基于网络拓扑结构等因素为不同节点进行重要性排序并确定攻击顺序，进而优化网络鲁棒性提升策略。

由于作者时间和精力所限，本书难免存在不足和疏漏之处，敬请读者不吝指教，是为至盼。

作　者

2024 年 8 月 30 日

目　录

第1章 绪　论

1.1 研究背景

近年来，随着全球气候变化加剧，极端天气事件的强度和频率不断提高。2023 年 3 月，联合国政府间气候变化专门委员会（Intergovernmental Panel on Climate Change，IPCC）发布的第六次评估报告显示，过去 50 年中，极端天气尤其是强降雨、重度雾霾等极端事件呈现不断增多、增强的趋势。与此同时，世界气象组织发表声明表示，全球各地的极端天气事件明显增多，且分布范围越来越广，包括东南亚地区的强降水、海湾地区的强热带风暴、中国全域的重度雾霾以及南部地区的强降水和洪水、东南欧和俄罗斯的热浪、南非和南美一些地区非同寻常的降雪等。

极端天气的频繁发生，不仅给居民的日常生活造成了极大不便，也给城市交通带来了严重的不利影响。例如，2018 年 7 月 15 日 20 时至 17 日夜间，北京及周边地区陆续出现大暴雨，导致公路塌方事件 16 起、公路积水事件 10 起、公路水毁事件 3 起①。2021 年 5 月，湖北武汉突发龙卷风和强暴雨，导致部分房屋受损、工棚倒塌、大量树木折断、工地设施严重损坏，事故致 8 人遇难、230 人受伤、3568 人受灾②。2021 年 7 月，暴雨灾害导致河南省京广、郑（州）太（原）、徐（州）兰（州）等 3 条高铁和陇海、京广、太（原）焦（作）、侯（马）月（山）、焦（作）柳（州）、新（乡）焦（作）、新（乡）兖（州）等 7 条普铁发生水害 1100 余处，高速公路 75 个路段、2630 处发生水毁，干线公路水毁路段 6458 个、长度 876 公里，农村公路冲毁路基 7524km、路面 6944km，内河损毁航道护坡护岸 10 处、航标 106 座、渡口 137 处、码头 43 处③。2018 年 4 月 14 日，美国北部平原受到暴风雪袭击，最高风速达每小时 97km，积雪深度达 2～3m，许多汽车遭积雪掩埋。随后暴风雪横穿美国中西部，为内布拉斯加州带来降雪等天气，暴风雪导致 80 号

① 裴剑飞. 受北京暴雨影响 16 条山区公路塌方 [EB/OL]. 新京报，2018-07-16. https://www.bjnews.com.cn/detail/155153061514716.html

② 武汉召开新闻发布会：龙卷风已致 8 人遇难，230 人受伤 [EB/OL].新京报，2021-05-15. https://www.bjnews.com.cn/detail/162107178114582.html

③ 申华. 全省高速公路路网整体畅通有序 普通干线公路全部恢复通行 [EB/OL]. 大河网，2021-08-09. https://news.dahe.cn/2021/08/09/882226.html

州际公路在内的数条交通要道暂时关闭[①]。2020 年 1 月，印尼首都雅加达突降暴雨，造成部分街道积水，车辆受阻不能通行，至少有 13 条主要干道被积水淹没[②]。2021 年 2 月，德国多地迎来极端天气，北部出现暴风雪，中部降下冻雨，包括北威州、下萨克森州、图林根州等在内的多个联邦州受灾情况严重，不仅多条道路被封，短途和长途列车也纷纷被取消[③]。

在气候变化等因素带来的自然灾害风险增大的背景下，风险管控和灾后恢复越来越受到重视，而城市公共交通作为城市的核心基础设施系统，能否从灾害中快速恢复是维持城市居民通勤的关键环节。城市公共交通系统是由常规公交和轨道交通（地铁、轻轨）等多种交通方式组合而成的公共交通网络体系，承担着大量城市居民的日常出行任务。极端天气的发生，会导致城市公共交通系统无法正常运行，严重时甚至会导致整个交通系统瘫痪。以暴雨极端天气为例，一方面暴雨会影响驾驶员视线，降低驾驶员反应速度，导致常规公交运营车速下降；另一方面，暴雨可能导致某些路段积水过深，使涉水通过的常规公交车辆发生故障，从而引起某些常规公交线路改道或停运。在轨道交通方面，暴雨降雨强度过大时，积水会涌入地势较低的轨道交通站内，导致部分轨道交通站点临时关闭，轨道交通系统缩线运营。从系统角度来看，暴雨极端天气发生时，常规公交通常会直接受到严重影响，某些站点及线路因积水或塌方无法通行，原本乘坐该站点或线路的乘客会转移至其他交通方式（如轨道交通）。同样地，雾霾极端天气驱动车辆动态限行情景下，也会有大量私家车出行人群转向轨道交通，给轨道交通带来巨大的客运压力。脆弱性作为一个新的研究视角，正越来越多地被运用于城市公共交通网络可持续发展研究中。城市公共交通网络脆弱性是指城市公共交通网络在极端天气的干扰下，其站点和线路失效而导致运行性能损失的程度。脆弱性评估与测度是城市公共交通系统应对极端天气灾害能力提升的前提。目前，对城市公共交通系统的脆弱性测度的研究，主要是将城市公共交通系统抽象成复杂网络，通过复杂网络中不同节点和连边受到攻击时对整个网络拓扑性能的影响进行分析。在本研究中，城市公共交通系统的脆弱性主要关注极端天气下城市公共交通系统所发生的站点失效、线路停运、客流缩减等造成的系统功能损失程度。

综上，本书将城市常规公交和轨道交通所组成的城市公共交通多层复杂网络作为研究对象，基于极端天气因素对其脆弱性形成机理、测度及防控策略展开研究。

---

① 李卿. 美国多个州遭遇春季暴风雪 路面积雪致交通不便 [EB/OL]. 中新网，2018-04-16. https://www.chinanews.com/tp/hd2011/2018/04-16/811799.shtml

② 印尼首都雅加达突降暴雨 部分道路被淹 交通受阻 [EB/OL]. 央视新闻客户端，2020-01-01. http://m.news.cctv.com/2020/01/01/ARTI45DNepMgd7nsidQhTF9h200101.shtml

③ 德国遭遇罕见暴风雪极端天气 交通事故频发多人受伤 [EB/OL]. 环球网，2021-02-07. https://world.huanqiu.com/article/41pxcVjTt4q

首先，探究各种极端天气（如暴雨、暴雪、重度雾霾）对城市公共交通系统的影响特征，总结其中的共性规律，分析极端天气对城市公共交通系统的影响机理。然后，在考虑极端天气的影响下建立城市公共交通多层复杂网络的级联失效模型，分别构建暴雨极端天气下城市常规公交-轨道交通复杂网络级联失效模型、雾霾极端天气驱动动态限行的城市轨道交通网络级联失效模型以及考虑鲁棒性的城市常规公交-轨道交通复杂网络级联失效模型。暴雨极端天气下，从网络结构和客运能力改变的程度测度其脆弱性，通过设置仿真情景分析暴雨强度、站点线路容量参数以及节点连边耦合强度对常规公交-轨道交通复杂网络级联失效过程的影响，探究各个变量的阈值，以确定最佳的脆弱性治理策略。重度雾霾极端天气下，考虑车辆动态限行政策对城市居民出行的影响，从轨道交通网络结构和客运能力改变的程度测度轨道交通网络在不同限行政策下的脆弱性。极端天气下，考虑城市常规公交-轨道交通复杂网络的鲁棒性，从网络结构和客运能力维度构建评价指标，通过仿真模拟随机攻击识别网络中的关键站点和线路，将各种极端天气场景抽象为攻击方式，基于仿真结果制定不同脆弱性治理策略以提高公共交通系统的鲁棒性。最后，依据各情景下的仿真分析结果，提出城市公共交通复杂网络的脆弱性治理策略，为城市公共交通运输部门制定公共交通基础设施规划、面对暴雨等极端天气的应急管理提供参考。

1.2 研究目的及意义

1.2.1 研究目的

本书以极端天气下城市公共交通多层复杂网络的脆弱性测度和治理为主要目标，通过研究极端天气对城市公共交通系统的影响，分析极端天气对城市公共交通网络的影响机理；建立城市公共交通网络的动态演变模型，模拟分析极端天气下城市公共交通网络的脆弱性变化，据此识别公共交通网络中的脆弱性站点及线路，并依据站点及线路的实际情况提出相应的脆弱性防控策略，为政府部门进行城市交通系统规划和管理提供理论与政策支撑。

首先，本书以暴雨天气作为极端天气代表，分析其对城市公共交通网络的影响机理。极端天气包括极端降水、极端气温、极端干旱、重度雾霾等多种类型，由于中国境内大部分城市的公共交通以常规公交和轨道交通为主，且城市中暴雨极端天气频繁发生，对城市公共交通影响显著，因此，本书以城市常规公交、轨道交通系统为例，将常规公交-轨道交通在暴雨极端天气下的脆弱性测度及治理作为研究目标，分析暴雨对城市公共交通系统的影响机理及暴雨对交通流的定量影响；建立城市常规公交-轨道交通复杂网络模型、复杂网络在暴雨天气下的级联失效模型、网络节点及连边失效的客流转移规则，以及复杂网络脆弱性的测度算子；在此基础上，通过程序模拟暴雨极端天气下常规公交-轨道交通复杂网络的脆弱性变化，并运用敏感性分析识别网络中的关键节点及连边，提出相应的脆弱性防控策略，为政府部门规划和管理公共交通系统提供理论支持，为多层复杂网络的脆弱性研究提供新思路。

其次，以雾霾天气作为极端天气代表完成城市公共交通网络的脆弱性动态演化特征分析。为应对频繁出现的重度雾霾极端天气，我国多座城市启动车辆动态限行政策，动态限行政策的实施会对城市轨道交通系统造成大客流冲击，进而可能导致部分站点失效或暂停，影响城市居民的正常出行，对城市居民的生活品质和出行安全造成严重影响。如果能够将车辆动态限行下城市轨道交通系统各站点和线路的脆弱性进行量化，那么在此基础上制定应对车辆动态限行的应急方案，可提高抵御此情景下大客流冲击的能力，提高城市轨道交通系统的运行效率，保障城市居民的出行安全。因此，本书将重度雾霾极端天气下的车辆动态限行对城市轨道交通系统脆弱性的影响作为第二个研究目标，基于复杂网络理论研究方法分析轨道交通网络的脆弱性，将轨道交通站点失效的后果作为评价城市轨道交通网络脆弱性的指标，依据评价的结果给出城市公共交通网络的脆弱性治理措施。

最后，以极端天气灾害等突发事件下城市公共交通系统的鲁棒性研究作为城市公共交通系统脆弱性治理方向，为政府部门进行城市交通系统规划和管理提供理论与策略支撑。极端天气的频发影响着城市公共交通系统的客运服务效率。因此，本书将极端天气灾害等突发事件下城市公共交通系统的鲁棒性研究作为第三个研究目标。通过系统考虑城市常规公交和轨道交通系统，构建常规公交-轨道交通复杂网络，将极端天气灾害等事件抽象为网络攻击模式，分析城市常规公交-轨道交通复杂网络在随机攻击模式、蓄意攻击模式和混合攻击模式下，网络结构和客运功能的变化程度，以此测度网络在不同攻击情景下的鲁棒性，并识别出城市公共交通网络中的脆弱站点及线路，提出极端天气下城市常规公交-轨道交通复杂网络鲁棒性提升策略，为城市公共交通管理部门的交通规划工作提供理论依据，为城市公共交通复杂网络的鲁棒性研究提供理论参考。

1.2.2 研究意义

1. 理论意义

本书运用复杂网络相关理论建立城市轨道交通网络以及常规公交-轨道交通复杂网络，进一步构建了暴雨极端天气下城市常规公交-轨道交通复杂网络级联失效模型、重度雾霾极端天气下考虑动态限行的城市轨道交通网络级联失效模型和考虑鲁棒性的城市公共交通网络混合攻击策略模型，从网络结构和公共交通系统客运服务能力两个维度提出了测度城市公共交通系统脆弱性的综合指标，在一定程度上促进了城市公共交通系统可靠性和脆弱性的研究进展。在城市公共交通治理研究方面，通过城市公共交通多层复杂网络的脆弱性仿真分析，识别其中的关键站点及线路，并给出相应的脆弱性防控策略和鲁棒性提升建议，为政府部门规划和管理城市公共交通系统提供理论与实践支持，提高城市公共交通系统应对极端天气灾害的能力。在城市居民出行研究方面，通过脆弱性仿真分析识别的关键站点及线路能为城市居民的出行决策提供参考信息，一定程度上丰富了极端天气下引导城市居民合理选择出行方式及出行路线的理论研究。

2. 实践意义

本书在城市交通系统极端天气灾害下的应急管理、城市公共交通治理、城市居民出行诱导等方面具有较强的实践意义。首先，通过研究，较好地阐释了暴雨极端天气对城市公共交通系统动态变化的机理，交通网络失效的暴雨降雨强度阈值、网络节点及连边的最佳容量、网络拓扑结构对网络脆弱性的影响以及不同情景下网络脆弱性的主要来源，可为城市公共交通运输部门制定公共交通基础设施规划、识别重点关注线路和站点、面对暴雨极端天气的应急管理提供参考。其次，针对重度雾霾极端天气下不同的车辆限行政策，从网络结构、客运功能如客流强度和拥挤度的变化程度测度城市轨道交通网络的脆弱性，为重度雾霾极端天气下轨道交通大客流事件应急方案的制定提供了理论参考。最后，通过研究城市常规公交-轨道交通复杂网络在多种攻击策略下的鲁棒性变化，识别出网络中的关键站点，并提出网络鲁棒性提升策略，为城市公共交通管理部门、轨道交通运营公司以及公交公司的协作配合、居民优化出行选择与出行路线提供了实际指导。

1.3 研究内容和实施方案

1.3.1 研究内容

本书利用复杂网络理论将城市公共交通中的常规公交和轨道交通按照换乘关系进行关联，形成城市公共交通复杂网络，以此作为研究对象，探索其脆弱性形成机理、测度及防控策略。首先，探究暴雨、重度雾霾等极端天气对城市公共交通系统的影响特征，总结其共性规律，分析极端天气对城市公共交通系统的影响机理；其次，在考虑极端天气的影响下建立城市公共交通复杂网络的动态演变模型，从网络结构和客运能力改变的程度测度其脆弱性，通过仿真模拟随机攻击识别网络中的关键站点和线路；将暴雨极端天气作为系统扰动变量，分析城市常规公交-轨道交通复杂网络在暴雨极端天气影响下的级联失效演变过程。借助敏感性分析方法识别出常规公交-轨道交通复杂网络中的关键节点和连边，借此提出暴雨极端天气下城市公共交通系统的脆弱性治理措施；然后，在重度雾霾极端天气下通过设置仿真情景，分析西安轨道交通网络在车辆动态限行下的脆弱性。最后，将极端天气抽象为城市常规公交-轨道交通复杂网络的节点攻击因素，构建基于非线性负载-容量模型的常规公交-轨道交通复杂网络级联失效模型，从网络结构和客运功能两个维度分析网络在各种攻击模式下的鲁棒性表现，并识别出网络中的关键节点，提出常规公交-轨道交通复杂网络的鲁棒性提升策略，具体研究内容如下。

1. 极端天气对城市公共交通系统的影响机理

不同极端天气的特点不同，因此对城市公共交通系统的影响存在差异。本书拟抽取代表性极端天气对城市公共交通系统影响的共性规律，进而分析极端天气对城市常规公交和轨道交通系统的影响，以及城市常规公交系统和轨道交通系统的相互作用过程，在此基础上刻画极端天气对城市公共交通系统的影响机理。首先确定暴雨、重度雾霾等极端天气的定义，从人、车、路三个方面分析暴雨对城市公共交通系统的影响表现及影响机理，同时依据前人研究确定暴雨降雨强度与交通流损失之间的关系。构建重度雾霾极端天气驱动车辆动态限行背景下城市轨道交通网络级联失效模型，依据复杂网络理论构建城市轨道交通网络模型，通过模型体现了轨道交通系统各站点的连接关系，明确重度雾霾等极端天气下城市公共交通系统客流转移流量和场景，制定复杂网络节点失效后节点间的客流转移规则。

2. 极端天气下城市公共交通复杂网络动态演变模型

将城市公共交通系统抽象成多层复杂网络，分析各层网络之间的连接机制，在此基础上运用多层复杂网络的基本理论分析城市公共交通网络的特点。将客流加载到多层网络上，形成无向加权网络。根据极端天气对城市公共交通网络的影响机理和常规公交子系统和轨道交通子系统相互作用机理，分析极端天气下城市公共交通网络结构以及客流变化情况，构建城市公共交通多层网络的动态演变模型，用以表征城市公共交通系统的网络结构和客运能力。针对城市暴雨、雾霾驱动车辆动态限行、考虑网络鲁棒性三种场景建立对应的级联失效模型。第一，暴雨极端天气下城市常规公交-轨道交通复杂网络局部客流转移主要有三种情景，分别是客流过载、节点失效和连边失效，对三种情景下的客流转移规则进行说明。第二，考虑雾霾极端天气驱动车辆动态限行下客流向轨道大规模转移，基于负载容量模型建立城市轨道交通网络级联失效模型。第三，考虑网络鲁棒性，提出基于非线性负载-容量模型的城市常规公交-轨道交通复杂网络的级联失效模型。

3. 城市公共交通多层复杂网络的脆弱性测度

按照多层复杂网络的脆弱性定义，从网络结构和客运能力两个方面选取脆弱性的测度指标，依据建立的城市公共交通多层复杂网络的动态演变模型，加载不同极端天气的模拟场景。根据脆弱性测度指标的变化分析常规公交子网络、轨道交通子网络以及多层复杂网络的脆弱性，从网络拓扑结构和功能两个方面提出相应的脆弱性测度指标，据此合成最终的复杂网络脆弱性综合算子，并将脆弱性分析结果与常规公交单层网络、轨道交通单层网络的脆弱性进行对比。本书拟从暴雨和重度雾霾两种代表性极端天气分别进行城市公共交通多层复杂网络的脆弱性测度。

（1）考虑暴雨极端天气对城市交通多层复杂网络带来的不利影响，从复杂网络拓扑结构和客运功能的角度，选取最大连通子图节点规模损失率、全网效率和客流损失率三个指标合成最终的脆弱性综合算子，据此定量计算城市公共交通系统在极端天气下的脆弱性。

（2）考虑重度雾霾极端天气驱动车辆动态限行对城市居民出行以及城市交通网络造成的影响，详细阐述车辆动态限行对城市交通系统的影响机理，从拓扑结构和客运功能两个方面提出城市轨道交通网络的脆弱性评价指标，以此评价重度雾霾极端天气对城市轨道交通网络的脆弱性影响。

4. 城市公共交通多层复杂网络的脆弱性治理策略

通过对暴雨、重度雾霾等极端天气下城市公共交通系统的变化进行情景模拟，分析其中导致多层复杂网络结构和客运能力发生较大变化的站点与线路，调查该站点和线路的实际情况，进而提出增强站点和线路应急能力（配备相应的应急处理人员）、改变网络结构（增加线路或改变站点连接等）的策略，并模拟不同脆弱性防控策略实施后城市公共交通网络的脆弱性变化，从而选择最佳的脆弱性防控策略。以西安市为研究区域，分析城市公共交通网络在暴雨、重度雾霾极端天气下的动态演变过程，并通过脆弱性测度公共交通网络受暴雨、重度雾霾影响而遭受的损失，同时还分析不同变量对公共交通系统脆弱性的影响，以及不同情景下公共交通系统脆弱性的主要成因。与此同时，通过敏感性分析确定常规公交-轨道交通复杂网络节点及连边的重要度排序，在此基础上提出相应的脆弱性治理策略，并对比分析不同策略的脆弱性治理效果。此外，通过设置仿真情景分析西安城区常规公交-轨道交通复杂网络在不同攻击模式下的鲁棒性，识别常规公交-轨道交通复杂网络中的关键性节点，给出相应的交通网络鲁棒性提升策略，为城市公共交通管理部门动态调整常规公交-轨道交通网络运营治理提供参考。

1.3.2 研究方法

针对上述内容，本书采用的主要研究方法如下。

（1）概率统计方法。概率统计计算，又称计算概率统计，是概率论、数理统计、计算数学的结合。本书根据曲线拟合确定暴雨降雨强度与交通流的关系，然后根据概率统计方法推算暴雨极端天气对城市公共交通系统的影响。

（2）复杂网络建模。复杂网络是指具有自组织、自相似、吸引子、小世界、无标度中部分或全部性质的网络。依据复杂网络建模理论和多层复杂网络理论提出相关假设，据此建立常规公交-轨道交通复杂网络。

（3）混沌动力学方法。混沌是非线性系统的固有特性，是非线性系统普遍存在的现象。混沌动力学方法包括离散动力学系统、混沌与分形、常微分方程动力系统等。基于城市交通系统的混沌特性，根据混沌动力学模型——耦合映射格子（coupled map lattice，CML）对城市公共交通系统的运行状态进行建模。

（4）敏感性分析方法。敏感性分析方法是指从众多不确定性因素中找出对投资项目经济效益指标有重要影响的敏感性因素，并分析、测算其对项目经济效益指标的影响程度和敏感性程度，进而判断项目承受风险能力的一种不确定性分析方法。本书根据城市公共交通网络节点及连边的状态值与网络脆弱性之间的关系，运用敏感性分析方法确定常规公交-轨道交通复杂网络的关键节点及连边。

（5）程序仿真分析法。以西安城区的公共交通系统为例，通过 MATLAB 程序仿真的方法模拟暴雨极端天气下城市公共交通系统的动态变化过程。

1.3.3 方案设计

首先，根据现有关于脆弱性和极端天气的研究文献，总结城市公共交通网络脆弱性的研究方法和模型，明确脆弱性、鲁棒性的概念含义与研究应用，提出本书的主要内容。提取代表性极端天气对城市公共交通网络影响的共性规律，进而分析极端天气对城市常规公交系统和轨道交通系统的影响，以及城市常规公交系统和轨道交通系统的相互作用过程，在此基础上刻画极端天气对城市公共交通网络的影响机理。

其次，应用 Space L 建模方法，构建城市轨道交通复杂网络模型，依据本书的研究情景和负载容量模型，建立城市常规公交-轨道交通复杂网络级联失效模型，并制定节点客流过载失效情景下的客流转移规则。

然后，针对极端天气对城市公共交通影响问题，选取暴雨和重度雾霾作为代表性极端天气分别展开研究。在研究暴雨天气对城市公共交通影响时，将暴雨作为城市公共交通网络的扰动变量，定量计算城市公共交通网络在极端天气下的脆弱性，并运用脆弱性敏感分析确定系统的关键站点及线路，从而提出相应的脆弱性治理策略。在重度雾霾导致车辆动态限行背景下，将车辆动态限行导致的客流变化作为城市轨道交通网络的扰动变量，分析实施车辆动态限行前后轨道交通网络中客流量的变化情况，测度车辆动态限行政策对城市轨道交通网络的脆弱性影响程度，找出轨道交通网络中的关键节点，提高车辆动态限行下城市轨道交通网络的运营能力。

最后，立足于极端天气等事件影响下城市公共交通复杂网络鲁棒性提升策略研究视域，在考虑网络结构鲁棒性的同时，将客流流失量作为网络客运功能鲁棒性的衡量指标。分析常规公交-轨道交通复杂网络在最大节点度蓄意攻击、随机攻击和混合攻击模式下的网络鲁棒性，并识别出网络中的关键节点。基于上述研究结果，提出城市公共交通复杂网络鲁棒性提升策略以及脆弱性治理策略，保障城市公共交通系统的稳定高效运行。具体的技术路线如图1.1所示。

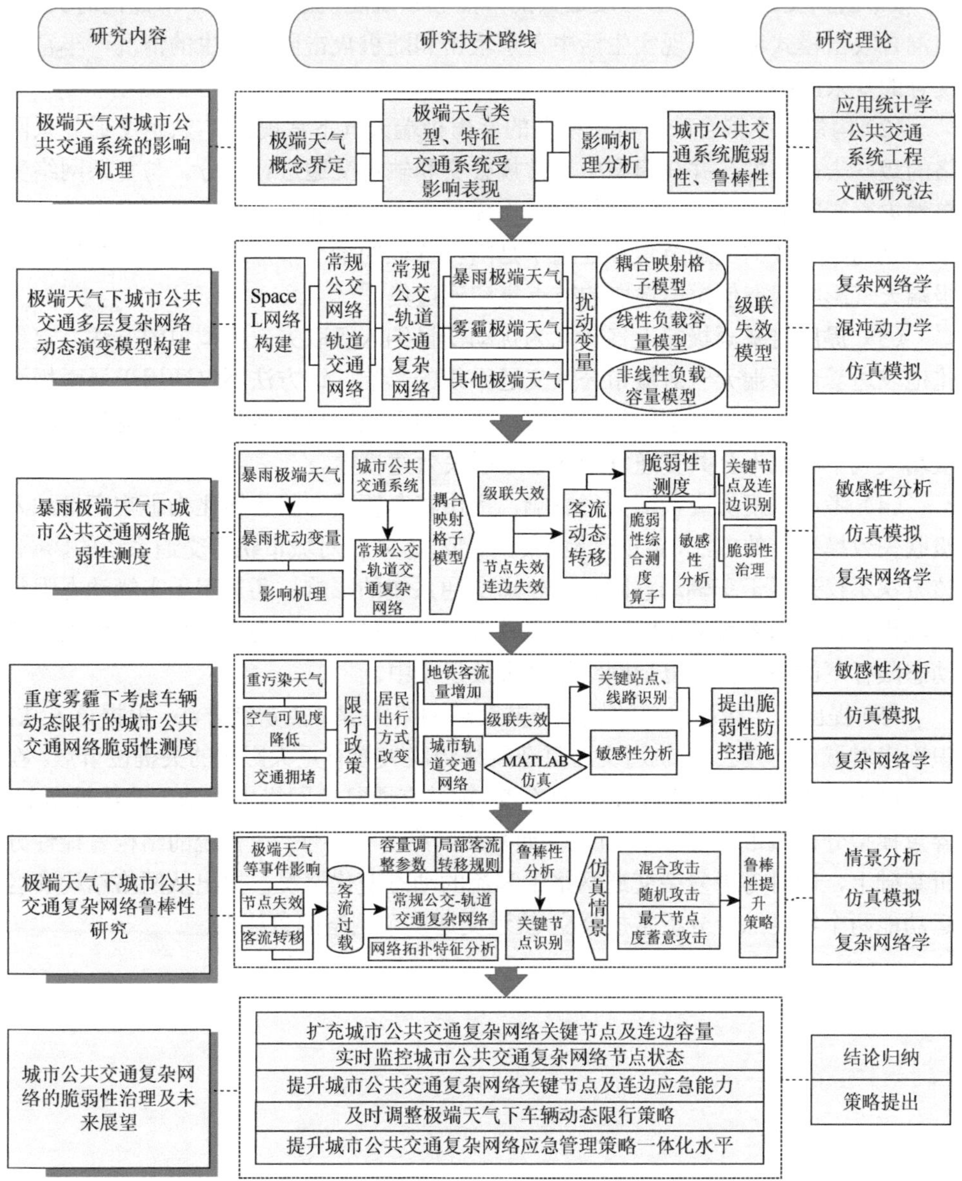

图1.1 研究技术路线

1.4 创 新 点

本书在以下几个方面具有一定创新。

（1）提出针对城市公共交通网络中各节点的混合攻击模式。在混合攻击模式下，城市公共交通网络中节点度最大的节点和系统随机选择的一个节点同时失效。该混合攻击模式考虑了现实生活中蓄意攻击和随机攻击同时发生的情况，丰富了现有的复杂网络攻击策略应用场景。

（2）构建基于耦合映射格子模型的暴雨极端天气下常规公交-轨道交通复杂网络的级联失效模型，并在模型中对常规公交和轨道交通进行区分。与复杂网络受自然灾害影响的级联失效模型相比，该模型考虑了交通节点和连边同时失效的情景，且初始失效的交通节点和连边不是随机选取的单个节点或连边，而是根据受极端天气影响状态值溢出选取的节点集和连边集。

（3）提出将暴雨极端天气转化为扰动变量纳入级联失效模型中的方法，定量化地表达暴雨极端天气对城市公共交通系统的影响。该方法不仅适用于暴雨极端天气，还适用于其他类型的极端天气，将极端天气定量地转化为扰动变量，融入极端天气下的城市公共交通复杂网络级联失效建模中。

（4）考虑重度雾霾极端天气影响，提出将车辆动态限行转化为影响变量纳入级联失效模型中的方法，定量化地表达车辆动态限行对城市轨道交通系统的影响。该方法不仅适用于车辆动态限行对轨道交通系统的影响，还适用于车辆动态限行对城市公共交通系统的影响，将车辆动态限行定量地转化为影响变量，融入车辆动态限行下的城市公交复杂网络级联失效建模中。

（5）提出基于级联失效的城市公共交通网络关键节点识别方法。根据该方法，识别出对城市常规公交-轨道交通复杂网络级联失效有重大影响的关键性节点。在此基础上，将城市客流加载到常规公交-轨道交通复杂网络中，基于非线性负载-容量模型分析城市常规公交-轨道交通复杂网络的鲁棒性。在传统的结构鲁棒性分析基础上，同时考虑复杂交通网络中客流的动态变化情况，提出从网络结构和客运功能两个维度综合分析常规公交-轨道交通复杂网络的鲁棒性。

第 2 章　国内外研究综述

界定和明确极端天气下城市公共交通多层复杂网络脆弱性形成、测度及治理研究中的主要内容，对城市公共交通网络脆弱性研究中涉及的相关概念和国内外研究现状进行梳理分析，是本书的理论基础。本章从概念界定、国内外研究现状和国内外研究现状述评三个方面阐述城市公共交通网络脆弱性研究中的核心概念和相关研究现状，为城市公共交通网络的脆弱性研究奠定基础。

2.1　概 念 界 定

2.1.1　城市交通

城市交通是指在城市道路系统中持续进行客货运输，主要包括私人交通、专业运输和公共交通。其中，私人交通以轿车、自行车、摩托车等私人交通工具为媒介，满足个人出行需求，主要优点是灵活方便，但车载量小，道路利用率低且环境污染相对较大[1]。专业运输一般指运输公司为满足客户特定需求所提供的大容量、专业化的运输服务，有效提高了货运效率与道路利用率，降低了货运成本，但运输起点较高，仅服务于达到一定规模的运输任务。公共交通是城市交通系统的重要组成部分，承担着很大一部分城市居民的日常出行需求[2]。目前，学术界普遍认为公共交通是指在某一城市范围内，利用公共汽（电）车系统（含有轨电车）、轨道交通系统以及相关配套设施、运营服务，为公众提供短、中、长距离交通出行服务，为居民日常出行提供极大的便利。发达的城市公共交通能够提高城市经济生产潜力[3]。城市公共交通系统是以提供的客运出行服务为核心，以多种交通方式的支撑路网为基础构成的复杂系统。城市公共交通系统具有运载量大、运送效率高、能源消耗低、相对污染小、运输成本低等优点，是连接城市政治、经济、文化、科技发展的桥梁，其高效运行能够保障城市内部及城市之间人流、物流的快速流动，是促进城市发展的源动力[4]。

综上所述，城市交通网络是由道路、轨道、场站等多元素构成的多层次复杂网络，是重要的城市生命线系统，承担着旅客和货物运输的重要任务，是支撑和影响城市空间布局与城市功能发挥的重要因素。城市交通基础设施通常具有较长的服役周期，在生命周期内不可避免会遭受多种灾害（如自然灾害、人为干扰等）

的干扰，对其可靠运行造成严重影响，城市交通网络脆弱性越来越明显，其产生的影响也逐渐受到广泛关注[5]。

2.1.2 复杂网络

复杂网络理论研究始于 20 世纪 60 年代，由著名数学家 Erdös 和 Rényi 提出了 ER 随机图模型。1998 年，小世界网络和无标度网络的出现[6]，掀起了一股研究复杂网络的热潮。由许多复杂元素构成，并且可以把其内部全部元素视为网络中的节点而每个元素之间的连接关系视为网络的边的网络系统称为复杂网络[7]（complex network）。

各国学者对复杂网络的深入研究发现，其具有如下特性[8, 9]。

（1）网络行为的统计性：对于一个较大的网络而言，其网络的节点数目巨大，类似这样的网络系统都具有行为统计特性。

（2）网络连接的稀疏性：网络中的每个节点之间的连接方式有多种，基本上每个节点彼此都能相连，理论上每个节点的连接边为其个数的平方。现实的网络系统，并不是每个节点之间都存在连接关系，所以节点的连接边数往往要小于理论值。

（3）连接结构的复杂性：网络连接结构无任何规律可循，可能是规则的也可能是杂乱无章的，每个网络都是由自身节点功能的特点组成自己存在的网络。

（4）网络的时空演化复杂性：网络模型演化过程中，不是遵循本身的规则，而是随着时间和空间的变化而演化出新的模型，这种随时空而变化的复杂特性，使复杂网络的行为丰富多彩。

近年来，复杂网络理论在基础科学研究和实际应用上都取得了惊人的进展，但关于交通网络的复杂性研究才刚起步。目前，对交通网络的研究主要集中在城市道路网络和公共交通网络两个方面。

在城市道路网络方面，Lammer 等[10]对德国 20 个大城市的道路网络研究发现，道路交通量服从幂律分布，并说明了道路的分级特性；Portaa 等[11]对具有不同形态和历史背景的 6 个城市的道路网络（1mile^2 范围，$1\text{mile}^2 = 2.589988\text{km}^2$）进行拓扑分析后发现，它们的网络均为无标度网络，并表现出了小世界特性；Jiang[12]对美国 40 个城市的道路网络做了大范围的分析也发现了类似的性质；更为值得关注的是 Crucitti 等[13]将所研究的城市分为自组织城市和规划型城市，然后采用 4 个集中性指标（紧密度指标、介数指标、直线度指标、信息集中性指标）对其道路网络进行分析，结果显示，自组织城市的路网展现了几乎和非空间网络一致的无标度特性。

与城市道路网络的研究相比，公共交通网络的研究相对简单。Chen 等[14]对中国 4 个大城市的公共汽车网络进行分析，结果显示，公共汽车网络的度分布表现为指数形式，同时模拟了公共汽车网络的演化进程，模拟结果与调查拟合良好；Sienkiewicz 等[15]在分析了波兰 22 个城市的公共交通网络后发现，所有的网络都展现了小世界特性，网络的度分布有的符合幂律分布，有的符合指数分布。类似的研究还有很多，如文献[16]-[18]。

2.1.3　城市公共交通网络及其特征

城市公共交通网络包含多种运输方式网络的节点和边，是由城市道路交通网络、城市轨道交通网络、城市水运交通网络中任意几种叠加形成的复合形态，是一种受多因素影响的复杂网络。一方面，城市公共交通网络属于开放式系统，与外界环境交互性强。城市的人口密度、用地结构、布局形态和经济发展等均会对城市公共交通网络的建设、运行产生直接影响，这些差异导致不同城市、不同地区的潜在客流量不同，因此，城市必须根据自身实际情况调整公共交通网络结构，建设相应的公共交通系统。另一方面，城市公共交通具有社会化、半福利性的经济属性，覆盖面广，社会效益高[19]。发展公共交通能够利用社会化、半福利性的公共客运交通方式来调控、替代非社会化的个体客运方式和企事业单位自备通勤车辆的盲目发展和自发性膨胀，从而在车辆购置、交通资源利用、节约能源和减少环境污染方面获得可观的经济效益和显著的社会效益。目前，国内外关于城市公共交通网络特性的研究较多[20, 21]。Latora 和 Marchiori[22]利用复杂网络理论深入分析了波士顿的轨道交通网络特性，Sienkiewicz 和 Holyst[23]、Watts 和 Strongatz[6]分析了城市公共交通网络的小世界特性，Seaton 和 Hackett[24]、Angeloudis 和 Fisk[25]、Yao 等[26]、Derrible 和 Kennedy[27]研究了城市轨道交通网络的拓扑特性。魏磊[28]以长株潭城市群为例构建城市交通网络模型，发现长株潭城市公共交通网络是典型的小世界网络，且网络的叠加有效提高了网络的可达性。李成兵等[29]以呼包鄂城市群为例构建加权城市群单种运输方式和多种方式叠加的交通网络模型，对比两种交通网络在攻击下的可靠性，识别关键枢纽和线路。李成兵等[30]以呼包鄂城市群为例，构建了道路-轨道复合交通网络模型，分析了复合交通网络的拓扑特征和脆弱性，识别了路网中的关键站点和线路，结果表明城市群复合交通网络可以降低单一运输方式交通网络的脆弱性，且可以通过对关键站点和线路加强防护进一步降低复合交通网络的脆弱性。此外，公共交通网络大多采用定点定线运营方式，这种模式有利于交通组织和管理，提升交通安全性，但同时导致各站点间出现较强的脆弱关联性，例如，公共交通网络中某一站点故障会导致乘客流入其他站点，其他站点客流压力增大，可能因客流过载而无法正常运行，最终可能引发整个公共交通系统崩溃，破坏城市公共交通系统的系统结构，严重阻碍居民的正常出行。

2.1.4 脆弱性和鲁棒性

1. 脆弱性

脆弱性最早起源于对自然灾害的研究，国外学者对脆弱性的研究起步较早。Timmerman[31]于 1981 年提出脆弱性的概念，之后这一概念便被广泛应用于各大领域，包括灾害管理、公共健康、气候变化、生态学、可持续性科学等。由于不同领域的研究对象和研究角度不同，脆弱性在不同领域应用时内涵有较大差异。气候变化、自然灾害等自然科学领域认为脆弱性是系统受到灾害等不利影响而产生损失的程度或可能性，侧重于单一扰动产生的多重影响[32, 33]；而贫穷、可持续生计等社会科学领域则认为脆弱性是系统承受不利影响的能力，侧重于对脆弱性成因的分析[34, 35]。国内对脆弱性的研究起步较晚，学者倾向于从系统的角度理解脆弱性概念。李鹤和张平宇[36]认为脆弱性是由于系统对内外扰动的敏感性及缺乏应对能力而使系统的结构和功能易发生变化的一种属性，这种属性是系统固有的，但只在系统受到扰动时才表现出来。虽然国内对脆弱性的研究起步较晚，但也及时吸收了国外学者对脆弱性的研究成果，国内学者目前主要倾向于研究子系统脆弱性，包括生态系统脆弱性、区域发展脆弱性、某种特定灾害的脆弱性等。王瑞燕等[37]认为生态系统脆弱性是反映生态系统的综合指标，当外界干扰强度超过系统调节阈值时，生态系统的脆弱性便会显现，表现为系统在某些方面产生不可逆转的损伤，导致系统状态偏离平衡态。张炜熙和李尊实[38]、冯振环等[39]认为区域发展脆弱性是区域的本质属性，可以反映区域经济发展的质量，区域发展脆弱性越高，意味着区域经济发展过程越不稳定，对区域内外扰动越敏感，同时在面对各种扰动时产生的损失也就越多。商彦蕊[40]认为灾害脆弱性是指在某个孕灾环境区域内，特定的承灾体对某种灾害表现出的易损性质，这种性质是孕灾环境与各种人类活动综合作用的产物。

目前，关于脆弱性的概念，国内外学者的观点主要分为两类：一类认为脆弱性只与系统失效的后果有关，失效后果越严重，脆弱性就越高；另一类则认为脆弱性不仅与系统的失效后果有关，还与失效的概率有关，只有同时满足失效后果严重和失效概率高两个条件，才能称为高脆弱性。在系统的脆弱性研究中，通常更关注系统受到内外扰动时所发生的变化，而非这种扰动发生的概率。在实际系统中，即使故障发生的概率很小，如果这种故障会导致严重的后果，也会称该系统对这种故障是脆弱的。因此，综合国内外脆弱性的相关研究成果，本书认为脆弱性是系统本身的一种固有属性，这种属性与系统的可靠性、稳定性及鲁棒性密切相关，可以系统受到内外扰动时遭受的损失作为度量。具体到本书，极端天气下城市公共交通系统的脆弱性可以理解为极端天气下城市公共交通系统所发生的站点失效、线路停运、客流缩减等损失。城市轨道交通系统的脆弱性可以理解为轨道交通系统对突发事件的敏感性[41-44]。

2. 鲁棒性

脆弱性关注系统受到外部扰动后产生的后果，鲁棒性关注系统抵御外部扰动的能力。城市公共交通系统的鲁棒性定义为城市公共交通系统在网络节点受到攻击失效时，维持网络结构稳定以及网络的客运服务功能的能力。实际生活中，这种攻击可能是由于停电、车辆故障、设备检修、道路施工、道路交通事故、交通拥堵、自然灾害等。鲁棒性一词在不同的语境下有不同的含义与特征[45-47]，不同的学者给出了不同的鲁棒性定义。Eurocodes EN 1900 和 EN 1991-1-7 中关于鲁棒性的定义是，一个结构非受损状态的功能与受损时的功能不成比例的程度[48]。Carlson 和 Doyle[49]指出鲁棒性是系统在其组件或环境发生波动时仍能维持一些所需的系统特征的能力。Aldrich[50]提出鲁棒性是推断结果对替代规范的敏感性。综合学者对鲁棒性的定义，本书认为公共交通系统的鲁棒性是系统在局部扰动下维持系统基本结构稳定以及基本功能的能力。鲁棒性是复杂系统的一种特性。众多的复杂系统被抽象为网络的形式来研究其特性。复杂系统映射的复杂网络由众多的节点和连边构成。特别地，复杂网络的鲁棒性定义为网络在局部扰动下维持网络本身的特性及连接状态的能力[51]。对复杂网络鲁棒性的研究主要有以下两个大类。

一类是对单一复杂网络鲁棒性的研究，如 Araujo 和 Liotta[52]研究发现所有的复杂网络都可以通过两个拓扑基础模块的任意组合实现鲁棒优化问题。Sohn[53]基于无后悔学习算法找到了最佳网络拓扑结构，该拓扑结构对蓄意攻击有较强的鲁棒性。Wu 等[54]提出通过信息扰动减少攻击者获得的信息完整程度可以显著增加无标度网络的结构鲁棒。众多学者对小世界网络、无标度网络等经典网络模型的鲁棒性进行了深入的研究。除此之外，经济、生态、基础设施等领域的许多复杂系统也可视作单一复杂网络，以此来研究其鲁棒性。如贸易网络[55]、供应链网络[56]、电力网络[57]、互联网[58]、生态网络[59]和知识网络[60]等。

另一类是对相依网络鲁棒性的研究。相依网络是指两个及两个以上的网络之间存在相互依赖、合作或竞争关系。众多学者对相依网络的鲁棒性进行了研究。Gao 等[61]提出了一个相互作用网络的分析框架研究网络的鲁棒性，并提出了一个准确的网络渗流定律。Dong 等[62]研究了基于节点度攻击的 n 个相互依赖的 ER 网络在两种不同的结构形式下的鲁棒性。Pocock 等[63]研究了英国诺伍德（Norwood）农场生态网络中的各个物种网络的鲁棒性。陈世明等[64]研究了部分耦合和全耦合的相依网络在加边策略下的鲁棒性表现差异。于靓楠等[65]研究发现关键节点备份策略可显著提高无标度相依网络的鲁棒性。还有学者考虑节点负载，面向级联失效研究相依网络的鲁棒性[66-68]。

表 2.1 为脆弱性和鲁棒性相关特性分析。

表 2.1　脆弱性和鲁棒性相关特性

	脆弱性	鲁棒性
广义概念	系统受到外部扰动产生的后果	系统抵御外部扰动时维持稳态的能力
本书界定	极端天气下城市公共交通系统所发生的站点失效、线路停运、客流缩减等损失，即对突发事件的敏感性	复杂网络在网络节点受到攻击失效时，维持网络结构稳定以及网络的客运服务功能的能力
研究范围	涵盖失效概率、失效后果两个维度	关键节点保护、鲁棒性优化等策略
测度指标	系统受到内外扰动时遭受的损失	系统抵御外部扰动时剩余的性能

2.2　国内外研究现状

2.2.1　城市公共交通网络建模研究

城市公共交通网络建模包括城市道路交通网络建模和城市轨道交通网络建模。其中，国内外关于城市群复合交通网络的研究较多，主要集中于对城市群复合交通网络若干特性的研究[20, 21]，城市群复合交通网络可以包含多种运输方式网络的节点和边，是由城市群公路交通网络、城市群轨道交通网络、城市群水运交通网络、城市群航运交通网络中任意几种叠加形成的复合形态。

1. 城市道路交通网络建模

Crucitti 等[13]以城市街巷形态为核心的空间解析，对城市的形象化和表现进行延伸。Cardillo 等[69]以城市街道空间价值为例，利用测量因子及整体属性对其进行了统计分析。Mukherjee[70]通过建立道路网络节点，可以确定道路的关键和可能发生的交通阻塞。Lammer 等[10]利用地理信息数据库对德国各主要城市道路网的封闭式小区进行了研究。Jiang[12]从功能视图的角度对街道网进行了拓扑分析，结果显示，该网络没有无标度特征。国内的道路交通网络的研究早期，叶彭姚[71]采用对偶方法进行了抽象的分析，并将道路中心线作为基本的分析单元。荣力锋[72]通过构建三种不同的道路网络演变模式，从理论上揭示了路网演变规律。夏永亮[73]

提出了一种基于自动合成的道路对偶模型，并对其进行了分类。张宏和李杰[74]以十堰市为例，通过对城市易损单元的抽样，可以发现其在脆弱度上的作用。刘承良等[75]利用武汉市都市圈对道路发展空间结构进行定量研究，结果表明，道路交通网络与高速公路之间存在着共轭的协同关系。魏磊[28]对城市群复合交通网络的复杂性进行了深入分析，提出了城市群复合交通网络模型的构建方法和网络复杂拓扑性质指标计算方法，并以长株潭城市群为例，通过 MATLAB 仿真计算发现长株潭城市群复合交通网络是典型的小世界网络，交通网络的叠加有效提高了网络的可达性。李成兵等[29]构建了加权的城市群单种运输方式和多种运输方式叠加的交通网络模型，以最大连通子图的相对大小、网络局部效率变化率、网络全局效率变化率定量描述城市群复合交通网络的可靠性，并以呼包鄂城市群为例，对比分析了随机攻击和蓄意攻击对两种交通网络可靠性的影响，识别了网络的关键枢纽和线路。

2. 城市轨道交通网络建模

从本质上看，可以将城市轨道交通网络看作复杂网络，已有学者基于复杂网络理论进行研究[76-79]。从现有的文献看，城市轨道交通网络建模方法可以分为三种，分别是 Space L 方法、Space P 方法和常规公交线路法[80, 81]。周溪召等[82]以北京、广州、上海三个城市为例，用 Space P 方法构建轨道交通网络拓扑结构，分析比较各城市轨道交通网络的拓扑特征。Zhang 等[83]应用复杂网络理论构建上海轨道交通网络，针对枢纽网络提取方法进行研究，同时以上海轨道交通网络为例验证了该方法的有效性。刘志谦和宋瑞[84]以广州为例，通过网络效率的变化对换乘故障情境下轨道交通可靠性进行研究。Latora 和 Marchiori[22]利用复杂网络理论深入分析了波士顿的轨道交通网络特性。Angeloudis 和 Fisk[25]基于复杂网络分析大型轨道交通系统，得出具有连通度高且平均节点度低特性的网络比无标度网络在受到蓄意攻击时更具稳健性。基于复杂网络理论，王云琴[85]分析了城市轨道交通网络的连通可靠性，并提出了网络连通性的评价体系。基于复杂网络拓扑特征，Zhang 等[86]评估了上海轨道交通网络可靠性和鲁棒性。Sienkiewicz 和 Holyst[15]以波兰多个城市公共交通网络为例，从复杂网络角度分析其拓扑结构特性。Sun 等[87]从复杂网络理论角度出发，分析了城市轨道交通网络脆弱性，提出了相应的脆弱性评价模型。Derrible 和 Kennedy[88]应用网络科学方法分析了影响轨道交通可靠性的因素，为提高城市轨道交通的可靠性提出建议。Seaton 和 Hackett[24]、Angeloudis 和 Fisk[25]、Yao 等[26]、Derrible 和 Kennedy[27]研究了城市轨道交通网络的拓扑特性。

前人关于城市群复合交通网络若干特性的研究较为全面，为本书城市群复合交通网络脆弱性测度过程中的指标选取奠定了基础。

2.2.2 城市公共交通系统脆弱性研究

城市公共交通系统脆弱性是脆弱性概念在城市公共交通领域的具体应用。国外研究人员对于交通系统脆弱性的认识主要分为两类。第一类研究认为脆弱性仅仅只与某些单元的失效后果有关，而与失效的概率无关[89-95]。Luskova 等[96]将脆弱性定义为对极端天气暴露度、敏感度和适应性的函数，用以寻找可能存在的失效单元，并据此研究了极端天气对地面交通基础设施的影响。第二类研究认为脆弱性与风险相关，将脆弱性看作失效概率和失效后果的乘积，并以此代表节点重要性强弱。Jenelius 和 Mattsson[97]从失效概率和失效后果两个角度提出了路网脆弱性的分析方法，该方法能够对大规模网络的节点重要性进行排序，进而识别不同道路区域的关键线路。在交通网络方面的脆弱性研究方法主要包括组件脆弱性度量法、可达性指数法、复杂网络脆弱性度量法。其中，组件脆弱性度量法将交通网络分解为多个组件，通过评估各组件的脆弱性进而推算网络整体的脆弱性，在评估组件脆弱性时通常使用美国联邦公路管理局（Federal Highway Administration，FHWA）方法[98]和 Scott-Dunn 方法[99]。FHWA 方法比较依赖专家意见，属于定性分析方法，Scott-Dunn 方法使用暴露指数和后果指标的乘积来测度网络的脆弱性；可达性指数法主要通过对比被破坏前后交通网络节点的可达性来衡量交通网络的脆弱性，该方法适用于脆弱性应急设施与服务设施的选址。

此外，许多学者通过复杂网络的特征指标来研究各种现实系统的鲁棒性或脆弱性[100-102]，如计算机网络[103]、互联网络[104]、邮件网络[41]等。复杂网络脆弱性度量方法的核心是分析不同节点和连边攻击策略对整个网络拓扑性能的影响，从而实现关键节点和链路的识别，如 Ferber 等[42]和 CatsBerche 等[43]分析了城市公共交通网络在 Space L 和 Space P 中的攻击脆弱性；Ferber 等[105]对比分析了随机攻击对伦敦和巴黎公共交通网络的影响，找出了提升公共交通网络稳定性的关键节点；Cats 和 Jenelius[106]通过全网扫描的方法分析了瑞典斯德哥尔摩公共交通网络功能部分失效对社会成本的影响；Yap 等[107]提出了确定多层公共交通网络最脆弱连接及定量计算其社会成本的方法，并将该方法应用于荷兰常规公交网络，结果发现轻轨或轨道交通的拥挤连接极其脆弱，原因是这些连接具有相对较高的中断暴露度和相对较大的客流量。

关于城市公共交通系统的脆弱性，国内学者大多是将城市公共交通系统抽象成复杂网络，通过复杂网络的最大连通子图节点规模、平均路径长度、全网效率等指标来反映城市公共交通网络的脆弱性。

其中，在城市轨道交通系统的脆弱性方面，叶青[108]从结构脆弱性的角度对城市轨道交通网络脆弱性进行分析，并以北京市轨道交通网络为例，定量分析了其在随机攻击和蓄意攻击条件下的结构脆弱性，得出了对北京轨道交通脆弱性影响最大的站点，并基于此对突发事件下城市轨道交通网络的应急修复规划和应急运营优化提出了建议。郭兰兰[109]以最大连通子图的相对大小、网络效率和节点重要度等作为城市轨道交通线网的可靠性指标，研究了深圳市不同规划阶段轨道交通线网在面对随机攻击和蓄意攻击时的可靠性，发现深圳市轨道线网对随机攻击表现出较强的鲁棒性，对蓄意攻击表现出脆弱性。

在城市常规公交系统的脆弱性方面，徐佩佩和邵春福[110]基于复杂网络理论构建 Space R、Space L、Space P 三种公交网络拓扑结构模型，分析了宝鸡市常规公交路网的静态结构脆弱性，发现该网络在蓄意攻击下表现出脆弱性。汪涛和吴琳丽[111]以最大连通子图的相对大小和网络效率作为常规公交网络的抗毁性指标，分析了国内四个城市常规公交网络在不同攻击模式下的抗毁性，结果表明常规公交网络的可靠性主要是由关键公交枢纽节点的稳定性决定的。

在城市轨道交通与常规公交复合网络脆弱性方面，沈犁等[2]对以成都市为例的轨道交通-公交复合网络及其子网络进行了拓扑特性与抗毁性分析，发现所研究的复合网络均为无标度特性的小世界网络，轨道交通-公交复合网络及其子网络的节点抗毁性低于连边抗毁性；同时在相同的条件下，轨道交通-公交复合网络的抗毁性均高于轨道交通和常规公交子网络。

同时，系统脆弱性问题研究成为学者关注的热点，许多学者开始对城市公共交通网络的脆弱性进行深入研究，并对城市公共交通脆弱性的概念进行归纳，探讨城市公共交通系统对突发事件的敏感性[89, 90, 112, 113]。现阶段，针对城市公共交通系统在突发事件下的干扰主要通过移除或删除城市公共交通网络中的部分节点和连边，对城市公共交通脆弱性拓扑结构的变化进行分析评价。Rodríguez-Núñez 和 García-Palomares[91]通过计算线路和站点的脆弱性分析了马德里轨道交通网络拓扑结构的脆弱性。Hong 等[92]对铁路系统建立网络拓扑结构，利用历史数据和 GIS 技术定量评估分析其结构脆弱性。Sun 等[113]采用 Space L 方法构建北京轨道交通拓扑网络，基于复杂网络理论定量分析北京轨道交通网的统计拓扑参数，利用耦合映射格子评估北京轨道交通网的脆弱性。Deng 等[89]采用 Space L 方法构建南京轨道交通拓扑网络，利用全网效率和平均路径长度两个结构指标度量了南京轨道交通网络的脆弱性。交通网络的节点度是网络的一个重要结构指标，因此有学者通过网络的节点度分析网络结构的脆弱性，Wang 等[114]以交通网络的节点度为度量指标，分析网络结构的脆弱性，发现网络的平均节点度越低越脆弱。Newman[115]通过边的介数中心度度量边在网络中的重要性，得出边的介数中心度越高，对于网络越重要。

尽管许多学者热衷于对轨道交通网络拓扑结构脆弱性的研究，但大多是基于网络站点受到攻击出现故障进行的评价分析，其中攻击方法包括蓄意攻击和随机攻击。Yang 等[116]发现轨道交通在随机攻击或蓄意攻击下的稳健性至关重要。Kyriakidis 等[117]、Lee 等[118]、Wang[119]、Zhou 等 [120] 发现对轨道交通的系统组件进行蓄意攻击，会损坏整个轨道系统的功能，造成巨大的经济损失。现有研究中蓄意攻击主要有四种攻击策略，分别是 Initial Degree 攻击策略[121]、Initial Betweenness 攻击策略[122]、Round Degree 攻击策略[123]、Round Betweenness 攻击策略[124]。Crucitti 等[13]运用全网效率分析蓄意攻击下网络的脆弱性。Albert 等[51]运用连通子图的相对大小分析蓄意攻击下网络的脆弱性。Latora 和 Marchiori[22]通过蓄意攻击找出整个轨道交通网络的关键站点，从而降低网络的脆弱性。网络系统在遭到攻击后，网络中的部分节点会失效，这部分失效节点会导致其他节点失效，这种连锁反应称作级联失效[125]。级联失效后，网络会产生严重的后果，电力系统、物流运输系统、互联网络都时常发生级联失效[126]。交通网络也会发生级联失效，因此，有较多学者开始研究交通网络的级联失效。Wu 等[127]分析了交通网络系统级联失效现象，进而评价级联失效对交通网络系统造成的影响。为了更好地展现网络的级联失效过程，人们提出了许多描述其过程的模型，如负载容量模型、Cascad 模型、OPA（ORNL-Pserc-Alaska）模型等[128]，其中 Cascad 模型和 OPA 模型主要基于复杂网络分析电网的级联失效，在分析交通网络脆弱性方面，负载容量模型的应用更具有意义。负载容量模型分为容量与初始负载呈线性相关的负载容量模型、容量与初始负载呈非线性相关的负载容量模型。负载可以基于最短路径输送考虑用节点（边）的介数表示，也可以基于节点强度考虑用实际的运输量表示[129-131]。

2.2.3 极端天气对城市公共交通系统的影响研究

极端天气对城市公共交通系统的影响主要包括直接影响和间接影响两个维度。直接影响如暴雨、暴雪等极端天气会因为高强度的灾害导致城市公共交通系统中车辆运行受阻、线路阻断、出行环境恶劣，从而导致城市公共交通系统受到干扰后被迫中止；间接影响如由于雾霾等恶劣天气采取部分措施（如限行和限流等）导致城市公共交通系统中的客流转移，造成大客流过载拥堵、城市公共交通系统中站点级联失效而被迫中断，大范围的客流中断甚至会导致城市公共交通系统的崩溃。城市公共交通系统受到极端天气干扰而中断的程度可以通过脆弱性进行度量。以下将从直接影响和间接影响两个维度对城市公共交通系统在极端天气下的脆弱性进行分析和探讨。

在极端天气对城市公共交通系统的脆弱性的直接影响研究中，关于极端天气下城市公共交通脆弱性的研究极少，更忽视了对灾害缓解、脆弱性减少、适应和恢复决策等方面的问题，大部分学者研究的都是极端天气或气候变化对出行者、出行行为、出行交通环境的影响。Barnes[132]探究了极端天气和气候变化压力下交通系统的变化。Vajda 等[133]通过调查危险条件对不同运输方式和基础设施的影响来定义和分类相关的恶劣天气事件，考虑个别现象，如降雪、强降水、热浪、寒流、阵风，利用 E-OBS 数据集（1971～2000）和 ERA-Interim 再分析数据集（1989～2010），分析了灾害性天气事件的发生频率及其空间扩展和强度的变化，最终综合得出极端天气对欧洲交通系统的影响。Fontes 等[134]利用 6300 万智能公交卡的刷卡数据及天气条件数据，分析了 5 个天气变量对城市公共交通的影响，并考虑了不同的旅行者剖面，通过研究不同交通方式、可用配套设施和主要功能区对城市可达性的影响，评价可达性，结果发现温度对城市居民出行的影响最大，年龄较大的人受到的影响最大，对于没有配套设施的公交车站尤其如此。Ford 等[135]提出了一种评价极端天气事件对城市交通基础设施影响的方法，通过将数据与城市交通基础设施的空间网络模型相结合，并使用阈值模拟对网络的破坏，探究极端高温和城市地表洪水事件及其对流动人口的影响。Heyndrickx 等[136]从城市交通系统中断的角度，将基于智能体的微观仿真模型（MatSim）、瑞士运输市场系统动力学模型（mobility，vehicle fleet，energy use and emissions forecast tool，MOVEET）和瑞士经济一般均衡模型组合在一起，分析了气候变化导致的破坏性事件的成本及天气条件对出行者的长期和短期影响，并以苏黎世和瑞士的极端降水事件作为实证案例对模型进行了验证。Stamos 等[137]提出了定量评价极端天气事件（extreme weather events，EWE）对交通网络影响的数据驱动方法，该方法主要包括极端天气事件概率评估、事件影响评价和旅客交通方式转换三步，将数据驱动方法的数学公式应用于指示性欧洲小规模网络，以评估极端天气事件对模态选择的影响。

国内学者在极端天气对城市公共交通系统影响方面主要集中于极端天气对交通出行环境和城市交通运行的影响。在暴雨极端天气对交通的影响方面，苏跃江等[138]从出行需求、出行方式、道路运行和交通安全等方面分析了暴雨极端天气对城市道路运行的影响。刘婵娟和徐煜[139]分析了暴雨极端天气对道路路面、驾驶员和机动车的影响。王笑[140]以北京市三环快速路实测交通流数据为基础以正常天气下的快速路交通流特性作为对比，分别从暴雨天气下快速路的微观交通流特性、宏观交通流特性及宏观交通流模型对其适用性三个方面研究了暴雨极端天气下快速路的微观和宏观交通流特性，结果表明暴雨极端天气下车辆的车头间距和速度会减小，但车头时距会增大，自由流速度和通行能力会降低，临界速度和堵塞密度会增大。李鹏程和李昊洋[141]从暴雨内涝积水原理及交通通行规律的研究入手，综合运用气象水文、交通、气象、遥感、地理、灾害等学科的理论，以北京典型桥区为研究对象，构建了北京典型桥区的一维雨洪模型，定量研究了暴雨积水对交通系统运行状态的影响度，结果显示暴雨积水导致的车辆减速、绕行会极大降低交通系统的效率。关于暴雨以外其他极端天气对交通的影响研究较少，徐月欣[142]分析了雨、雪天气对城市快速路交通拥堵的影响，利用 SPSS 做相关性分析，结合不同天气因素研究出准确有效的快速路拥堵评价和短时预测模型，利用三阶马尔可夫模型预测西安市南二环东段交通拥堵状态，与实际拥堵情况对比验证了模型的有效性。隋莉颖等[143]运用故障树分析、历史案例统计等多种方法识别了极端天气造成的交通隐患点，并提出了相应的隐患点保障对策。

在极端天气对城市公共交通系统的脆弱性的间接影响研究中，大部分学者以雾霾重度污染的极端天气为代表，探讨雾霾天气对城市公共交通系统的影响机理和交通拥堵等影响交通行为的研究。目前，对雾霾的研究主要集中在雾霾形成机理[144]、雾霾检测[145]、减少雾霾措施[146]等方面，而关于雾霾对交通的影响研究，主要集中在解决雾霾导致的路网信息缺失、交通事故、交通拥堵等问题。Tarel 等[147]和 Cheng 等[148]分别采用大气散射模型和图像增强处理方法对雾霾情况下的交通图像进行了研究，Fletcher 等[149]研究了雾霾导致的能见度降低对交通安全的影响。此外，在雾霾对交通方式的影响方面，杜轶群[150]以北京市为例，通过向私家车主发放 350 份调查问卷获得基础数据，利用回归模型对空气质量与私家车主交通方式选择的关系进行了单因素分析，进而建立了包括空气污染程度、公共交通质量等多因素的非集计模型；研究结果表明，随着空气污染程度的提高，私家车主选择公共交通出行的比例逐渐增加，且当空气质量指数（air quality index，AQI）超过 200 时，私家车出行的比例快速下降，公共交通出行的比例急剧上升。在雾霾对交通网络的影响方面，龚类等[151]基于城市交通数据监测系统，增加了路网模型中驾驶员对能见度因素的反映特性，建立了雾霾情况下的交通路网模型，将路网交通数据缺失率、交通危险系数和路网车辆污染物作为测度指标，通过雾霾对路网影响程度和影响区域的仿真，得出雾霾程度越严重、影响区域范围越大，交通数据缺失率越高，越不利于交通安全的结论。

雾霾作为冬季城市常见的污染天气，给城市带来了极大的影响。重度雾霾极端天气下的能见度低、视线不清等问题，导致车辆减速慢行，影响车辆正常通行，导致城市交通拥堵越来越严重，给城市居民的出行带来了极大的不便。为有效解决交通拥堵问题，研究者已经探索了各种对策，其中被认为最有效的解决方法是对交通需求进行管理，传统的交通需求管理包括拼车、道路收费、车辆限制，其中车辆限制被认为是最有效、最直接的解决方案，并且车辆动态限行也被广泛应用。在城市交通方面，提出了针对雾霾污染程度的车辆动态限行政策，对私家车出行进行动态限制一定程度上可以缓解地面交通的压力。在车辆限行方面，Gallego 等[152]提出了一个适用于交通决策的纵向和横向差异化的新模型，并得出结论，可以通过短期动态控制交通量来有效缓解交通拥堵。一些研究也证实了这一点，例如，在北京奥运会期间，基于中国北京高速公路网和部分主要干道上 529 个交通探测器的数据，对参数进行对比分析发现尾号限行政策的采用减少了交通量并有效地缓解了交通拥堵，是短期有效的管理措施，研究结果还表明，城市高速公路和主干道的车辆出行需求并没有随着禁用车辆数量的增加而减少[153]。Xu 等[154]对 2008 年北京奥运会和残奥会后交通管理措施的选择进行了调查，总结了这些措施对车辆和行程数量增长的影响，然后在一个拟议的框架内进行定性评估，证实了车辆限行有助于减少交通需求，缓解交通压力。然而，减少私家车的出行，增加了城市公共交通系统的客运压力。在雾霾天气影响下，城市轨道交通系统会承受更多的客运压力。雾霾重污染天气下的车辆动态限行政策对城市轨道交通系统的脆弱性产生了重要影响。

2.2.4　城市公共交通网络鲁棒性研究

交通网络是典型的复杂网络。交通网络中的节点或边在发生交通事故、拥堵等情况时会通过节点与边之间的耦合关系影响整个网络的性能。近年来，对交通网络鲁棒性的研究取得了很大的进展。按照失效节点或连边是否会引发网络级联失效可以把交通网络鲁棒性研究分为两大类：网络静态鲁棒性研究和网络动态鲁棒性研究。

1. 网络静态鲁棒性研究

交通网络的静态鲁棒性研究仅仅关注网络的拓扑结构，没有客流的作用。从网络拓扑结构的层面，研究网络节点或连边的失效对于网络结构全局的影响程度。对城市公共交通网络静态鲁棒性的研究集中在轨道交通网络、常规公交网络以及常规公交-轨道交通耦合网络三个方向上。

（1）轨道交通网络静态鲁棒性研究。Yang 等[116]和甘俊杰等[155]基于复杂网络理论分别研究了北京和武汉的轨道交通网络在随机攻击和蓄意攻击下的鲁棒性。Zhu 等[156]通过攻击-防御方法分析了轨道交通网络的鲁棒性，应用防御策略保护网络中一定比例的有影响力的节点，然后对被保护的网络进行攻击，仿真结果表明环线和较小的换乘站可以提供更多的替代线路选择，更不容易受到有针对性的攻击，因此轨道交通网络在面对事故和恐怖袭击时更稳健。Wang 等[157]通过鲁棒性度量指标分析了全球 33 个轨道交通网络在随机攻击和目标攻击下的鲁棒性，发现东京和罗马的轨道交通网络是最具鲁棒性的网络，罗马网络的鲁棒性受益于较短的换乘距离，东京轨道交通网络拥有大量的换乘站，提供了更多的替代线路。

（2）常规公交网络静态鲁棒性研究。公共交通网络的鲁棒性不仅关系到人员流动的效率和能力，还是未来城市调控和设计的关键方面。传统研究多关注高度顶点（一个顶点的度是与它相连的其他顶点的数量）对网络鲁棒性的影响，但节点的度不能反映复杂网络的综合性质，Rong[158]基于负载点方法来分析常规公交网络的鲁棒性，用网络的直径来衡量网络的破坏程度，结果表明一些低节点度但高负载的节点对维持网络的鲁棒性至关重要。Pang 等[159]研究了四种类型的常规公交网络的效率和鲁棒性差异，在考虑旋转半径、旅行冗余和公交换乘次数的情况下，随机和双斑点网络比单斑点网络和格网更有效。

（3）常规公交-轨道交通耦合网络静态鲁棒性研究。多位学者通过构建常规公交-轨道交通耦合网络，分析耦合网络在随机攻击和蓄意攻击下的鲁棒性。张琳等[160]基于复杂网络理论和空间信息嵌入，给出基于 ArcGIS 的耦合站点定量化判定规则和流程化处理方法，实现大规模常规公交网络耦合站点的批量精准识别。并建立复合网络脆弱性改进分析模型，对南京市常规公交-轨道交通复合网络脆弱性进行实例仿真分析，验证模型的可行性。Sousa 等[161]基于多变耦合半径构建常规公交-轨道交通耦合网络，通过对站点和服务线路的随机、确定和优先定位，建立了一个探索性模型，以及检验在随机攻击和蓄意攻击下的网络鲁棒性。

2. 网络动态鲁棒性研究

交通网络的动态鲁棒性在研究中考虑级联失效过程。部分节点或边的失效可能会由于客流的动态重分配引发网络中其他节点或边失效，这个过程一直传播下去，终将使得整个网络崩塌。级联失效出现在很多复杂网络中，如电网[162]、互联网[58]、信息物理网络[163]等。考虑级联失效的城市公共交通网络鲁棒性文献有很多，依据研究对象的不同，也可以细分为常规公交网络、轨道交通网络和常规公交-轨道交通耦合网络动态鲁棒性研究。

（1）常规公交网络动态鲁棒性研究。Ren 等[164]考虑一个由两个相互作用的网络组成的网络-物理系统，从常规公交站点、线路和乘客换乘的角度出发，构建了三种类型的网络，并讨论了动态客流重分配的级联失效过程，分析网络在随机攻击和蓄意攻击策略下的鲁棒性，提出了相应的策略建议。Su 等[165]提出了一个基于流量再分配的北京公共交通网络级联失效模型，通过分析不同的攻击策略，发现城市交通系统的效率在网络容量较低时存在非平衡相变，尤其在北京公共交通系统中，常规公交网络面对随机攻击表现出较高的鲁棒性。

（2）轨道交通网络动态鲁棒性研究。Sun 等[113]提出了基于耦合映射格子的北京轨道交通网络级联失效模型，考虑客流动态重分配来评估轨道网络的脆弱性，对北京轨道交通网络的统计拓扑参数进行了定量分析，通过节点度、中间度、强度等不同评价指标对关键站点进行评价，发现环线被攻击时北京市轨道交通网络更加脆弱。谢本凯等[166]引入虚拟换乘边概念，通过提出改进的边权函数以及交通流动态分配原则，建立了网络级联失效模型，分析郑州市轨道交通网络在不同攻击模式下的鲁棒性差异，结果表明，网络在选择性攻击下所呈现的鲁棒性较差。蔡鉴明和邓薇[167]基于复杂网络理论，采用 Space L 方法对长沙轨道交通网络的拓扑结构特性进行研究，通过四项鲁棒性评价指标，定量分析有无级联失效情况下的长沙轨道交通网络鲁棒性。

（3）常规公交-轨道交通耦合网络动态鲁棒性研究。Shen 等[168]将拥堵作为扰动变量研究常规公交-轨道交通复合网络的级联失效过程及网络脆弱性，为应急预案和交通管理提供了依据。Yang 等[169]提出了一个由常规公交系统和轨道交通系统组成的耦合网络模型，运用复杂网络理论通过调整节点阈值、节点影响强度参数来研究不同耦合半径下的北京市常规公交-轨道交通耦合网络的级联失效过程。

2.3　国内外研究现状述评

2.3.1　城市公共交通网络脆弱性研究现状述评

关于城市公共交通系统的脆弱性研究，国内外学者主要是将城市公共交通系统抽象成复杂网络，进而通过复杂网络的相关理论研究其脆弱性。但这种研究存在以下三点问题：①大部分研究以城市公共交通系统的拓扑结构作为复杂网络，只考虑了城市公共交通系统的结构脆弱性，忽略了系统客流的变化。但在城市公共交通系统受到扰动时，通常因客流变化导致的级联失效后果比扰动产生的结构失效后果更加严重；②大部分研究只包含常规公交或轨道交通一种公共交通网络，即使考虑了常规公交和轨道交通两种网络，也没有对两种网络进行区分，两种网络的站点是同质的，线路也是同质的，这是不符合实际的。实际中常规公交和轨道交通在站点容量、负载能力、线路长度、复线系数等方面均存在很大区别；③大部分研究考虑的是随机攻击或蓄意攻击等单点攻击策略对城市公共交通脆弱性的影响，但在实际中，很有可能是多点同时进行攻击，该种情况下城市公共交通系统的变化与单点攻击模式下的系统变化存在较大差异。

综合考虑学者关于城市公共交通系统脆弱性研究存在的问题，结合具体的研究问题，选择暴雨和重度雾霾两种极端天气探讨研究城市公共交通多层复杂网络脆弱性的形成机理、测度及治理策略。

（1）对于暴雨极端天气，本书将其作为一种城市范围的事件，对城市交通系统各站点及线路均会产生影响（相当于多点同时攻击），这种影响会通过系统客流在不同站点、线路和交通方式之间的转换进行传播，从而导致系统中站点、线路大范围级联失效的发生。暴雨极端天气影响下的城市公共交通系统包含常规公交和轨道交通两个子系统，考虑到子系统站点、线路之间的区别，通过复杂网络进行建模，同时将客流加载到网络中，模拟实际城市公共交通系统在极端天气下拓扑结构和客运功能的变化。

（2）针对重污染下的雾霾极端天气，本书将其对城市公共交通系统的脆弱性影响通过车辆动态限行政策引发的客流级联失效现象进行表征。车辆动态限行是一种存在于城市内的事件，限行后客流量会转移到各个轨道交通站点，对每个站点都有一定的影响，这种影响不仅存在于限行后客流量由路网转移到轨道交通网络，还会由于客流转移后造成部分站点失效，这些失效站点的客流再进行转移造成其他站点进一步失效，导致系统的级联失效。针对重度雾霾极端天气下城市公共交通系统的脆弱性研究，本书侧重于研究城市轨道交通系统，考虑重污染天气下由于车辆限行引发的道路客流转移的条件下，构建客流转移矩阵，运用负载容量模型分析站点的状态并进行负载分配，同时应用 MATLAB 仿真分析尾号限行和单双号限行等不同限行政策引起的客流量变化对轨道交通网络拓扑结构和运输功能造成的影响，进而探索导致轨道交通网络脆弱性的因素，以及轨道交通网络脆弱性变化趋势。

通过暴雨和重度雾霾两种典型极端天气下城市公共交通系统脆弱性的形成机理剖析和测度，分析极端天气下城市公共交通多层网络的脆弱性。

2.3.2 城市公共交通网络鲁棒性研究现状述评

已有学者从网络拓扑结构和客流动态重分配两方面研究了交通网络的鲁棒性[50]。前人研究的对象通常是单层交通网络。部分研究关注网络，就城市公共交通而言，主要关注常规公交-轨道交通网络的鲁棒性。在前人的研究中，大多构建的是常规公交-轨道交通复合网络[170, 171]。复合网络构建过程没有考虑常规公交站点和轨道交通站点在运载方式、运力等方面的异质性，将换乘距离内的常规公交站点和轨道交通站点合并为一个节点。还有部分文献的网络构建更贴近常规公交-轨道交通耦合网络[160, 169]。这类文献以轨道交通站点为中心，识别出该站点一定距离范围内的常规公交站点集合。区分常规公交站点与轨道交通站点的异质性，让常规公交站点和轨道交通站点分属常规公交子网和轨道交通子网。常规公交-轨道交通耦合网络的构建方式更贴近真实的公共交通系统。然而，该类文献并没有在网络中加载客流，仅停留在网络拓扑结构方面。

现有考虑客流动态重分配的交通网络鲁棒性研究文献，通过各个网络拓扑特征值的变化反映级联失效影响下的网络鲁棒性。然而，在网络级联失效过程中，必然会造成部分客流的流失。城市公共交通系统的一大功能就是保障客流的有效转移。整个网络中客流的变化情况也应该作为网络鲁棒性的量化指标之一。现有文献在研究交通网络的鲁棒性时，并没有将客流变化情况考虑进去。

目前，绝大部分文献在研究交通网络的鲁棒性时，均采用了两种常规攻击模式，即随机攻击模式和蓄意攻击模式，并对比网络在这两种模式下的鲁棒性表现差异[155, 170]。这两种模式的攻击方法，攻击的对象都是网络的节点或网络连边。其中，基于节点的蓄意攻击可细分为根据节点度和中介中心性降序攻击两个方面[121, 172]，基于边的蓄意攻击主要根据边介数降序攻击[90]。然而，在现实生活中，城市公共交通系统中的站点可能同时发生蓄意攻击和随机攻击。目前的文献基本是单模式攻击，没有将两种攻击模式同时考虑。

在现有研究的基础上，本书基于复杂网络理论，依据 Space L 方法[23, 24]构建常规公交-轨道交通复杂网络，并在网络中加载实际客流。采用 Space L 网络构建方法，车站对应网络节点，有线路通过的两个相邻车站用边连接对应节点。构建的常规公交-轨道交通复杂网络中，常规公交站点及线路属于常规公交子层，轨道交通站点及线路属于轨道交通子层。常规公交子层和轨道交通子层之间通过换乘通道连接，换乘通道对应于网络中的连边。在考虑网络结构鲁棒性的同时，将客流流失量作为网络客运功能鲁棒性的衡量指标。分析常规公交-轨道交通复杂网络在蓄意攻击、随机攻击以及随机蓄意双模式下的网络鲁棒性，并识别出网络中的关键节点。

2.4　本章小结

城市公共交通系统脆弱性是脆弱性概念在城市公共交通领域的具体应用，城市公共交通系统脆弱性研究是衡量城市公共交通系统受到极端天气、突发事件等干扰下系统性能急速下降的重要内容。虽然对城市公共交通系统脆弱性的研究较多，但关于极端天气下城市公共交通系统脆弱性的研究极少，大部分学者研究的都是极端天气或气候变化对出行者、出行行为、出行交通环境的影响。

本章从概念界定、城市公共交通系统脆弱性研究现状、暴雨和雾霾等极端天气下城市公共交通系统脆弱性研究现状、城市公共交通网络鲁棒性研究现状等维度对目前极端天气下城市公共交通系统脆弱性研究现状进行了详细的梳理和总结。通过目前的研究综述，重新界定了城市公共交通系统脆弱性和鲁棒性的含义、明确界定了二者的特性和衡量水平，认为城市公共交通系统的脆弱性可以理解为城市公共交通系统受到外部扰动后产生的后果以及对突发事件的敏感性，鲁棒性定义为城市公共交通系统在网络节点受到攻击失效时，维持网络结构稳定以及网络的客运服务功能的能力。针对目前城市公共交通系统脆弱性研究现状，一方面缺少考虑客流扰动后的城市公共交通系统动态脆弱性的研究；另一方面研究对象通常只考虑单一的公共交通出行方式，缺少多层公共交通网络耦合出行方式的考虑。在城市公共交通系统鲁棒性研究方面，大部分针对网络拓扑结构方面的鲁棒性指标进行探讨分析，缺少加载了客流量的级联失效动态鲁棒性研究及相关鲁棒性提高和脆弱性治理策略。

事实上，极端天气下城市公共交通多层复杂网络脆弱性形成、测度及治理研究应考虑更多的现实因素和真实情况。因此，在后续章节的实证研究和仿真分析的过程中，综合本章梳理的研究综述，一方面选择暴雨和重度雾霾两种典型极端天气，同时考虑客流转移过载失效过程中对城市公共交通多层复杂网络结构和功能双维度下脆弱性的影响机理、测度，通过识别影响脆弱性的重要节点和重要连边等提出脆弱性治理策略；另一方面将极端天气对城市公共交通系统的影响抽象为多种攻击方式，构建基于非线性负载-容量模型的常规公交-轨道交通复杂网络级联失效模型，从网络结构和客运功能两个维度分析网络在各种攻击模式下的鲁棒性表现，并识别出网络中的关键节点，提出常规公交-轨道交通复杂网络的鲁棒性提升策略以及脆弱性视角下的治理策略。

第 3 章　极端天气对城市公共交通系统的影响机理

分析极端天气的概念内涵，明确极端天气对城市公共交通系统的影响机理并进行深入剖析是研究极端天气下城市公共交通系统脆弱性的基本前提。本章首先对极端天气及其具体形式进行界定和描述；其次，分析降雨、降雪以及雾霾三种常规天气状况对城市公共交通的影响，并对每种天气状况进行等级划分，确定其对应的极端天气的临界值；最后，阐述暴雨、暴雪、重度雾霾等极端天气对城市公共交通系统的影响机理，为后续分析极端天气下城市公共交通的脆弱性奠定理论基础。

3.1　极端天气界定及其类型

3.1.1　极端天气的界定

天气是指某一个地区距离地表较近的大气层在短时间内的具体状态。天气现象是指发生在大气中的各种自然现象，即某瞬时大气中各种气象要素（如气温、气压、湿度、风、云、雾、雨、闪、雪、霜、雷、雹、霾等）空间分布的综合表现。

极端天气是指在特定时间、特定地点发生的超越常态的小概率气象现象，通常具有突发性强、不确定性大、叠加性强、破坏性大等特点。当某地出现统计学小概率天气、气候“异常”现象，或者说当某地的天气、气候严重偏离其平均状态时，即意味着发生极端天气。世界气象组织规定，如果某个气候要素的时、日、月、年值达到 25 年以上一遇，或者与其相应的 30 年平均值的“差”超过了 2 倍均方差时，这个气候要素值就属于“异常”气候值，出现“异常”气候值的气候就称为“极端天气”。

北京市根据历史气象数据分析和多年工作实际，出台《关于加强极端天气风险防范应对工作的若干措施》。当天气情况达到某一气象灾害预警信号级别、经研判其造成的危害可能超出城市设防标准时，按下列标准判定极端天气，如表 3.1 所示。

表 3.1　极端天气判定标准

极端天气种类	判定标准
极端降雨	暴雨橙色及以上预警信号，即预计 1 小时降水量达 70mm 以上，或 6 小时降雨量达 100mm 以上，或 24 小时降雨量达 150mm 以上

续表

极端天气种类	判定标准
大风	大风橙色及以上预警信号，即预计平均风力达 10 级以上，或阵风 11 级以上
冰雹	冰雹红色预警信号，即预计累计降雹时间 30 分钟以上，冰雹直径在 2cm 以上，地面积雹厚度 5cm 以上
雷电	雷电红色预警信号，即预计有强烈雷电活动，并伴有 10 级以上短时大风，或短时强降水，或冰雹
极端高温	高温红色预警信号，即预计日最高气温升至 41℃及以上，或连续三天日最高气温 37℃以上
极端降雪	暴雪黄色及以上预警信号，即预计 12 小时降雪量达 6mm 以上
寒潮	寒潮橙色及以上预警信号，即预计日最低气温 24 小时内下降 12℃及以上，并且日最低气温下降到 0℃或以下，平均风力达 6 级以上的冷空气活动
极端低温	持续低温黄色预警信号，即预计连续三天及以上日最低气温低于−12℃
大雾	大雾红色预警信号，即预计 2 小时内可能出现强浓雾天气，能见度小于 50m；或已经出现能见度小于 50m 的雾并可能持续
沙尘暴	沙尘暴黄色及以上预警信号，即预计有水平能见度小于 1km 的沙尘暴天气现象
龙卷风	在强烈不稳定天气条件下产生的一种小范围的高速旋转的空气涡旋，中心风力达 100m/s 以上，直径一般几米到几百米

3.1.2 极端天气的具体形式

根据《国家气象灾害应急预案》，需重点防范和应对的气象灾害事件包括台风、暴雨、暴雪、低温、冰冻、寒潮、沙尘暴、高温、干旱、雷电、冰雹、大雾、霾等。与人类日常生活联系密切、影响较大的极端天气主要为暴雨、暴雪、雾霾、冰雹和台风等。

1. 暴雨极端天气

（1）定义：暴雨是指降水强度很大的雨，常在积雨云中形成。中国气象上规定，每小时降雨量 16mm 以上、或连续 12 小时降雨量 30mm 以上、24 小时降水量为 50mm 或以上的雨称为“暴雨”。

（2）量级：按降水强度大小可分为三个等级，即 24 小时降水量为 50～99.9mm 称“暴雨”、100～249.9mm 为“大暴雨”、250mm 以上称“特大暴雨”。但由于各地降水和地形特点不同，所以各地暴雨洪涝的标准也有所不同。在业务实践中，又可按照发生和影响范围的大小将暴雨划分为局地暴雨、区域性暴雨、大范围暴雨、特大范围暴雨。

在我国西北内陆地区的多数地方，年降雨量本身就很少，日降雨量达到 50mm

的机会更少。如果按常规的标准，西北地区很难达到暴雨量级。实际上，西北地区也会出现较强的短时降雨，导致灾害发生。因此，有的地方根据各自的实际情况重新划定标准，如以日降雨量≥25mm 或≥30mm 等作为暴雨标准。

（3）分布：中国是多暴雨的国家，除西北个别省（自治区）外，几乎都有暴雨出现。冬季暴雨局限在华南沿海，4～6 月间，华南地区暴雨频频发生。6～7 月间，长江中下游常有持续性暴雨出现，历时长、面积广、暴雨量也大。7～8 月是北方各省的主要暴雨季节，暴雨强度很大。8～10 月雨带又逐渐南撤。夏秋之后，东海和南海台风暴雨十分活跃，台风暴雨的点雨量往往很大。

（4）危害：暴雨极端天气易引发涝渍灾害，由于暴雨急而大、排水不畅易引起积水成涝，土壤孔隙被水充满，造成陆生植物根系缺氧，使根系生理活动受到抑制，造成作物受害而减产。在城镇，当雨水过多而超过排水能力时，水就会在路面流动，地势低的地方形成积水，造成城市内涝，对交通运输、工业生产、商业活动、市民日常生活等影响极大。同时，暴雨极端天气易引发洪水灾害，由于暴雨引起的洪水淹没作物，使作物新陈代谢难以正常进行而发生各种伤害，淹水越深，淹没时间越长，对农业、林业和渔业等危害越严重。暴雨造成江河泛滥，还会引发山洪、滑坡、泥石流等地质灾害，不仅危害农作物，还冲毁农舍和工农设施、道路等，甚至造成人畜伤亡和严重经济损失。

（5）预警：暴雨预警信号是气象部门通过气象监测在暴雨到来之前做出的预警信号，一般可以分为四级，即为蓝色、黄色、橙色和红色，其中红色为最高级的预警信号，具体如下：①蓝色预警，12 小时内降雨量将达 50mm 以上，或者已达 50mm 以上且降雨可能持续；②黄色预警，6 小时内降雨量将达 50mm 以上，或者已达 50mm 以上且降雨可能持续；③橙色预警，3 小时内降雨量将达 50mm 以上，或者已达 50mm 以上且降雨可能持续；④红色预警，3 小时内降雨量将达 100mm 以上，或者已达 100mm 以上且降雨可能持续[①]。

2. 暴雪极端天气

（1）定义：暴雪是指 24 小时内降雪量达 10mm 以上，且降雪持续，对交通或者农牧业有较大影响的一种灾害性天气。

（2）量级：对于降雪量，中国气象局同样有严格规定，它与降雨量的标准截然不同。雪量是根据气象观测者，用一定标准的容器，将收集到的雪融化后测量出的量度。如同降雨量一样，降雪量是指一定时间内所降的雪量，有 24 小时和 12 小时的不同标准，在天气预报中通常是指 24 小时的降雪量。当 24 小时降雪量达到 10.0～19.9mm 时为暴雪，20.0～29.9mm 为大暴雪，超过 30.0mm 为特大暴雪。

① 资料来源：中国气象局暴雨预警科普。https://www.cma.gov.cn/yjkp/

（3）分布：暴雪主要分布在东北、内蒙古大兴安岭以西和阴山以北的地区，祁连山、新疆部分山区、藏北高原至青南高原一带，川南高原的西部等地区。暴雪发生地区和频率与降水分布有密切关系，发生的时段一般集中在 10 月至翌年 4 月，一般将 10 月 15 日～12 月 31 日这段时间发生的雪灾称为前冬雪灾，发生在 1～2 月为后冬雪灾，发生在 3～5 月称为春季雪灾。

（4）危害：暴雪容易造成当地交通中断，产品、原材料运输受阻，生产处于停滞状态，大大影响当地的地区生产总值。煤电运输受阻，电厂停产、半停产，使电力输送的地方生产受直接影响。电力中断，生产停顿。同时，暴雪对于连续性生产带来巨量损失，如石化、化工、造纸等连续生产行业。道路修复，电线及线杆、线塔，车辆等物品的直接损失，蔬菜、瓜果、粮食的损失。暴雪融化之后，导致地下水水位升高，容易引发血吸虫等灾害。道路消雪撒盐、撒融雪剂，盐溶解之后进入土壤，导致地下水质量和土质变硬、变差。降雪量过多和积雪过厚，雪层维持时间长，影响畜牧正常放牧活动。对畜牧业的危害，主要是积雪掩盖草场，牲畜难以扒开雪层吃草，造成饥饿，有时冰壳还易划破羊和马的蹄腕，造成冻伤，致使牲畜瘦弱。

（5）预警：暴雪预警信号共分四级，分别为蓝色、黄色、橙色、红色，具体如下：①蓝色预警，12 小时内降雪量将达 4mm 以上，或者已达 4mm 以上且降雪持续，可能对交通或者农牧业有影响；②黄色预警，12 小时内降雪量将达 6mm 以上，或者已达 6mm 以上且降雪持续，可能对交通或者农牧业有影响；③橙色预警，6 小时内降雪量将达 10mm 以上，或者已达 10mm 以上且降雪持续，可能或者已经对交通或者农牧业有较大影响；④红色预警，6 小时内降雪量将达 15mm 以上，或已达 15mm 以上且降雪持续，可能或者已经对交通或者农牧业有较大影响。

3. 雾霾极端天气

（1）定义：雾霾是“雾”和“霾”的组合词，是一种大气污染状态，是特定气候条件与人类活动相互作用的结果，是对大气中各种悬浮颗粒物含量超标的笼统表述，尤其是 PM2.5（空气动力学当量直径小于等于 2.5μm 的颗粒物）被认为是造成雾霾天气的“元凶”。中国不少地区将雾并入霾一起作为灾害性天气现象进行预警预报，统称为雾霾天气。高密度人口的经济及社会活动必然会排放大量细颗粒物，一旦排放超过大气循环能力和承载度，细颗粒物浓度将持续积聚，此时如果受静稳天气等影响，极易出现大范围的雾霾。

（2）量级：按照《环境空气质量指数技术规定》的分级方法和危害程度，可将雾霾污染等级划分为三级：一级（极重污染），即区域连续 24 小时空气质量指数在 500 以上；二级（严重污染），即区域连续 48 小时空气质量指数在 301～500（含）

范围；三级（重度污染），即区域连续72小时空气质量指数在201～300（含）范围。

（3）分布：雾霾主要出现在山东、江苏、上海、浙江、山西、天津、河南、安徽、陕西等大部分地区，形成四大“雾霾带”，分别为京津冀、长江三角洲、珠江三角洲和川渝。

（4）危害：雾霾天气气压低、湿度大，人体无法排汗，容易诱发心血管疾病，并且时光照严重不足，接近底层的紫外线明显减弱，使得空气中细菌很难被杀死，从而大大增加了传染病的发病率。雾霾天气空气质量差、能见度低，容易引起交通阻塞，发生交通事故，因此在驾驶或行走时更应该多观察路况，以免发生危险。雾霾天气对公路、铁路、航空、航运、供电系统、农作物生长等均产生重要影响。雾、霾会造成空气质量下降，影响生态环境。

（5）预警：雾霾预警信号颜色分为三级，以黄色、橙色和红色表示，分别对应预报等级用语的中度霾、重度霾和严重霾，具体如下。

①黄色预警，预计未来24小时内可能出现下列条件之一并将持续或实况已达到下列条件之一并可能持续：能见度小于3000m且相对湿度小于80%；能见度小于3000m且相对湿度大于等于80%，PM2.5浓度大于115μg/m^{3}且小于等于150μg/m^3；能见度小于5000m，PM2.5浓度大于150μg/m^{3}且小于等于250μg/m^3。

②橙色预警，预计未来24小时内可能出现下列条件之一并将持续或实况已达到下列条件之一并可能持续：能见度小于2000m且相对湿度小于80%；能见度小于2000m且相对湿度大于等于80%，PM2.5浓度大于150μg/m^{3}且小于等于250μg/m^3；能见度小于5000m，PM2.5浓度大于250μg/m^{3}且小于等于500μg/m^3。

③红色预警，预计未来24小时内可能出现下列条件之一并将持续或实况已达到下列条件之一并可能持续：能见度小于1000m且相对湿度小于80%；能见度小于1000m且相对湿度大于等于80%，PM2.5浓度大于250μg/m^{3}且小于等于500μg/m^3；能见度小于5000m，PM2.5浓度大于500μg/m^3。

4. 冰雹极端天气

（1）定义：冰雹，又称雹或雹块，是从发展旺盛的积雨云中降落的一种固态降水，由于大气层中具有高度不稳定的层结、丰富的水汽和不均匀的上升气流以及适当的温度等条件而产生。呈圆球形或圆锥形，由透明层和不透明层相间组成。直径一般为5～50mm，大的有时可达10cm以上。

（2）量级：根据一次降雹过程中，多数冰雹直径、降雹累计时间和积雹厚度，将冰雹分为3级。轻雹为多数冰雹直径不超过0.5cm，累计降雹时间不超过10分钟，地面积雹厚度不超过2cm；中雹为多数冰雹直径0.5～2.0cm，累计降雹时间10～30分钟，地面积雹厚度2～5cm；重雹为多数冰雹直径2.0cm以上，累计降雹时间30分钟以上，地面积雹厚度5cm以上。

（3）分布：冰雹灾害的总体分布格局是中东部多、西部少，空间分布呈现“一区域、两条带、七个中心”的格局。一区域是指包括我国长江以北、燕山一线以南、青藏高原以东的地区，是中国雹灾的多发区；两条带指中国第一级阶梯外缘雹灾多发带（特别是以东地区）和第二级阶梯东缘及以东地区雹灾多发带，是中国多雹灾带；七个中心指散布在两条多雹带中的若干雹灾多发中心：东北高值区、华北高值区、鄂豫高值区、南岭高值区、川东鄂西湘西高值区、甘青东高值区、喀什阿克苏高值区。

（4）危害：在农作物种子发育阶段，冰雹袭击猛或下雹时间长，使农作物受害严重；处在开花期或成熟期的作物较处在幼苗期受害重，甚至能造成毁灭性的伤害；果树林木遭到雹灾，当年和以后的生长均受影响，受到创伤还易发生病虫害。冰雹对交通运输、房屋建筑、工业等方面也都有不同程度的危害。我国每年因冰雹所造成的经济损失约为几亿元到十几亿元，1987 年 3 月 6 日大范围冰雹横扫江西、湖北、安徽、江苏、浙江、上海，受灾农田达 538 万亩（1 亩 = $666.7m^2$），倒塌房屋 6.2 万间。

（5）预警：冰雹预警信号分为二级，分别以橙色和红色表示，具体如下：①橙色预警，6 小时内可能出现冰雹伴随雷电天气，并可能造成雹灾；②红色预警，2 小时内出现冰雹的可能性极大，可能造成重雹灾。

5. 台风极端天气

（1）定义：热带气旋中心持续风速在 12～13 级（即 32.7～41.4m/s）称为台风或飓风。台风通常在热带地区离赤道平均 3～5 个纬度外的海面（如南北太平洋、北大西洋、印度洋）上形成，其移动主要受大尺度天气系统等影响，最终在海上消散、变性为温带气旋或在登陆陆地后消散。

（2）量级：按照热带气旋强度可分为三个等级。台风，最大风力 12～13 级，最大平均风速 32.7～41.4m/s；强台风，最大风力 14～15 级，最大平均风速 41.5～50.9m/s；超强台风，最大风力≥16 级，最大平均风速≥51.0m/s。

（3）分布：台风主要分布在台湾、福建、广东、海南、浙江、广西，但是其他地方也有可能受到台风影响。西太平洋生成的台风一种是西北行影响福建、浙江、台湾，一种是西行影响广东、海南、广西；南海生成的台风一般影响广东、海南、广西，也可能北上影响福建和台湾。

（4）危害：台风会引发滑坡、泥石流等地质灾害、洪水暴发造成水灾等次生灾害。在台风经过的地区，一般能产生 150～300mm 降雨，少数台风能产生 1000mm 以上的特大暴雨。台风风速大都在 17m/s 以上，甚至在 60m/s 以上。当风力达到 12 级时，垂直于风向平面上每平方米风压可达 230kg，因此台风及其引起的海浪可以把万吨巨轮抛向半空或推入内陆，风力足以损坏甚至摧毁陆地上的建筑、桥梁、车辆等。

（5）预警：根据《中央气象台气象灾害预警发布办法》，台风预警信号分为红色预警、橙色预警、黄色预警、蓝色预警，具体如下：①蓝色预警，24 小时内可能或者已经受热带气旋影响，沿海或者陆地平均风力达 6 级以上，或者阵风 8 级以上并可能持续；②黄色预警，24 小时内可能或者已经受热带气旋影响，沿海或者陆地平均风力达 8 级以上，或者阵风 10 级以上并可能持续；③橙色预警，12 小时内可能或者已经受热带气旋影响，沿海或者陆地平均风力达 10 级以上，或者阵风 12 级以上并可能持续；④红色预警，6 小时内可能或者已经受热带气旋影响，沿海或者陆地平均风力达 12 级以上，或者阵风达 14 级以上并可能持续。

3.2 常规天气对城市公共交通系统的影响表现

风、云、雾、雨、雪、霜等为常规天气现象。其中，雾与霾被大多地区统称为“雾霾”并一起作为灾害性天气预警预报。在这些常见天气状况中，对城市公共交通系统产生的影响较明显的是雨、雪、雾霾等天气现象。常规天气现象对城市公共交通系统的影响特征如下。

（1）持续时间短。常规降雨天气以短暂性降水或持续性少量降水为主，短时间内的降水量在城市内涝防治标准内，城市雨水排水系统、防涝系统等将发挥关键作用，可有效缓解内涝。冬季常见的降雪天气的降雪量、降雪强度与持续时间短，雪花落地融化，加之融雪剂发挥作用，地面造成较厚积雪的概率低，对于路面车辆行驶、路面公共交通系统驾驶员驾驶过程不会产生较长时间影响。常见雾霾天气对应的污染级别低，短时间内虽然存在中度或重度污染的可能，但日均 PM2.5 的浓度不高，对于驾驶员能见度的影响时间不长。因此，常规天气现象对公共交通基础设施的影响持续时间较短。

（2）季节性明显。常规雨、雪、雾霾天气现象往往与季节相关。位于我国北方的春季城市降雨量不高，南方多低温连阴雨；受夏季风的影响，我国大部分城市夏季多短暂性暴雨与雷阵雨；秋季，我国大部分地区天气晴朗、秋高气爽，但西部多绵绵细雨；我国冬季的降水量呈现出明显的“南多北少”特征，而降雪多在北方地区。重度雾霾的高发期为秋季与冬季，由于秋冬季气温低、地面气压弱，空气中的污染物难以稀释和扩散，一旦湿度较高，即形成雾霾天气。综上所述，常见天气的季节性特征较明显。

（3）影响规模小。短暂暴雨的降水集中，强度较高但持续时间短，因此其影响范围不大；降雨的持续时间虽然长，但强度弱。因此降雨对于地面积水的影响在短时间内可以得到缓解。降雪天气与雾霾天气对于城市交通基础设施的影响时间也较短，强度较弱。因此，常规天气不易造成公共交通基础设施的节点受损，部分节点短暂受损的影响也不易蔓延至整个公共交通基础设施系统。

3.2.1 降雨对城市公共交通系统的影响分析

降雨是影响城市公共交通系统最频繁的天气现象，其中东南沿海和西南沿海等降雨频发地区的城市公共交通系统极易受到损伤。降雨对城市公共交通系统的主要影响表现包含以下几个方面。

（1）降雨致使路面湿滑，造成车辆易打滑、易侧翻等。降雨导致的湿滑路面极大地降低了路面摩擦力，促使路面通行状况降低，极大地影响路面交通正常通行环境和条件。在不同环境下的摩擦系数实验中，明显看出路面摩擦系数有较大变化，干燥路面的摩擦系数最大，具备正常的通行条件；潮湿、积水等环境下的摩擦系数相较于干燥路面下的摩擦系数都有较大差别，与干燥路面的摩擦系数相比，下降了 26.37%，对车辆安全行驶环境有极大影响。不同路面状况的摩擦系数测试统计见表 3.2。

表 3.2 不同路面状况的摩擦系数测试统计

项目	干燥（0℃以上）	潮湿	积水
平均值	0.91	0.67	0.67
最大值	0.96	0.72	0.70
最小值	0.82	0.62	0.64

（2）降雨造成低能见度，增加交通事故率。降雨天气中产生的水汽和雾气环境影响路面能见情况，极大地降低了路面能见度，是影响城市公共交通系统安全的重要影响因素。暴雨和暴雨以上级别的降雨量具有的降雨强度、雨滴直径及密度等雨量特性会对城市公共交通系统中的要素产生影响，如人、车辆、路面、站点、环境等。随着降雨强度和降雨量的增加，外部环境处于一个潮湿、雨汽含量高的状态，促使车辆驾驶员视觉、听觉等方面的判断力减弱，影响驾驶行为。同时，较低能见度会影响交通车辆路面通行的流量情况，致使车辆行驶速度下降等。以上种种因素会导致城市公共交通系统可靠性运行受到影响。一分钟雨量与能见度对应关系见表 3.3。

表 3.3 一分钟雨量与能见度对应关系

雨量/mm	能见度
0.8～1.2	降至 500m
1.3～1.9	降至 200m
2.0～3.0	＜200m

（3）引发内涝、泥石流等，损伤交通基础设施，破坏交通运行环境。频发、长时间的降雨会引发泥石流、山体滑坡等，破坏路面路基、交通站点、轨道交通系统等，严重影响城市公共交通系统的正常通行。城市地下站点内涝、泥石流等破坏了城市公共交通系统外部环境的稳态，导致车辆进水、站点淹没、地下交通系统制动引发局部瘫痪状态，影响城市公共交通系统的组件正常运营。

3.2.2　降雪对城市公共交通系统的影响分析

降雪、冰冻等低温天气会对城市公共交通系统造成严重损伤。降雪、冰冻等会造成能见度降低、摩擦系数减小，交通拥堵等情况。在路面交通状况受影响的情况下，车辆的行驶方向和行驶速度都会受到极大的影响，极易诱发交通事故。低温天气会造成路面冰冻，摩擦系数急剧降低而无法通行，严重的甚至会导致整个城市公共交通系统无法通行，具体表现在以下几个方面。

（1）降雪冰冻导致路面湿滑，交通出行情况受阻。低温天气导致路面积雪形成的水汽易凝结成冰，冰覆盖在路面上极大地降低路面摩擦系数，导致车辆运行打滑、无法启动、行车困难及路面受阻等情况。一方面，路面高深度的积雪阻碍车辆正常行驶，影响车辆在道路中的顺畅通行；另一方面，积雪融化，在低温天气下易形成覆冰，导致制动受阻，行车失控等现象，极大地干扰了城市公共交通系统外部环境的运营安全。摩擦指数与抗滑性能、摩擦系数及路面状况的关系见表 3.4。

表 3.4　摩擦指数与抗滑性能、摩擦系数及路面状况的关系

摩擦指数	抗滑性能	实际摩擦系数	对应路面状况
0 级	良好	≥0.65	常温、干燥、无杂质
1 级	正常	0.56～0.64	潮湿、少量积水、低温
2 级	稍差	0.51～0.55	积水、低温
3 级	较差	0.41～0.50	积水、浮雪、霜
4 级	很差	0.31～0.40	积雪
5 级	极差	≤0.30	结冰

（2）降雪造成低能见度，影响交通出行。降雪天气同样会影响路面交通情况的能见度，导致城市公共交通系统部分路面线路通行受阻。高强度的降雪达到暴雪的级别，由于雪的颜色和密度影响驾驶员的视觉系统，极大地降低了在暴雪情况下的行驶能见度，影响驾驶员在行驶过程中的决策判断。在这种情况下，交通管控部门会限制城市公共交通系统的出行安排，减少交通线路安排，减轻事故发

生率。若在降雪的天气下，强制安排密集的出行行为，未及时安排积雪消融和清理积雪工作，会导致线路延误、交通拥堵、行车抛锚、车辆无法启动等事故。降雪造成能见度下降对城市交通的影响见表 3.5。

表 3.5　降雪造成能见度下降对城市交通的影响

降雪	能见度	对交通的影响
小雪	1～2km	一定影响，不利于高速行驶
中雪	0.5～1km	显著影响，减速行驶
大雪	0.2～0.5km	显著影响，限速行驶
暴雪	50～200m	严重影响，尽量减少出行，低速慎驶
雨夹雪	＜50m	行驶困难，严重阻塞甚至瘫痪

（3）积雪引发交通阻断，影响车辆正常通行。除路面湿滑、能见度降低等影响路面交通正常通行情况外，长时间、密集性的降雪导致的积雪、雪堵和雪崩等事件也是导致城市公共交通系统瘫痪的另一个重要的致灾因素。前人的相关研究数据表明[173]，小轿车的轮半径 26cm，按理论值计，雪深 7.6cm 时，车轮被雪埋的弧长是轮周长的 1/4，雪深 13cm 时，车轮被雪埋的弧长是轮周长的 1/3，所以车辆在路面雪深 10cm 左右行驶时已很困难，因此在积雪深度超过 15cm 的时候，会极大地影响车辆的运行，导致无法启动和难以通行等情况。降雪造成的积雪对城市交通的影响见表 3.6。

表 3.6　降雪造成的积雪对城市交通的影响

降雪	路面情况	对交通影响
小雪	路面积雪随风飘，背风洼处少量积雪	路况复杂，但对交通影响不大
中雪	积雪覆盖地面	影响行车和制动
大雪	路面积雪	限速慢行
暴雪	深厚积雪，严重时形成雪阻	行车困难，交通受阻
雨夹雪	冰水混合，降温形成冰面	行车困难，制动失阻，行车失控

3.2.3　雾霾对城市公共交通系统的影响分析

雾霾同样是影响城市公共交通系统正常运行的重要极端天气之一，主要通过影响交通环境、阻滞驾驶员判断力、引发设备故障等对城市公共交通系统的可靠性运行造成干扰。PM2.5 是应对雾霾污染、改善空气质量要控制的主要指标之一，根据 PM2.5 检测网的空气质量新标准，24 小时 PM2.5 平均浓度标准值对应的空气质量等级见表 3.7。

表 3.7　24 小时 PM2.5 平均浓度标准值对应的空气质量等级

24 小时平均浓度	空气质量指数	空气质量等级	活动建议
0～35μg/m³	0～50	优	各类人群可正常活动
35～75μg/m³	51～100	良	极少数异常敏感人群应减少户外活动
75～115μg/m³	101～150	轻度污染	儿童、老年人及心脏病、呼吸系统疾病患者应减少长时间、高强度的户外锻炼
115～150μg/m³	151～200	中度污染	儿童、老年人及心脏病、呼吸系统疾病患者应避免长时间、高强度的户外锻炼，一般人群适量减少户外运动
150～250μg/m³	201～300	重度污染	儿童、老年人及心脏病、呼吸系统疾病患者停留在室内，停止户外运动，一般人群减少户外运动
250μg/m³ 及以上	≥300	严重污染	儿童、老年人及心脏病、呼吸系统疾病患者停止户外运动，一般人群也要避免户外运动

一方面，雾霾会因为能见度低、污染物颗粒大等破坏城市公共交通系统安全行驶的道路环境，从而引发交通堵塞、交通事故等破坏城市公共交通系统稳定的运行环境；另一方面，由于雾霾空气污染程度高、能见度低等，部分居民改变出行行为转移至城市轨道交通系统，造成巨大的客流转移压力干扰城市轨道交通系统的稳态，甚至导致整个城市公共交通系统的崩溃。针对以上问题，详细说明雾霾对城市公共交通系统的具体影响表现如下。

（1）雾霾天气下空气污染严重，能见度低。雾霾中含有污染物、重金属、大直径颗粒物等造成严重空气污染，严重降低空气中的能见度，影响驾驶员的视觉判断力。雾霾导致的空气能见度极大降低，会遮掩路面行车环境，影响路面环境安全驾驶，导致驾驶员视线模糊不清、行车车距判断不清、信号灯明显模糊等情况，严重时会导致交通堵塞、路面受阻，甚至造成严重的交通事故，极大地影响了城市公共交通系统中的外部环境安全。

（2）雾霾中污染物高，容易造成车辆设备损伤。城市空气污染的加剧，促使大气中的水汽容易附着在空气中大颗粒的污染物中，从而形成具有酸性性质的雾霾天气。雾霾天气是污染物凝聚在大气中的集合体，涵盖各种 PM2.5、酸性气体、重金属污染物等。车辆处于大气环境中，容易有污染暴露风险，当车辆或者列车行驶受到雾霾中酸性物质、重金属污染物的腐蚀时，会对车辆的设备造成损伤导致车辆性能下降，从而引发车辆故障的情况，严重时甚至会导致车辆骤停、列车行驶中断等突发状况，因此在雾霾的长期干扰下，城市公共交通系统存在一定的安全隐患。

3.3 极端天气对城市公共交通系统的影响分析

近年来，随着城市建设的不断发展，城市交通基础设施建设总量不断攀升，城市交通网络的建设不断完善和发展，促使城市交通网络的运输能力和运输效率不断提高。与此同时，城市交通需求的不断攀升导致城市公共交通系统承担的客运压力越来越大。其中，常规公交和轨道交通是两种主要的城市公共交通客运工具，分担着城市内的大量客流，在旅客运输方面发挥着极大的作用。城市公共交通系统易受到各种不同类型的破坏和威胁。交通拥堵、城市大气污染、极端天气、交通安全事故等给常规公交和轨道交通的稳定可靠运行造成了很大影响，使得常规公交和轨道交通的服务能力下降，进而影响城市居民的正常生产和生活。

在上述干扰事件中，极端天气对城市公共交通系统的影响最为频繁和严重。如高强度、长时间的暴雨会造成严重的城市内涝，其引发或衍生的极端天气事件会导致山体滑坡、泥石流、洪水内涝等影响城市公共交通系统的极端天气灾害事件，造成道路塌陷、道路阻断、路基冲毁、轨道交通系统中断、路面交通系统抛锚等影响城市公共交通系统正常运营的事件；超大近地风速和风向会导致路面交通基础设施被吹翻（如树木、广告牌、公交站点等）、车辆吹翻、高架轻轨脱轨等；雾霾、沙尘暴等严重影响交通出行可视度的极端天气使得路面交通受阻，驾驶员无法准确识别交通情况，容易导致车辆连环事故、交通拥堵难以通行等影响路面交通正常通行事件；低温、降雪、冰冻等低温天气极易影响交通通行情况，致使路面通行情况变差，轨道交通系统断电、难以启动等事故，恶劣的极端天气现象对城市公共交通系统的可靠运行产生了极大的影响。近年来，极端天气对城市交通网络造成严重影响的案例众多，如 2018 年 1 月 4 日～5 日，西安地区大雪导致城市居民公交车等不到，等到了也挤不上去，部分线路的公交出现等半个小时甚至 2 个小时不来一趟的现象；网约车约不到，滴滴专车在西安的乘客呼叫量是平时的 3 倍以上；地铁爆满不让进入地铁站，地铁 2 号线突发故障……上班路上，很多人用了两三个小时，西安的交通几乎崩溃①。2021 年 7 月 20 日，郑州持续遭

① 陕西媒体六问西安暴雪，专家：暴露应急组织制度建设的欠缺[EB/OL]. 环球网，2018-01-08. https://china.huanqiu.com/article/9CaKrnK6gVF

遇极端特大暴雨，导致郑州轨道交通 5 号线五龙口停车场及周边区域发生严重积水，致使 5 号线运营列车在运营区间内迫停，14 名乘客不幸遇难，大量设施设备损毁①。由此可见，城市复杂公共交通网络更易受到多重干扰，无法正常运行，严重时甚至会导致整个城市公共交通系统瘫痪。

近年来，随着全球气候变化加剧，极端天气对城市公共交通系统的影响具备持续时间长、季节性明显、影响规模大等特点。

（1）持续时间长。极端天气对城市公共交通系统的影响周期逐渐变长。极端天气对城市交通系统造成的影响是突发性的，但极端天气带来的后果是持续性的，如降雨可能会造成城市轨道交通系统内涝，但高强度的降雨量是长时间的，因此在城市轨道交通系统的抢修过程中增大了抢修难度，导致难以在较短时间内尽快恢复城市公共交通系统的正常运营。

（2）季节性明显。极端天气通常伴随着季节性来临。在汛期时，降雨频发和长时间降雨对城市公共交通系统造成断电、塌陷等损伤；夏季台风的来临，对城市公共交通系统的正常运行造成严重影响；秋冬季节的雾霾和沙尘暴等恶劣天气对城市道路情况的能见度有严重影响。季节性的极端天气对城市公共交通系统有不同的影响机理，需要针对所处时期进行预判和预防。

（3）影响规模大。由于城市公共交通系统是连结的、聚集性的网络结构，城市公共交通系统网络中的一个节点或道路的失效，都会造成多处不同程度的失效。极端天气的影响是大范围、区域性的，在极端天气的覆盖范围下极易导致城市公共交通系统大规模失效，影响城市公共交通系统的快速恢复和正常运营。本书将极端天气对城市公共交通系统造成的风险进行归纳，如表 3.8 所示。

表 3.8　极端天气对城市公共交通系统的风险隐患

灾害类别	灾害天气	可能引发的风险
雨灾	暴雨	车站、轨行区淹水倒灌；冲击/冲垮桥墩及其他设施设备等
	梅雨	雨水浸泡设施设备，空气湿度大造成设施设备故障率高；增大设备的日常维护难度等
雪灾	大雪	掩埋地面/高架区段设施设备，影响其正常使用（如道岔无法密贴，造成列车无法折返）；能见度下降，影响驾驶员安全瞭望等
	风吹雪	能见度急剧下降，影响驾驶员安全瞭望；背风积雪时易造成线路运行中断
雾霾	雾霾	空气含霾量大、能见度下降，影响驾驶员安全瞭望；使电线受到“污染”，引起输电线路短路、跳闸、掉闸等故障

① 郑州地铁 5 号线“7.20 事件”中 14 人不幸遇难 [EB/OL]. 人民网，2021-07-27. http://henan.people.com.cn/n2/2021/0727/c351638-34839586.html

通过梳理极端天气对城市公共交通系统的影响特征，分析其作用机制和影响范围。一方面，为极端天气下城市公共交通系统脆弱性治理提供了理论基础；另一方面，为城市交通基础设施正常运营和公共交通系统的管理决策提供了依据，通过影响机理制定针对性的预防管控措施能有效降低极端天气对城市公共交通系统带来的负面影响，将交通气象灾害所造成的损失降至最小。本节对极端天气对城市公共交通系统的各种影响表现进行阐述。

3.3.1 暴雨极端天气对城市公共交通系统的影响机理

暴雨是最常见的影响城市公共交通系统运行的灾害之一，且城市公共交通系统抵御暴雨极端天气的能力较弱，极易对城市公共交通系统造成不可逆损伤。下面将从暴雨极端天气对驾驶员和乘客的影响、对常规公交车辆和轨道交通列车的影响以及对地面道路和轨道交通线路的影响三方面阐述暴雨极端天气对城市公共交通系统的影响机理。暴雨对城市公共交通的影响如图 3.1 所示。

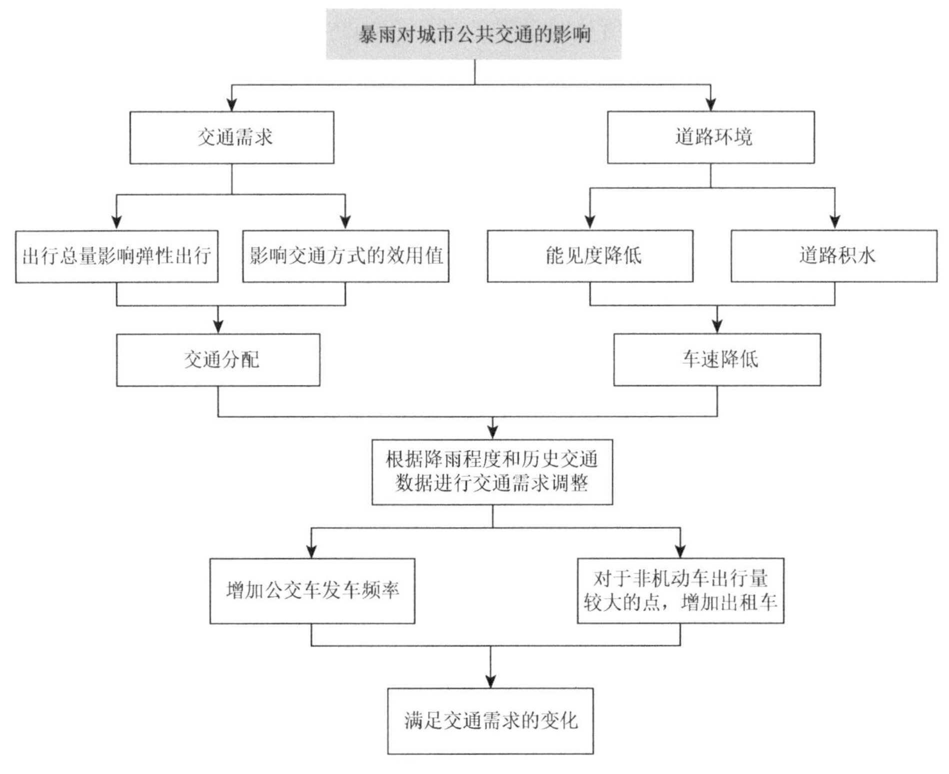

图 3.1 暴雨对城市公共交通的影响

1. 暴雨对城市交通驾驶员和乘客的影响机理

暴雨对驾驶员的影响主要体现为视线受阻、盲区较多、驾驶难度上升。降雨强度较大时，刮水器起到的作用大大减弱，雨水降低了风窗玻璃的光线透过率，降低了能见度，因而驾驶员的可视距离大幅度缩短，难以看清前方的道路、车辆及标识等交通状况。此外，由于车辆在暴雨中行驶时无法打开车窗，车内上升的温度与车外较低的温度形成温差，空气遇冷液化，使得内侧风窗玻璃出现水雾，进一步影响驾驶员视线。总之，雨天路况复杂，加之大型公交车辆的盲区较多，影响驾驶员的视线、听觉以及反应等，给驾驶过程带来较大困难，增加了交通事故发生的概率。

暴雨对乘客的影响主要体现为出行不便、乘车时间延长、乘车体验变差。首先，暴雨中积水路段导致常规公交线路调整，常规公交车辆绕行改道，影响了乘客的出勤效率、延长了出行等待时间与乘车时间。路面积水过多会降低乘客步行速度，某些积水较深处可能使乘客无法步行至常规公交车站或轨道交通站，从而迫使其选择绕路或放弃出行，降低了乘客在常规公交站点候车的便捷性。其次，乘客上车过程中伞尖易误伤其他乘客，车厢地面湿滑会影响站立乘客的乘车体验与乘车安全。此外，暴雨使得常规公交车驾驶速度降低，易产生堵车现象，延长了乘客的出行时间，降低了常规公交的服务效率，导致许多常规公交乘客转移至轨道交通系统，最终造成轨道交通系统拥挤和服务质量下降。若轨道交通发生雨水倒灌，轨道交通停运，乘客被迫滞留站内，影响乘客通勤效率，更有甚者威胁其生命与健康安全。

2. 暴雨对常规地面公交车辆和轨道交通列车的影响机理

暴雨极端天气下容易造成路段积水。衡量常规公交车涉水深度的标准等级包括半轮高度、门槛高度、进气口高度。其中，半轮高度是常规公交车涉水的绿色安全线，若积水未超过半轮高度，则涉水路段相对安全，车辆需要降低车速、谨慎驾驶，通过涉水路段。门槛高度是汽车涉水的黄色警戒线，当经过的涉水路段已达到门槛高度，车辆需注意座舱内部是否有进水危险，以防内部用电设备、内饰等浸水发生损坏。进气口高度是车辆涉水的红色警戒线，雨水一旦进入进气口，会导致发动机故障、熄火，水流一旦吸入发动机，会造成发动机永久损坏。因此当涉水路段的水位达到进气口高度时，车辆应停止行驶。在暴雨极端天气下，部分路段积水达到进气口高度时，常规公交车辆无法正常通过。此外，车辆在暴雨中行驶时，其底盘易被路面流动的异物划伤，导致底盘破损、生锈；暴雨中的空气滤芯与空调滤芯等易进水，也会导致发动机受到损伤。因此，暴雨会影响地面常规公交车辆正常运营状态，甚至导致部分常规公交线路关闭，从而降低了常规地面公交系统的服务能力。

暴雨极端天气下雨水易倒灌入轨道交通站内。首先，轨道交通的出入口设计若存在无顶棚、顶棚漏水等状况，雨水在出入口地面集聚，出入口高度有限，当暴雨与市政排水能力不足耦合，站外积水过多没过出入口台阶后，水位持续上涨，积水将会通过出入口倒灌入车站。其次，设置于轨道交通出入口附近的站外风井保障轨道交通向外通风，连接了位于地下的车站和风亭，一般处在地势低洼处，是站外雨水倒灌入地下的通道之一。最后，一旦出入口、风井都发生雨水倒灌，轨道交通内部将会大量进水，雨水使得靠电力牵引的列车发生短路故障，导致列车部分零部件损坏，进而影响轨道交通线路正常运营。

3. 暴雨对地面道路和轨道交通线路的影响机理

暴雨对于地面道路的影响主要为减小摩擦力、地面冲击、堵塞地面排水口等。一方面，暴雨极端天气导致的路面积水减弱了车辆轮胎与路面的接触，降低了路面的摩擦系数，容易导致车辆发生水滑，延长了车辆的制动距离。当行车高速制动时，会引发车身侧滑和甩尾等现象，使行进中的车辆失去控制。同时路面能见度低，易引发交通事故。另一方面，强降水还易引发公路、铁路沿线的山洪、塌方、滑坡等地质灾害，导致供水渠道堵塞，无法排放的泥水将会排向公路、冲刷路面、造成路面排水孔堵塞，形成涉险路段，进一步造成路基塌陷的安全隐患，使得道路中断、对道路交通安全和道路通行效率产生影响。

暴雨对于轨道交通线路的影响主要是由雨水倒灌引起的。极端暴雨天气下，降雨量巨大，积水可能发生倒灌，沿阶梯进入到轨道交通站内。雨水在站厅内蔓延后沿着站内楼梯下落到站台，进入轨道线路[174]，导致一些地势较低的轨道交通站点临时关闭，部分轨道交通线路服务中断，降低了城市公共交通系统的服务能力，导致大量乘客的出行需求无法满足。此外，雨水倒灌使得地下土壤流动，易引发轨道交通工地的塌方事故。例如，2021 年 7 月 20 日，郑州持续遭遇极端特大暴雨，致地铁 5 号线五龙口停车场及其周边区域发生严重积水现象，导致 5 号线一列车被洪水围困，多名乘客不幸遇难①。

3.3.2 暴雪极端天气对城市公共交通系统的影响机理

普通降雪、冰冻等低温天气会引起能见度低、摩擦系数减小，交通拥堵等情况，对城市公共交通系统造成影响。暴雪极端天气对城市公共交通系统的损伤将更加严重。下面将从暴雪极端天气对驾驶员和乘客的影响、对常规公交车辆和轨

① 郑州地铁 5 号线“7.20 事件”中 14 人不幸遇难 [EB/OL]. 人民网，2021-07-27. http://henan.people.com.cn/n2/2021/0727/c351638-34839586.html

道交通列车的影响、对地面道路和轨道交通线路的影响三方面阐述暴雪极端天气对城市公共交通系统的影响机理。

1. 暴雪对驾驶员和乘客的影响机理

暴雪中行驶会对驾驶员的行车视线、反应能力造成较大影响。一方面，因温度较低，风窗玻璃积雪结冰挂霜，驾驶员的视野盲区扩大进而影响驾驶行为，因此要求驾驶员提前判断可能出现的情况，车辆行驶过程中与前方车辆保持更长的车身距离，以防紧急转弯或紧急制动带来的危险。另一方面，为防止内侧风窗玻璃产生水雾，车内空调长时间启动，易引发驾驶员疲劳，加之暴雪中的光污染现象，导致驾驶员判断能力下降、反应时间增加。此外，路面情况的复杂性提升，行人、自行车和电动车在冰雪路面上的平衡能力与控制力相较于汽车更差，易因路滑而不慎摔倒，这些状况对驾驶员的注意力与谨慎性提出了更高的要求，也对车辆与行人、非机动车的安全距离提出了更严格的标准。

暴雪对乘客的影响主要体现在乘客对公共交通工具的选择倾向变化，尤其是居民对轨道交通的选择倾向大幅提高。暴雪过后，从安全出行角度出发，响应气象部门号召，以非机动车为代步工具的近距离出行居民倾向于步行；考虑雪后地面湿滑以及地面清理的影响，远距离出行居民放弃以自驾为主的通勤方式，倾向选择公共交通工具出行。由于地面公共交通车辆受路面状况影响较大，暴雪极端天气下驾驶速度放缓，不良路况导致拥堵现象加剧，居民选择轨道交通通勤的意愿增强，导致轨道交通客流量大幅度增加。例如，2021 年 11 月 8 日，沈阳遭遇特大暴雪，轨道交通线网当日客运量达到 174.78 多万人次，客流创该市历史新高①。

2. 暴雪对常规地面公交车辆和轨道交通列车的影响机理

暴雪对常规公交车辆的影响主要体现在以下方面。首先，雪花形成过程中附着了空气中的酸性物质，具有一定腐蚀性，下落后附着在车身，融化后触及车盘与轮胎，在行驶过程中与路面的融雪剂混合后，易使底盘生锈、轮胎氧化，降低常规公交车使用寿命。其次，暴雪天气中，车辆转弯需要提前降低车速，弯道行驶中的车辆易发生侧滑，车辆在冰雪路面回正方向的时间较长，给车辆行驶带来不便。最后，公共交通领域用车新能源化成为主要趋势，许多常规公交车采用纯电动续航，而电瓶的耗电量随着温度降低而增加，因此暴雪天气对纯电动公交车辆的续航能力提出了挑战。

暴雪对轨道交通列车的影响主要体现在对钢轨、道岔、接触网、冷却塔等设

---

① 抗击暴风雪 沈阳地铁客流创新高 [EB/OL]. 东北新闻网，2021-11-09. http://liaoning.nen.com.cn/network/liaoningnews/lnnewsjingji/2021/11/09/312515647294673010.shtml

施设备的破坏。首先，低温下接触网受冻覆冰，将影响供电设备正常运行，导致电力供应中断、供应不足。其次，对于轨道交通线路的地上部分，高架段、出入场段的钢轨与道岔，覆雪后不仅会影响列车运行方向，还会降低列车的行驶速度与安全性，造成车辆晚点、车辆故障概率上升等问题；最后，TVM（ticket vending machine，自动售票机）、AGM（automatic gate machine，自动检票机）在低温影响下易出现故障。因此，为保障乘客通勤安全性，暴雪天气对轨道交通站进出口、站外扶梯与垂梯、露天站台通道等场地的防滑工作提出了更高的要求。

3. 暴雪对地面道路和轨道交通线路的影响机理

暴雪对地面道路的影响主要是降低了地面摩擦系数。雨雪天气结束后，气温往往较低，道路结冰导致路面摩擦系数降低，增加了常规公交车辆的制动距离，使车辆行驶过程中易打滑，尤其在上坡、起步、停车过程中可能出现溜车的现象。同时，积雪融化后形成路面泥泞，降低了轮胎抓地力。为防止发生追尾事故，暴雪极端天气对车速、行车距离提出了更高的要求。

暴雪极端天气对于轨道交通线路的影响主要是导致高架铁轨线路停运、地下交通线路车次增加或调整。面对积雪和结冰，地面公共交通车辆运营效率大幅度降低，有着“准点”优势的轨道交通成为通勤交通的主力军。与城际列车和轻轨类似，为防止高速行驶的列车在湿滑的轨道中发生安全事故，轨道交通的地上部分线路通常会在暴雪天气中因受到较大影响而停运。以 2021 年 11 月 8 日辽宁省遭遇的特大暴雪为例，为满足乘客出行需求，沈阳轨道交通对各条地下线路运营时间进行了调整，8 日首班发车时间提前，末班车延迟，同时加开列车 73 列次，地上线路则无法运行。

3.3.3 重度雾霾极端天气对城市公共交通系统的影响机理

雾霾天气通过影响交通环境、阻滞驾驶员判断力、引发设备故障等对城市公共交通系统的可靠性运行造成干扰，重度雾霾极端天气更将对城市公共交通系统的稳定运行产生严重影响。下面将从重度雾霾极端天气对驾驶员和乘客的影响、对常规公交车辆和轨道交通列车的影响以及对地面道路和轨道交通线路的影响三方面阐述重度雾霾极端天气对城市公共交通系统的影响机理。

1. 重度雾霾对驾驶员和乘客的影响机理

气体液化形成的雾与霾中悬浮的尘粒、烟粒、盐粒等颗粒污染物混合，形成了雾霾。重度雾霾对于驾驶员的影响主要为：空气中的水汽与颗粒物结合降低了能见度，导致驾驶员对于远处的路况信息、交通信号灯、来往行人、突发状况等不能做出及时反应，因此需要降低行车速度以避免追尾；驾驶员无法准确衡量车辆之间的间距，提升了驾驶过程中对于路况判断的难度，在变道、转弯和超车过程中易引发交通事故；视线受阻易引起驾驶员心情焦躁，使驾驶体验变差。

重度雾霾对于乘客的影响主要为：增加了乘客对公共交通工具的选择倾向；雾霾中的颗粒污染物附着细菌，在气压降低、空气流动性降低的情况下，颗粒物进入人体呼吸道后会导致呼吸道感染和支气管炎等疾病，还会对眼鼻喉、皮肤健康等带来影响。因此，为了避免暴露于户外空气中，居民更愿意放弃步行、骑车等出行方式，转而驾车或乘坐公共交通工具出行[175]。与暴雪天气中居民的出行选择类似，轨道交通便捷与快速的优点被放大。此外，雾霾天气还影响了居民的通勤时间，杨顺成和石龙宇[176]基于对宁波市 8 个国控大气监测点附近居民调研结果发现，通勤时间受雾霾影响的居民比例占被调研总人数的 52%，但通勤时间并没有大幅度增加，而是小幅上涨。

2. 重度雾霾对常规地面公交车辆和轨道交通列车的影响机理

首先，重度雾霾极端天气下，空气中悬浮的灰尘、颗粒物、污染物较多，一旦进入车内，会聚合形成更大的颗粒物、污染物，进而阻碍车辆发动机的内外空气循环，影响车辆换气系统的能效，增加了公共汽车的耗油量。其次，车内空调系统进行内外循环时，空调过滤网上会吸附空气中的微粒，对空调系统造成损害。再次，空气中的颗粒物在车辆水箱中聚集，加速灰尘堆积。最后，雾霾天气中居民对于公共交通出行的偏好增加，常规公交车辆与轨道交通列车的客流量将增加。

重度雾霾极端天气对于轨道交通列车的影响主要为：影响行车安全，加重轨道交通车辆内部污染水平。一方面，雾霾中的颗粒物吸附了重金属离子，在轨道交通高速行驶过程中，这些颗粒物由于电磁场效应集聚在列车周围，尤其是位于车顶的高压器、无线电接收设备周围。这种集聚现象可能会导致“污闪”发生，影响输电线路、无线电通信设备的正常功能，对行车安全造成威胁[177]。另一方面，轨道交通中的空气质量受雾霾天气的影响而恶化，车厢内的污染加剧，随着人流量密度提升，人们的身体健康将受到较大威胁。诸多研究指出，轨道交通中的 PM2.5 浓度比地上更高，例如，熊秀琴等[178]对北京市 10 条线路轨道交通车厢内的 PM2.5 浓度进行检测，发现浓度中位数为 133μg/m³，与室外 61μg/m³的数值相比，明显较高。此外，轨道交通空气中的铁、钛、铜、锌等金属浓度也明显高于地面空气中相应的浓度。

3. 重度雾霾对地面道路和轨道交通线路的影响机理

重度雾霾对地面道路的影响主要有两方面，一是空气中的水滴、颗粒物与地面的颗粒物混合，降低了轮胎与地面的摩擦力；二是在夜晚，大气中存在大量的颗粒物，在提高照明均匀度的同时，导致路面照度下降、周边环境光线较暗[179]，对于车辆夜间行驶产生了不利影响。

同时，重度雾霾导致轨道交通地面线路及地下线路的车辆基地和停车场出入段线路的能见度降低，迫使列车减速行驶。为防止乘客站内拥挤、滞留，轨道交通站采取限流措施，部分站点被迫关闭，进而影响了列车运行的时效性。如 2017 年 1 月 4 日，北京轨道交通房山线（地上运营线路）因雾霾而降速，为防止在站内滞留的乘客人数过多，该线路各进出站口采取措施进行客流量限制，该线路的长阳站被关闭。

3.4 本章小结

城市公共交通系统易受到不同类型攻击的干扰和破坏，尤其是城市公共交通系统抵御极端天气的能力相对较弱，极端天气的突发极易对城市公共交通系统造成重大影响。目前，暴雨、暴雪和重度雾霾是最常见的影响城市公共交通系统运行的三种极端天气。因此，定量描述极端天气对城市公共交通的影响是降低城市公共交通脆弱性、维护城市公共交通系统稳定运行的重要前提条件。本章首先根据已有研究，阐述极端天气的概念内涵、量级、分布、危害及预警等。其次，分析降雨、降雪以及雾霾等常规天气状况对城市公共交通系统的影响表现，主要体现在影响交通环境、阻滞驾驶员判断力、引发设备故障三个方面。再次，刻画极端天气对城市公共交通系统的影响特征（包括持续时间长、季节性明显、影响规模大三个基本特点）。最后，基于极端天气内涵及其对城市公共交通系统的扰动规律，从对驾驶员和乘客的影响、对常规公交车辆和轨道交通列车的影响以及对地面道路和轨道交通线路的影响三个方面分析极端天气对城市公共交通系统的影响机理。本章为后续围绕暴雨、暴雪和重度雾霾等主要极端天气情景，开展对城市公共交通系统的脆弱性研究奠定理论基础。

第 4 章　极端天气下城市公共交通多层复杂网络动态演变模型构建

根据极端天气对城市公共交通系统的影响机理分析，暴雨、重度雾霾等极端天气的发生会产生路面积水及能见度下降等问题，导致交通拥堵，引发交通事故，从而使城市公共交通系统中的某些站点和线路失效，使其丧失旅客运输能力。当这些失效站点和线路的旅客转移至其他正常运行的站点和线路时，可能会导致其他站点和线路流量过载而失效，该过程将一直持续，直到整个系统不再出现失效站点和线路。可见，极端天气对城市公共交通网络的影响，会随着时间的推移而引发大范围的动态扩散（即网络的级联失效）。基于此，本章重点研究城市公共交通多层网络动态演变模型，通过建立网络级联失效模型表征网络动态演变过程。

4.1　极端天气下城市公共交通网络级联失效模型框架

随着城市的快速发展，城市生活质量越来越高，城市人口迅速增加，城市居民出行目的越来越多样化（如上班、购物、读书、旅游等）。为满足城市居民的出行，提高城市居民的出行效率，节约时间成本，城市公共交通实现了快速发展，形成一个复杂的城市公共交通系统。城市公共交通系统主要包括常规公交和轨道交通，组成了一个复杂的常规公交-轨道交通网络。基于复杂网络理论，依据 Space L 网络构建方法，车站可以抽象成网络节点，有线路通过的两个相邻车站用边连接对应节点。常规公交站点及线路属于常规公交子层，轨道交通站点及线路属于轨道交通子层。常规公交子层和轨道交通子层之间通过换乘通道连接，换乘通道对应于网络中的连边。

极端天气对城市公共交通网络有重要影响。例如，暴雨天气下，部分轨道交通站点出现雨水倒灌，轨道交通站点被破坏，站点临时停运，对应复杂网络中节点失效。失效站点的客流会发生转移，进而转移到相邻站点，该客流转移过程称为复杂网络节点之间的耦合关系。因为网络节点之间存在这种耦合关系，所以会引发一定范围的级联失效，即单个节点或连边失效导致网络中其他节点或连边的相继失效，甚至引发网络崩溃。重度雾霾极端天气驱动的车辆动态限行下，部分私家车出行人群转移至轨道交通，给轨道交通带来了极大的压力，或导致轨道交通站点失效，进而引发轨道交通系统的级联失效。

暴雨作为外部扰动变量，对常规公交-轨道交通复杂网络的级联失效过程有关键影响，将不同降雨等级作为系统变量，提出暴雨极端天气下基于耦合映射格子的级联失效模型。考虑轨道交通站点最大客流承载量，提出基于负载容量模型的轨道交通网络级联失效模型。暴雨和重度雾霾以外，考虑其他极端天气影响下城市公共交通网络的级联失效，提出考虑鲁棒性的非线性负载容量模型。

极端天气下城市公共交通网络级联失效模型构建思路如下。首先，基于复杂网络理论，用 Space L 网络构建方式构建城市常规公交子网络和城市轨道交通子网络。提出换乘边概念，构建城市常规公交-轨道交通复杂网络。其次，考虑暴雨作为城市公共交通系统外部扰动变量，提出基于耦合映射格子的城市常规公交-轨道交通复杂网络的级联失效模型。然后，雾霾驱动车辆动态限行下，客流的大规模转移给轨道交通带来了极大的客运压力，提出基于线性负载容量模型的城市轨道交通网络的级联失效模型。最后，在暴雨及其他极端天气下，考虑城市常规公交-轨道交通复杂网络的鲁棒性，提出基于非线性负载容量模型的常规公交-轨道交通复杂网络级联失效模型。

极端天气下城市公共交通网络级联失效模型框架如图 4.1 所示。

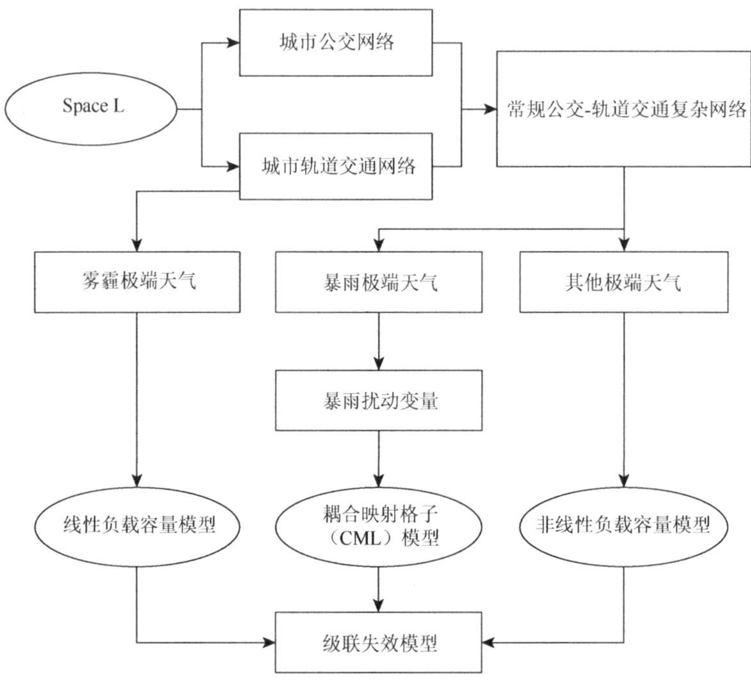

图 4.1　极端天气下城市公共交通网络级联失效模型框架

4.2　城市公共交通复杂网络构建

4.2.1　城市常规公交-轨道交通复杂网络构建

基于多层复杂网络在多个子系统建模方面的优势，将城市公共交通系统中的常规公交和轨道交通子系统抽象成复杂网络，以更好地反映实际城市公共交通系统的演化过程。为简化子系统以便于建模，本书做如下模型设定。

（1）常规公交和轨道交通子系统为常规公交和轨道交通复杂网络的子网络，分别对应复杂网络的一层。

（2）在常规公交网络层中，常规公交站点为网络节点，若两个站点为某条常规公交线路上的相邻站点，则对应的网络节点之间有连边（Space L 建模方法）。

（3）在轨道交通网络层中，轨道站点为网络节点，若两个轨道站点为某条轨道线上的相邻站点，则对应的网络节点之间存在连边（Space L 建模方法）。

（4）若常规公交站点和轨道站点之间的距离小于 100m，则认为这些常规公交站点和轨道站点为换乘站点，对应的网络节点之间有连边，该连边表示实际城市公共交通系统中常规公交和轨道交通的换乘路径。

（5）若两个站点之间有多条常规公交线路或轨道线路经过，为防止重复连边，认为对应的网络节点之间仅有一条连边，线路条数的区别通过连边的客流量分配体现。

（6）通常情况下，经过某个站点的常规公交和轨道交通线路都能沿原路返回，因此本书不考虑常规公交和轨道交通的方向，所构建的常规公交-轨道交通复杂网络为无向网络。

（7）本书不考虑常规公交和轨道交通的发班频率，而仅考虑站点之间的连通性以及站点的旅客运输能力，即本书所构建的常规公交-轨道交通复杂网络为加权网络，线路上的客流量为对应网络连边的权重。

（8）乘坐常规公交或轨道交通的旅客不会选择除常规公交和轨道交通以外的其他交通方式，意味着如果某个站点失效，其运输的旅客将全部转移至其相邻的节点或损失（当该站点为孤立站点时）。各站点被转移的旅客量取决于该站点与失效站点间连边客流量在失效站点运输旅客量中所占的比例。

1. 常规公交-轨道交通复杂网络的符号化描述

常规公交-轨道交通复杂网络包含常规公交和轨道交通两个子系统。由于常规公交站点与轨道站点、常规公交线路与轨道线路的异质性（负载和容量不同，对城市公共交通系统的影响不同），必须用复杂网络对两个子系统进行区分。具体地，

本书所构建的常规公交-轨道交通复杂网络模型见图 4.2，其定义为

$$\text{CBN} = < N, E, L > \tag{4.1}$$

其中，CBN（complex bilayer network）表示常规公交-轨道交通复杂网络，N 为复杂网络的非空点集，每一个节点表示城市公共交通系统的一个常规公交站点或轨道站点。E 为复杂网络的边集，包含单层网络的层内连边和网络的层间连边。L 为复杂网络的层集，本书中 L 由常规公交网络层和轨道交通网络层组成，可以表示为

$$L=\{l_B, l_M\} \tag{4.2}$$

其中，l_B 为常规公交网络层，l_M 为轨道交通网络层。N 可以表示为

$$N = \{N(l_B), N(l_M)\} \tag{4.3}$$

其中，$N(l_B)$ 为常规公交网络层的节点集，代表所有的常规公交站点。$N(l_M)$ 为轨道交通网络层的节点集，由全部的轨道站点组成。E 可以表示为

$$E = \{E(l_B), E(l_M), E(l_B l_M)\} \tag{4.4}$$

其中，$E(l_B)$ 为常规公交网络层的层内边集，代表常规公交站点之间的线路联系。$E(l_M)$ 为轨道交通网络层的层内边集，代表轨道站点之间的线路联系。$E(l_B l_M)$ 为常规公交网络层与轨道交通网络层的层间边集，代表现实城市公共交通系统中常规公交和轨道交通的换乘路径。

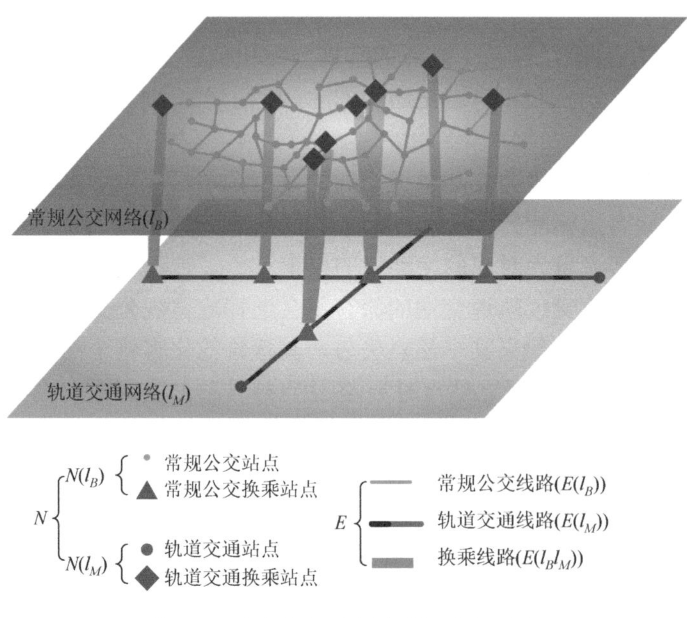

图 4.2　常规公交-轨道交通网络示意图

2. 常规公交-轨道交通复杂网络的特征指标

1）复杂网络的邻接矩阵

定义 A 为常规公交-轨道交通复杂网络的邻接矩阵，包括层内邻接矩阵和层间邻接矩阵。其中，常规公交网络层的层内邻接矩阵 A_{l_B} 为

$$A_{l_B}=\begin{bmatrix} a_{11,l_B} & a_{12,l_B} & \cdots & a_{1n,l_B} \\ a_{21,l_B} & a_{22,l_B} & \cdots & a_{2n,l_B} \\ \vdots & \vdots & & \vdots \\ a_{n1,l_B} & a_{n2,l_B} & \cdots & a_{nn,l_B} \end{bmatrix} \tag{4.5}$$

式中 a_{ij,l_B} 的取值为

$$a_{ij,l_B}=\begin{cases} 0, & \text{节点}n_{i,l_B}\text{与节点}n_{j,l_B}\text{未直接相连} \\ 1, & \text{节点}n_{i,l_B}\text{与节点}n_{j,l_B}\text{直接相连} \end{cases} \tag{4.6}$$

其中，n 为常规公交网络层的节点数，n_{i,l_B} 与 n_{j,l_B} 为常规公交网络层的节点。

轨道交通网络层的层内邻接矩阵 A_{l_M} 为

$$A_{l_M}=\begin{bmatrix} a_{11,l_M} & a_{12,l_M} & \cdots & a_{1m,l_M} \\ a_{21,l_M} & a_{22,l_M} & \cdots & a_{2m,l_M} \\ \vdots & \vdots & & \vdots \\ a_{m1,l_M} & a_{m2,l_M} & \cdots & a_{mm,l_M} \end{bmatrix} \tag{4.7}$$

其中，m 为轨道交通网络层的节点数。a_{ij,l_M} 的取值为

$$a_{ij,l_M}=\begin{cases} 0, & \text{节点}n_{i,l_M}\text{与节点}n_{j,l_M}\text{未直接相连} \\ 1, & \text{节点}n_{i,l_M}\text{与节点}n_{j,l_M}\text{直接相连} \end{cases} \tag{4.8}$$

其中，n_{i,l_M} 与 n_{j,l_M} 为轨道交通网络层的节点。

常规公交-轨道交通复杂网络的层间邻接矩阵 $A_{l_Bl_M}$ 为

$$A_{l_Bl_M}=\begin{bmatrix} a_{11,l_Bl_M} & a_{12,l_Bl_M} & \cdots & a_{1m,l_Bl_M} \\ a_{21,l_Bl_M} & a_{22,l_Bl_M} & \cdots & a_{2m,l_Bl_M} \\ \vdots & \vdots & & \vdots \\ a_{n1,l_Bl_M} & a_{n2,l_Bl_M} & \cdots & a_{nm,l_Bl_M} \end{bmatrix} \tag{4.9}$$

其中，n 和 m 为常规公交网络层和轨道交通网络层的节点数，a_{ij,l_Bl_M} 的取值为

$$a_{ij,l_Bl_M}=\begin{cases} 0, & \text{节点}n_{i,l_B}\text{与节点}n_{j,l_M}\text{未直接相连} \\ 1, & \text{节点}n_{i,l_B}\text{与节点}n_{j,l_M}\text{直接相连} \end{cases} \tag{4.10}$$

其中，n_{i,l_B} 和 n_{j,l_M} 分别为常规公交网络层和轨道交通网络层的节点。

2）复杂网络的连边权重矩阵

本书所研究的常规公交-轨道交通复杂网络为无向加权网络，网络连边的权重为连边上的客流量占网络总客流量的比例。具体而言，定义 W 为常规公交-轨道交通复杂网络的权重矩阵，W 可以表示为

$$W=\begin{bmatrix} w_{11} & w_{12} & \cdots & w_{1|N|} \\ w_{21} & w_{22} & \cdots & w_{2|N|} \\ \vdots & \vdots & & \vdots \\ w_{|N|1} & w_{|N|2} & \cdots & w_{|N||N|} \end{bmatrix} \tag{4.11}$$

其中，$|N|$ 为常规公交-轨道交通复杂网络的节点数，$|N|=n+m$。w_{ij} 为连边 e_{ij} 的权重，具体计算为

$$w_{ij}=\frac{F_{ij}}{F_{\text{total}}} \tag{4.12}$$

其中，F_{ij} 为连边 e_{ij} 上的客流量，F_{total} 为常规公交-轨道交通复杂网络的总客流量，$F_{\text{total}}=\frac{1}{2}\sum_{i}\sum_{j}F_{ij}$。

3）复杂网络的节点客流强度

节点客流强度表示单位时间内通过某节点的客流量，能够从客运功能的角度反映节点在复杂网络中的重要性。定义 I_i 为节点 n_i 的客流量强度，I_i 可以计算为

$$I_i=\sum_{i}F_{ij} \tag{4.13}$$

其中，F_{ij} 为连边 e_{ij} 上的客流量。

4）复杂网络节点和连边的容量

节点和连边的容量表示节点和连边在单位时间内所能运输的最大旅客量。定义 C 为常规公交-轨道交通复杂网络的连边容量矩阵：

$$C=\begin{bmatrix} c_{11} & c_{12} & \cdots & c_{1|N|} \\ c_{21} & c_{22} & \cdots & c_{2|N|} \\ \vdots & \vdots & & \vdots \\ c_{|N|1} & c_{|N|2} & \cdots & c_{|N||N|} \end{bmatrix} \tag{4.14}$$

其中，c_{ij} 为连边 e_{ij} 的容量，即单位时间内连边 e_{ij} 所能运输的最大旅客量。

复杂网络节点的容量由与其直接相连的连边决定，具体为

$$c_i=\sum_{i}c_{ij} \tag{4.15}$$

其中，c_i 为节点 n_i 的容量，c_{ij} 为连边 e_{ij} 的容量。

根据经典的 Motter-Lai 负载容量模型（ML model）[68]，网络中连边的容量正

比于其初始负载，连边的容量 c_{ij} 可以表示为

$$c_{ij}=(1+\alpha)L_{ij} \tag{4.16}$$

其中，α 为容忍系数，表示连边所能容纳的额外流量的比例；L_{ij} 为连边 e_{ij} 的初始负载，即初始时刻连边 e_{ij} 上的客流量。

4.2.2　城市轨道交通网络构建

首先，中国许多城市都修建了轨道交通网络，轨道交通能按时到达目的地，列车在行驶时很少受其他列车的干扰，不会出现红绿灯、交通拥堵、礼让行人等问题，能够保证出行者的出行时间，因此出行者可以更好地规划出行时间，避免因等车而浪费时间；其次，轨道交通系统有较高的速达性，列车在行驶时有单一的轨道，行驶速度较快，能够更快地到达目的地。然后，轨道交通系统的乘车环境比较舒适，使出行者避免大风大雨等恶劣天气带来的不便。轨道交通系统具备这一系列的优势，因此有更多的出行者选择轨道交通网络出行，这就对轨道交通网络造成客流量较大的压力。所以选取城市轨道交通网络为研究对象，探究其在车辆动态限行下的级联失效过程。

为了便于建模，本书简化了城市轨道交通系统，同时做出如下建模假设。

（1）在建立轨道交通网络模型过程中，网络节点表示轨道站点，若两个站点为轨道线上的邻接站点，则对应的网络节点之间有连边（Space L 建模方法）。

（2）若两个站点之间有多条轨道交通线路通过，为了防止出现连边重复的情况，在构建网络时，在对应的网络节点之间仅构建一条连边。该连边的客流量等价于两个站点之间所有线路客流量相加后的总客流量。

（3）现实的轨道交通系统中，通常轨道交通的出发线路和返回线路经过的站点一致，因此本书构建网络时不考虑轨道交通的行驶方向，所构建的轨道交通网络为无向复杂网络。

（4）本书主要分析限行后客流量对轨道交通系统的影响，因此不考虑轨道的发车频率，仅考虑站点的乘客运输能力以及网络拓扑结构的变化。为此本书构建了加权轨道交通复杂网络，网络连边的权重等价于对应线路上的客流量。

（5）通常情况下，经常乘坐轨道交通出行的乘客不会改变他们的交通方式，因此当系统中某个站点失效，该站点的乘客将转乘与其直接相邻的站点出行，除非该站点无邻接站点（该情况下，客流损失）。转移到邻接站点的客流量取决于该邻接站点与其他邻接站点的客流比值。

基于以上建模假设，所构建的轨道交通网络（rail transit network，RTN）是一种无向加权网络。本书利用 Space L 网络构建方法构建了城市 RTN。具体规则是：用网络节点表示系统中实际的站点，用连边表示系统中实际站点之间的线路，站

点之间有列车通过时则有连边，否则没有连边。整个模型可以表示为

$$\mathrm{RTN} = (V, E, W, A) \tag{4.17}$$

其中，V 为 RTN 中节点的集合，$V = \{v_i\}, 1 \leqslant i \leqslant n$，$v_i$ 为 RTN 的第 i 个站点，n 为 RTN 站点的个数。E 为 RTN 节点连边的集合，$E = \{e_{ij}\}, 1 \leqslant i, j \leqslant n$。
其中

$$e_{ij} = \begin{cases} 1, & \text{站点} v_i \text{与站点} v_j \text{之间有直接线路连接} \\ 0, & \text{站点} v_i \text{与站点} v_j \text{之间无直接线路连接} \end{cases}$$

e_{ij} 代表节点 v_i 与节点 v_j 之间的线路，网络图形为无向图形，所以在同一时间内 e_{ij} 与 e_{ji} 具有相同的含义，都是指节点 v_i 与节点 v_j 之间的线路。

W 为 RTN 连边权重的集合，$W = \{w_{eij}(t)\}, 1 \leqslant i, j \leqslant n$，$w_{eij}(t)$ 为以时间为自变量的函数，函数值表示边 e_{ij} 的权重值，权重的大小以单位时间内该线路乘客的数量来衡量，不同的时间点 e_{ij} 边的乘客数量不同，其权重值也不同；网络图形为无向图形，所以同一时间点 $w_{eij}(t)$ 与 $w_{eji}(t)$ 含义相同，都是指节点 v_i 与节点 v_j 之间线路的权重。

根据 RTN 中的节点是否直接相连定义邻接矩阵 A_{nn}，表示形式如下：

$$A_{nn} = \begin{bmatrix} a_{11} & a_{12} & \cdots & a_{1(n-1)} & a_{1n} \\ \vdots & \ddots & \ddots & \ddots & \vdots \\ a_{i1} & \cdots & a_{ij} & \cdots & a_{in} \\ \vdots & \ddots & \ddots & \ddots & \vdots \\ a_{n1} & a_{n2} & \cdots & a_{n(n-1)} & a_{nn} \end{bmatrix} \tag{4.18}$$

其中，a_{ij} 的值表示节点 v_i 与节点 v_j 之间的连接关系，邻接矩阵 A_{nn} 将网络中所有节点之间的连接关系进行了很好的描述，矩阵中 a_{ij} 的取值具体表示如下：

$$a_{ij} = \begin{cases} 1 & \text{节点} v_i \text{与节点} v_j \text{相邻} \\ 0 & \text{节点} v_i \text{与节点} v_j \text{不相邻或} i = j \end{cases}$$

在邻接矩阵 A_{nn} 中，任意两个节点之间的连接关系得到表示，当两个不同的节点之间直接相连时，a_{ij} 的取值为 1；当两个不同的节点不直接相连时，a_{ij} 的取值为 0；相同节点之间的 a_{ij} 取值为 0，因此邻接矩阵 A_{nn} 的正对角线上所有的 a_{ij} 的取值为 0。

4.3 暴雨极端天气下城市常规公交-轨道交通复杂网络级联失效模型

暴雨极端天气发生时，由路面积水及能见度下降等导致的交通拥堵和交通事故会直接使城市公共交通系统中的某些站点和线路失效，使其丧失旅客运输的功

能。当这些失效站点和线路的旅客转移至其他运行正常的站点和线路时，可能会导致其他站点和线路流量过载而失效，该过程一直持续到整个系统不再出现失效站点和线路。将城市公共交通系统抽象成常规公交-轨道交通复杂网络，通过复杂网络的级联失效模型来刻画城市公共交通系统在暴雨极端天气下的失效过程，以此为基础分析暴雨极端天气城市公共交通系统的脆弱性变化及脆弱性的主要成因。

4.3.1　基于耦合映射格子的常规公交-轨道交通复杂网络级联失效模型

1. 耦合映射格子模型

在实际的城市公共交通网络中，节点或连边的失效会通过节点和连边的耦合作用引起其他节点或连边失效，该过程一直持续直到整个网络再次稳定或最终崩溃，这种节点和连边失效的连锁反应现象称为级联失效，也称雪崩现象[180]。城市常规公交-轨道交通复杂网络的级联失效可以通过自组织邻接理论进行解释。该理论认为由大量相互影响的单元组成的系统会自发地向自组织临界状态演变，当系统处于自组织临界状态时，即使一个很小的扰动也可能造成一系列灾难性的后果[181]。一般认为幂律分布是自组织临界系统的标志，自组织临界是幂律分布形成的动力学原因[182]。许多实证研究发现交通网络的节点度分布具有幂律特征，如北京的常规公交网[183]、波兰的常规公交网[15]及许多城市的轨道交通网络[88]等。基于以上研究，本书认为城市常规公交-轨道交通复杂网络也是一个自组织系统，微小的局部变化会被放大并扩散至整个网络，从而可能导致整个网络的崩溃[184]。为解释自组织临界现象，根据不同的研究对象，学者提出了许多不同的级联失效模型，如负载容量模型[185]、二值影响模型[186]、沙堆模型[187]、耦合映射格子模型[188]等。本书主要关注耦合映射格子模型。

耦合映射格子是一种描述非线性系统复杂时空行为的动力学模型。过去对于非线性系统时空行为的研究主要采用偏微分方程、耦合常微分方程等方法，但上述方法难以进行理论分析和数值计算。与上述方法相比，Kaneko 提出的耦合映射格子模型从物理的角度出发将时间和空间变量离散化，而状态变量仍然连续，极大地降低了解析和数值分析的难度，该模型具体为

$$f_{n+1}(x)=(1-\varepsilon)f_n(x)+\varepsilon f_n[f_n(x)] \tag{4.19}$$

其中，n 为离散的时间步。$f_{n+1}(x)$ 和 $f_n(x)$ 为系统的状态变量，能够据此判断系统单元处于正常或失效状态。ε 为耦合系数，表示系统单元之间联系或相互影响的程度。f 为 Logistic 映射函数，$f(x)=ax(1-x)$，$a\in[0,4]$，表示每一个系统单元为一个混沌动力系统。

在时空变量离散的耦合网络中，节点的状态变量可以统一表示为

$$x_i(t+1)=(1-\varepsilon)f(x_i(t))+\varepsilon\sum_{j=1}^{N}\frac{\Gamma(x_j(t))}{k_i} \tag{4.20}$$

其中，$x_i(t+1)$ 和 $x_i(t)$ 分别为网络节点 i 在 $t+1$ 时刻和 t 时刻的状态变量，ε 为耦合系数，f 为 Logistic 映射函数，k_i 为节点 i 的度，N 为网络节点总数。Γ 函数表示网络内部节点之间的耦合形式，包括线性耦合 $\Gamma(x)=x$ 和非线性耦合 $\Gamma(x)=g(x)$，$g(x)$ 为非线性函数。

2. 暴雨条件下常规公交-轨道交通复杂网络的耦合映射格子模型

由于耦合映射格子出色的时空混沌特性，同时易于进行解析分析和数值处理，该模型已经成为非线性系统时空混沌的一个研究分支，被广泛应用于人口增长[189]、液体流动[190]、化学反应[191]和生物网络[192]等方面的时空动力学行为研究。近年来，学者已将耦合映射格子模型引入对复杂网络级联失效过程的研究，取得了丰富的成果[193, 194]。但这些研究中的复杂网络几乎都是无权网络，仅依靠拓扑结构建立耦合映射格子模型，未考虑网络中流量动态变化的影响[195]。在现实世界中，各种复杂系统的级联失效不仅与系统的拓扑结构有关，还与系统流量的动态变化有密切关联。如电力网络中电流过载导致的级联失效，互联网络中传输信息流过载导致的级联失效，以及交通网络中道路车流超过其容量导致的级联失效等。

本书所研究的城市常规公交-轨道交通复杂网络是无向加权网络，网络连边的权重为对应线路上的客流量占比。该网络在暴雨条件下的级联失效过程如下：起初常规公交-轨道交通复杂网络处于正常运行状态，网络中的所有节点和连边均能正常运输旅客；在某一时刻暴雨天气发生，导致网络中某些节点或连边出现故障而直接失效；这些失效节点或连边所运输的旅客将转移至邻近节点和连边，从而导致邻近节点和连边可能因客流过载而失效，而新的失效节点和连边的客流转移又可能导致新一轮的节点和连边失效；该失效过程将不断重复出现直到整个网络不再出现新的节点和连边失效，或整个网络最终崩溃。

从上述级联失效过程可以看出，城市常规公交-轨道交通复杂网络中节点和连边的初始失效是由暴雨极端天气导致的，但网络后续的级联失效过程主要是由失效节点和连边的客流转移引起的。因此，基于前人的耦合映射格子模型[196, 197]，本书提出了基于流的常规公交-轨道交通复杂网络的级联失效模型，该模型包括两大部分，分别为节点的失效模型和连边的失效模型。

1）常规公交-轨道交通复杂网络的节点失效模型

假设 x_i 为节点 i 的状态变量，x_i 可表示为

$$x_i(t+1)=\left|(1-\varepsilon_1)f\left(x_i(t)\right)+\varepsilon_1\sum_{j=1,j\neq i}^{|N|_G}\frac{F_{ij}f\left(x_j(t)\right)}{I_i}\right|,\quad i=1,2,\cdots,|N| \tag{4.21}$$

其中，t 为时间，$x_i(t+1)$ 和 $x_i(t)$ 分别为节点 i 在 $t+1$ 时间步和 t 时间步的状态变量，假设 $0\leqslant x_i(t+1)\leqslant 1$ 表示节点处于正常运行状态，$x_i(t+1)>1$ 表示节点失效，据此能够判断对应的常规公交站点或轨道交通站点是否处于正常运行状态。式中绝对值符号能够保证节点状态变量的非负性。ε_1 为常规公交-轨道交通复杂网络的节点耦合强度，表示节点之间相互影响的程度。例如，$\varepsilon_1=0.1$ 表示节点有 10%的状态变化来自其相邻节点的状态影响。在现实世界中，ε_1 表示一个常规公交站点或轨道交通站点的运行对其相邻常规公交站点或轨道交通站点运行的影响。$|N|_G$ 为常规公交-轨道交通复杂网络最大连通子图的节点数。F_{ij} 和 I_i 分别为连边 e_{ij} 和节点 i 的客流量。根据前人的研究[193]，交通流具有混沌特征，能够通过混沌 Logistic 映射表示。因此，式（4.21）中函数 f 选择混沌 Logistic 映射，$f(x)=4x(1-x)$，当 $0\leqslant x\leqslant 1$ 时，$0\leqslant f(x)\leqslant 1$，表示若节点初始状态正常，且不受其他节点影响，则该节点将永远处于正常运行状态。函数 f 表明常规公交-轨道交通复杂网络中每个节点都是一个混沌动力系统，可以模拟现实常规公交-轨道交通系统中常规公交站点或轨道交通站点的局部动态行为[198-200]。

根据暴雨极端天气的定量化描述，本书将暴雨极端天气作为外部扰动变量 s，$s\geqslant 1$，并认为暴雨极端天气对常规公交-轨道交通复杂网络的所有节点均会产生影响。基于此，受暴雨极端天气影响的节点 i 的状态变量可表示为

$$x_i(t)=\frac{1}{1-0.1528s^{1.128}}\left|(1-\varepsilon_1)f\left(x_i(t-1)\right)+\varepsilon_1\sum_{j=1,j\neq i}^{|N|_G}\frac{F_{ij}f\left(x_j(t-1)\right)}{I_i}\right| \tag{4.22}$$

式（4.22）中各变量含义与式（4.21）相同。式（4.22）可模拟暴雨极端天气对常规公交-轨道交通复杂网络节点的影响。节点 i 的状态变量 $x_i(t-1)$ 乘以 $\dfrac{1}{1-0.1528s^{1.128}}$ 表示暴雨极端天气将会增加网络中节点的失效概率，而不是一定导致节点失效。在现实的城市常规公交-轨道交通系统中，暴雨极端天气通常只会直接引起一部分站点失效而不是所有的站点都失效。与此同时，随着 s 的增大（暴雨降雨强度增大），节点 i 将有更大的概率使 $x_i(t)>1$，意味着常规公交-轨道交通复杂网络将会有更多的节点失效。当节点 i 失效时，节点 i 及与其直接相连的连边都将被移除，被移除的节点和连边的状态变量将一直保持为 $+\infty$，而由这些节点和连边所运输的旅客将转移至其相邻的节点和连边。

通过式（4.21）和式（4.22）便可模拟常规公交-轨道交通复杂网络在暴雨极端天气下的级联失效过程。起初，常规公交-轨道交通复杂网络处于正常运行状态，网络中所有节点状态变量值均在[0，1]范围内。暴雨极端天气发生时，依据式（4.22）计算

所有节点的状态变量变化，复杂网络中将会有一部分节点失效。接下来，失效节点的状态变化将通过客流转移传播至其相邻节点，从而引起新一轮的节点失效过程，如式（4.21）所示。该失效过程将不断重复直到整个网络不再出现节点失效或最终崩溃。

2）常规公交-轨道交通复杂网络的连边失效模型

节点是复杂网络的基本组成单元，对网络结构的变化至关重要。因此，许多学者已经研究复杂网络中节点的级联失效过程[201-203]。与节点类似，连边也是网络的基本组成单元，但关于复杂网络的级联失效研究较少关注网络连边的失效。而在现实世界中，许多基础设施系统都存在一些重要的线路，如电力系统的主干输电线路、互联网络根节点间的传输线路以及交通网络的主干道等。这些线路通常具有很大的流量，并且连接着系统的各大组成部分。一旦这些线路因故障失效，整个系统将被分割为相互独立的部分，导致许多节点对之间变为不可达，极大地降低了系统的连通性能。因此，在复杂网络的级联失效研究中，有必要考虑网络连边失效对整个网络的影响。

在城市常规公交-轨道交通复杂网络中，连边可能因暴雨产生的积水而失效，进而导致常规公交改道或停运，最终可能导致整个复杂网络的级联失效。此外，当节点失效时，其所连接所有连边也将会失效。只要连边所连接的两个节点有一个失效，该连边也将失效。因此，网络中连边的状态变量不仅依赖于连边自身，同时也会受到与其相连的两个节点的影响。具体地，常规公交-轨道交通复杂网络连边的状态变量可表示为

$$y_{ij}(t+1)=\max\left\{\left|(1-\varepsilon_2)f\left(y_{ij}(t)\right)+\frac{\varepsilon_2}{2}\left(\begin{array}{l}\sum\limits_{p=1,p\neq i,j}^{|N|_G}\dfrac{F_{ip}f\left(y_{ip}(t)\right)}{I_i}+\\\sum\limits_{q=1,p\neq i,j}^{|N|_G}\dfrac{F_{jq}f\left(y_{jq}(t)\right)}{I_j}\end{array}\right)\right|,x_i(t),x_j(t)\right\} \tag{4.23}$$

其中，$x_i(t)$ 和 $x_j(t)$ 分别为节点 i 和节点 j 在 t 时间步的状态变量。若 $x_i(t)>1$ 或 $x_j(t)>1$，则 $y_{ij}(t+1)>1$，即只要连边所连的两个节点有一个失效，则该连边也将失效。$y_{ij}(t+1)$ 和 $y_{ij}(t)$ 分别为连边 e_{ij} 在 $t+1$ 时间步和 t 时间步的状态变量，假设 $0\leqslant y_{ij}(t+1)\leqslant 1$ 表示连边 e_{ij} 处于正常运行状态，$y_{ij}(t+1)>1$ 表示连边 e_{ij} 失效，据此便能判断对应的常规公交线路或轨道交通线路是否能正常运输旅客。ε_2 为连边耦合强度，表示连边的状态变化受其相邻连边影响的程度。在实际的城市常规公交-轨道交通系统中，ε_2 表示一条常规公交线路或轨道交通线路的运行对其相邻常规公交线路或轨道交通线路的影响。$|N|_G$ 为常规公交-轨道交通复杂网络的节点数。F_{ip}、F_{jq}、I_i、I_j 分别为连边 e_{ip}、连边 e_{jq}、节点 i 和节点 j 的客流量。式（4.23）表示连边 e_{ij} 的状态不仅受自身扰动的影响，同时也受到节点 i 和节点 j 的影响。

与节点类似，设置暴雨极端天气变量 s 作为外部扰动（$s\geqslant 1$），并认为暴雨

对常规公交-轨道交通网络的所有连边均会产生影响。暴雨极端天气的定量化描述，受暴雨极端天气影响的连边的状态变量可表示为

$$y_{ij}(t)=\max\left\{\begin{array}{l}\dfrac{1}{1-0.1528s^{1.128}}\left|(1-\varepsilon_2)f\left(y_{ij}(t-1)\right)+\dfrac{\varepsilon_2}{2}\left(\begin{array}{l}\displaystyle\sum_{p=1,p\neq i,j}^{|N|_G}\frac{F_{ip}f\left(y_{ip}(t-1)\right)}{I_i}+\\ \displaystyle\sum_{q=1,p\neq i,j}^{|N|_G}\frac{F_{jq}f\left(y_{jq}(t-1)\right)}{I_j}\end{array}\right)\right|,\\ \dfrac{1}{1-0.1528s^{1.128}}x_i(t-1),\ \dfrac{1}{1-0.1528s^{1.128}}x_j(t-1)\end{array}\right\} \tag{4.24}$$

式（4.24）中各变量含义与式（4.21）相同。式（4.24）可用于模拟暴雨极端天气对常规公交-轨道交通复杂网络连边的影响。由于暴雨极端天气发生时，复杂网络中所有节点和连边均会受到影响，因此 $x_i(t-1)$ 和 $x_j(t-1)$ 也应该乘以 $\dfrac{1}{1-0.1528s^{1.128}}$。连边 e_{ij} 在 t 时间步的状态变量由两方面因素决定，一方面是其相邻连边 e_{ip}、e_{jq} 及相连节点 i、j 在 $t-1$ 时间步的状态值和客流量，另一方面是暴雨扰动变量 s 的强度（即暴雨降雨强度）。若 $y_{ij}(t-1)>1$，则 $y_{ij}(t)>1$，且 t 时间步以后连边 e_{ij} 的状态变量将一直保持为 $+\infty$。若 $0\leqslant y_{ij}(t-1)\leqslant 1$，则 $y_{ij}(t)$ 依据式（4.24）计算。式（4.24）表明复杂网络中连边的失效概率随着 s 的增加而增大，即暴雨降雨强度越大，常规公交-轨道交通系统中常规公交、轨道交通线路因故障失效的概率也越大。当连边 e_{ij} 失效时，连边 e_{ij} 将从网络中移除，连边 e_{ij} 运输的客流量将转移至其相邻连边。

式（4.23）和式（4.24）可模拟暴雨极端天气下常规公交-轨道交通复杂网络连边的级联失效过程。具体如下：起初，常规公交-轨道交通复杂网络处于正常运行状态，网络中所有连边的状态变量均分布在[0, 1]范围内。暴雨极端天气发生时，根据式（4.24）的计算，网络中部分连边将失效而其他连边仍能正常运行。接下来，根据式（4.23）重新计算各正常连边的状态变量，网络中失效连边的影响将传播至其相邻连边，从而引发新一轮的连边失效。该过程将一直持续直到复杂网络中不再出现失效连边或整个网络最终崩溃。

城市公共交通系统单元失效的原因可分为两类。一类是如暴雨、暴雪、地震等自然灾害的影响，该类影响可看作对公共交通系统的随机攻击。另一类则是恐怖袭击等蓄意攻击的影响，该类影响可看作对公共交通系统的目标攻击。本书所研究的暴雨极端天气对城市公共交通系统的影响属于第一类研究，所提出的基于流的耦合映射格子模型仅适用于模拟自然灾害等随机攻击对常规公交-轨道交通复杂网络的影响。由于常规公交站点与轨道交通站点、常规公交线路与轨道交通线路在容量及

客流强度方面的差别，根据提出的基于流的耦合映射格子模型，常规公交站点与轨道交通站点、常规公交线路与轨道交通线路将表现出不同的级联失效过程。因此，本书仅在节点和连边的属性方面对常规公交站点与轨道交通站点、常规公交线路与轨道交通线路进行区分，在基于流的耦合映射格子模型中不再对其进行区分。

4.3.2 城市常规公交-轨道交通复杂网络的客流转移模型

本书的常规公交-轨道交通复杂网络的客流转移情景可分为三种，分别是客流过载、节点失效和连边失效。客流的转移主要基于的假设为：过载或失效节点和连边的客流将转移至与其直接相连的正常节点或连边。因为在实际的城市公共交通系统中，旅客最有可能选择离故障站点或线路最近的站点或线路以缩短出行时间。此外，本项目仅考虑常规公交-轨道交通复杂网络最大连通子图（G）中的客流转移，即所建立的客流转移模型仅适用于最大连通子图中的客流转移情景。对于其他由节点或连边失效产生的孤立节点和连边，直接将其从网络中移除，并删除其运输的客流量。以常规公交网络的节点和连边为例，三种情景的客流转移模型分别如下。

1. 常规公交网络客流过载的客流转移规则

步骤 1：搜索网络最大连通子图中过载连边e_{ij}，即连边e_{ij}客流量F_{ij}超过其容量c_{ij}。

步骤 2：将连边e_{ij}从网络中移除。

步骤 3：连边e_{ij}的客流量F_{ij}将转移至其相邻的正常连边e_{ip}和e_{jq}。以连边e_{ip}为例，具体为：$F_{ip} \to F_{ip} + \Delta F_{ip}$，其中$\Delta F_{ip} = F_{ij} \cdot F_{ip} / (I_i - F_{ij})$，连边$e_{jq}$的客流转移与连边$e_{ip}$类似。

步骤 4：判断是否已遍历所有连边，若是则停止搜索，否则重复步骤 1～步骤 3。

2. 常规公交网络节点失效的客流转移规则

步骤 1：搜索网络最大连通子图中的失效节点i，即该节点无法正常运行，旅客无法在该节点乘坐常规公交或轨道交通，常规公交和轨道交通也无法通过该节点。

步骤 2：移除节点i及与其相连的所有连边e_{ip}。

步骤 3：节点i的客流量I_i将转移至与其相邻的所有正常节点j。

步骤 4：与节点j相连的连边e_{jq}的客流量将变化为：$F_{jq} \to F_{jq} + \Delta F_{jq}$，其中$\Delta F_{jq} = F_{ij} \cdot F_{jq} / (I_i - F_{ij})$。

步骤 5：判断是否已遍历所有节点，若是则停止搜索，否则重复步骤 1～步骤 4。

3. 常规公交网络连边失效的客流转移规则

步骤 1：搜索网络最大连通子图的失效连边 e_{ij}，即该连边无法正常运行，常规公交或轨道交通无法在该连边上行驶或旅客无法在该连边上步行。

步骤 2：将连边 e_{ij} 从网络中移除。

步骤 3：连边 e_{ij} 上的客流量将转移至其相邻的正常连边 e_{ip} 和 e_{jq}，以连边 e_{ip} 为例，其客流变化为：$F_{ip} \to F_{ip} + \Delta F_{ip}$，其中 $\Delta F_{ip} = F_{ij} \cdot F_{ip} / (I_i - F_{ij})$。连边 e_{jq} 上的客流变化与连边 e_{ip} 类似。

步骤 4：判断是否已遍历所有连边，若是则停止搜索，否则重复步骤 1～步骤 3。

以上三种情景的客流转移过程具体如图 4.3 所示。

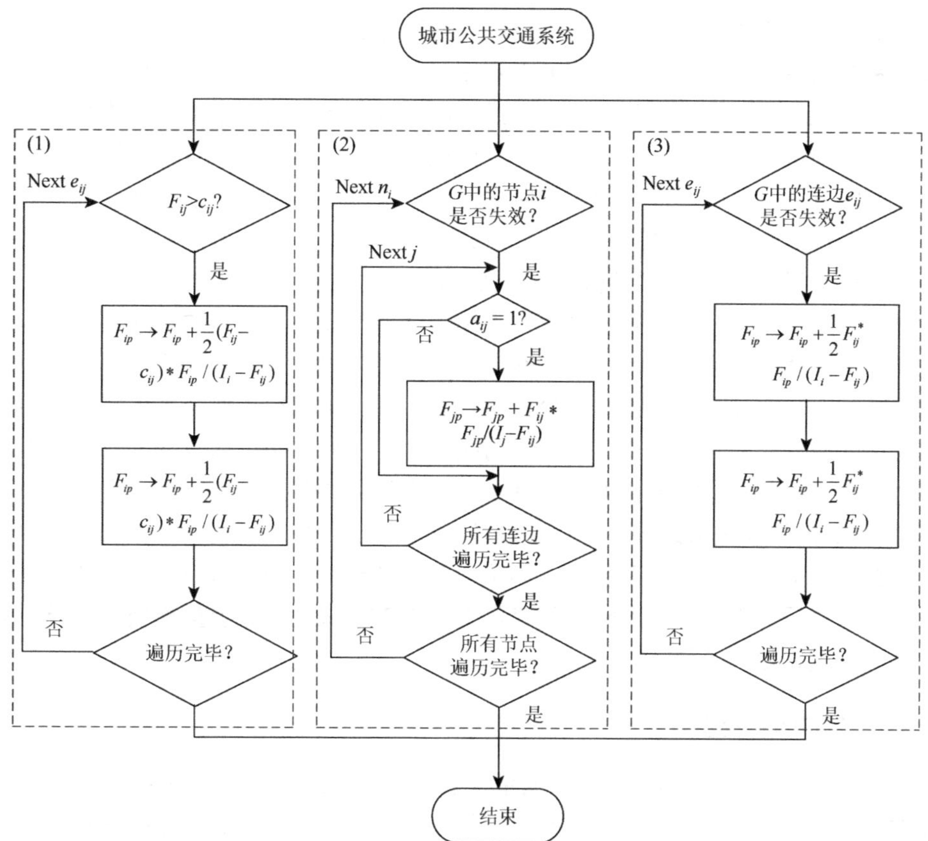

图 4.3　常规公交-轨道交通复杂网络的客流转移规则

4.4 雾霾极端天气下驱动动态限行的城市轨道交通网络级联失效模型

4.4.1 基于负载容量模型的城市轨道交通网络级联失效模型

网络系统中，因某个节点失效而引起其他节点失效的连锁反应称作级联失效[125]。在城市轨道交通网络中，因为网络节点相互之间存在耦合作用，所以当某个节点失效时，城市轨道交通网络也会发生级联失效现象。这种级联失效现象会将系统中微小的破坏扩散到整个系统并且可能导致整个系统的崩溃。为解释级联失效现象，针对不同的研究对象，学者提出了许多描述级联失效的模型，如负载容量模型、Cascad 模型、OPA 模型、二值影响模型、沙堆模型等[128]。本书主要关注负载容量模型。

负载容量模型是研究复杂网络级联失效现象的重要方法，分为线性负载容量模型和非线性负载容量模型，其中 Motter 和 Lai 提出的线性负载容量模型（ML 模型）最为经典[204]。该模型是一种通过系统负载与容量的关系来分析整个系统或某个子系统状态的模型，同时负载容量模型的提出丰富了学者对复杂网络级联失效研究的方法。因此，许多现有的研究已经开始基于负载容量模型来分析复杂网络的级联失效过程[130]。城市 RTN 可以抽象为复杂网络，并可以使用负载容量模型来分析其级联失效过程。例如，有研究者利用中国济南市的数据[205]，构建了一个常规公交网络，使用负载容量模型来模拟济南常规公交网络的级联失效过程。这验证了负载容量模型在常规公交网络和轨道交通网络上的适用性。

基于上述文献，可以得出结论，负载容量模型可以用来研究城市轨道交通复杂网络的级联失效过程。城市 RTN 的脆弱性可以通过网络的级联失效过程来反映。因此，本书通过将城市 RTN 抽象到一个复杂的网络中，应用负载容量模型来模拟 RTN 的级联失效过程，并探索模型中的参数对 RTN 脆弱性的影响。与此同时，根据本书的研究现状及目的，为了更加直观地展示城市轨道交通复杂网络的级联失效过程，本书所采用的负载容量模型为 ML 线性负载容量模型。该模型的具体构建过程如下。

1. 负载容量模型

加权 RTN 的构建与网络的客流量密切相关，站点强度 s_i 是加权 RTN 中最重要的站点拓扑属性，它等价于站点 v_i 邻接边的权重之和。根据站点强度定义网络中站点的初始负载和容量。

（1）初始负载 L_n 定义如下：

$$L_n = \left[s_n^{\alpha} \left(\sum_{\tau_n} s_j \right)^{1-\alpha} \right]^{\beta} \tag{4.25}$$

其中，L_n 为 RTN 的初始负载；s_n 为站点 v_n 的强度；s_j 为站点 v_j 的强度；τ_n 为与站点 v_n 直接相连的站点集；α 为负载容量调整参数，$0 \leqslant \alpha \leqslant 1$；$\beta$ 为负载分配控制参数，$\beta \geqslant 1$。

（2）容量 C_n：描述一个站点所能承受的最大负载，基于本书采用的 Motter 和 Lai 提出的线性负载容量模型[50]，容量的具体表示形式如下：

$$C_n = L_n + \mu L_n, \quad n = 1, 2, \cdots, N \tag{4.26}$$

其中，μ 为负载容忍参数且都大于或等于零。每个站点容量的大小与该站点的建设成本息息相关，在现实生活中，城市轨道交通系统的站点容量不能无限大。因此，在该模型中 μ 的取值不能无限大。

2. 动态限行下的负载容量模型

本书所研究的城市轨道交通复杂网络是无向加权网络，网络中每条连边的权重为对应所有线路上的客流量加和占比。该网络因动态限行政策导致节点失效的过程如下：实施动态限行政策前，城市轨道交通复杂网络处于正常运行状态，网络中的所有节点和连边均能正常运行；但是实施车辆限行政策后，大量客流由道路网络转移到轨道交通系统，客流的涌入将导致网络中某些节点因过载而失效。由此可以看出，城市轨道交通复杂网络中节点的失效是由动态限行政策实施后道路网络的客流转移导致的。具体的节点初始失效模型的构建如下。

（1）从道路网络转移到 RTN 的负载 $\Delta L_{\text{road}\to\text{RTN}}$：其中 $\Delta L_{\text{road}\to\text{RTN}}$ 为实施车辆限行政策后从道路交通转移到 RTN 的乘客负载。$\Delta L_{\text{road}\to\text{RTN}}$ 等价于实施车辆限行政策后 RTN 的客流增加量。

实施车辆限行政策后，由于部分私家车出行受到限制，这些乘客无法使用私家车，将改变其出行方式。其中一些乘客将从道路交通转移到 RTN（见图 4.4），这将增加 RTN 的客流。然后，转移到 RTN 的乘客负载分配到每个站点。因此，当实施车辆限行时，每个车站的乘客负载将从初始负载变为实际负载。

一些研究人员已经开始探索乘客转移模型并取得成果。例如，李立[206]提出了一种客流转移模型。在该模型中，计算了客流转移前后铁路分担率的差值。然后，通过取差值与总乘客量的乘积来计算转移到铁路运输的乘客。该模型表明，转移的乘客流量等于转移之前和之后的乘客流量之差。

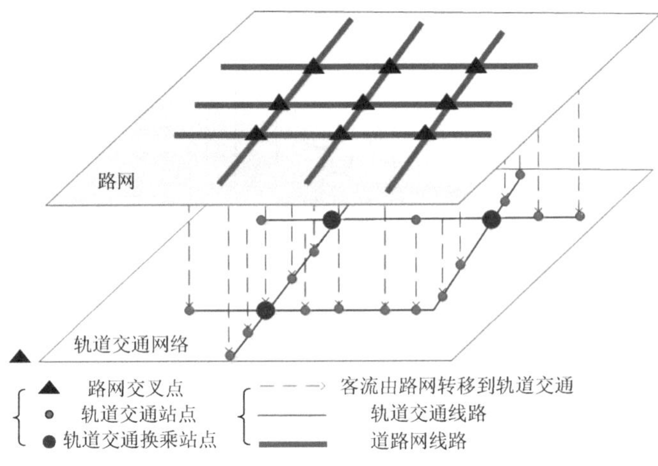

图 4.4　客流由道路交通转移到 RTN 的转移机制

在这项研究中，限行政策的实施已导致道路交通网络上的客流转移到 RTN，从而导致 RTN 的客流增加。根据上面的研究结果，使用车辆限行前后的 RTN 乘客负载差值来表示由路网转移到 RTN 的客流量 $\Delta L_{\text{road}\to\text{RTN}}$：

$$\Delta L_{\text{road}\to\text{RTN}} = (p_j - p_i)\cdot L_{\text{traffic}} \tag{4.27}$$

其中，L_{traffic} 为整个交通网络的总乘客负载，一些乘客由于实施了车辆限行政策而更改了出行方式（例如，其中一些选择了 RTN 出行）；p_i 和 p_j 分别为在实施车辆限行政策之前和实施车辆限行政策之后，RTN 在整个交通网络中的客流分担率。由式（4.27）可以得出车辆限行后由道路交通网络转移到 RTN 的客流量。

（2）从道路交通网络转移到 RTN 站点的负载 $\Delta L_{\text{road}\to v_i}$： $\Delta L_{\text{road}\to v_i}$ 为实施车辆限行政策后从道路交通转移到RTN站点 v_i 的乘客负载。路过站点 v_i 的私家车越多，从道路交通转移到该车站的客流量就越多。因此，从道路交通转移到 RTN 的客流量 $\Delta L_{\text{road}\to\text{RTN}}$ 可以根据通过每个 RTN 站点的私家车的比例分配到 RTN 的站点 v_i。$\Delta L_{\text{road}\to v_i}$ 的具体计算过程如下：

$$\Delta L_{\text{road}\to v_i} = \Delta L_{\text{road}\to\text{RTN}}\cdot\frac{q_{v_i}}{\sum_{i=1}^{N} q_{v_i}} \tag{4.28}$$

其中，q_{v_i} 为通过 RTN 站点 v_i 的私家车数量。N 为 RTN 站点的总数量。式（4.28）显示了实施车辆限行政策后由道路交通网络转移到 RTN 的负载按比例分配到每个 RTN 的站点。

（3）RTN 站点的实际负载 L_i'： L_i' 为实施车辆限行政策后每个 RTN 站点的客流负载。

$$L_i' = L_i + \Delta L_{\text{road}\to v_i} \tag{4.29}$$

其中，L_i 为发生客流转移前轨道交通网络站点 v_i 的负载，L_i' 为发生客流转移后轨道交通网络站点 v_i 的实际负载。由式（4.29）可看出，从道路交通网络转移到 RTN 的客流量分配到每个站点后，RTN 站点 v_i 的客流负载将从 L_i 变为 L_i' 。式（4.29）显示了此更改过程。

（4）RTN 站点状态 S_{vi} 的判定

$$S_{vi} = \begin{cases} \text{正常}, & L_i' \leqslant C_i \\ \text{失效}, & L_i' > C_i \end{cases} \tag{4.30}$$

车辆限行政策导致的客流转移对轨道交通网络造成的影响属于随机攻击，客流由道路交通网络随机转移到 RTN 的任何站点，导致许多站点负载增加，但只会引起部分节点失效而不一定全部节点都失效。由式（4.30）可知，当站点 v_i 的负载大于站点 v_i 的容量时，该站点因客流过载而失效，站点暂停运营，与此同时在网络中移除该失效节点；当站点 v_i 的负载小于或等于该站点的容量时，站点正常运营，网络的拓扑结构不发生变化。

式（4.26）～式（4.29）显示了实施车辆限行政策后，道路交通网络的客流量转移到轨道交通网络每个站点的过程，模拟了车辆限行对城市轨道交通网络的影响机理。式（4.30）对车辆限行后的每个轨道交通网络站点的状态进行判断，找出初始失效的节点，同时移除失效节点，得出车辆限行政策对轨道交通系统的初步影响结果。

3. 局部负载重分配模型

当 RTN 中某个节点因失效而被移除时，该节点的负载会分配到与其直接相连的邻接节点上。负载重新分配后会导致邻接节点的负载超过容量而失效，失效的节点负载再进行重分配有可能导致其他节点失效，这种级联失效过程直到没有新的节点失效或整个网络崩溃而停止。局部负载重分配的过程如下。

（1）RTN 节点 v_i 失效后，v_i 节点的负载按照一定的分配比值分配到邻接节点，这种分配过程称为局部重分配，分配到邻接节点的负载值表示形式如下：

$$\Delta L_{i-j} = \frac{L_j}{\sum_{\tau_i} L_j} L_i \tag{4.31}$$

其中，ΔL_{i-j}为节点v_i失效后由节点v_i转移到节点v_j的负载值，L_i为节点v_i失效时的实际负载值，τ_i为与节点v_i直接相连的邻接节点集合，$\sum_{\tau_i} L_j$为节点v_i的邻接节点的负载和，$\dfrac{L_j}{\sum_{\tau_i} L_j}$为节点$v_i$失效后转移到节点$v_j$的负载比值。

（2）客流转移矩阵B_{nn}表示形式如下：

$$B_{nn}=\begin{bmatrix} b_{11} & b_{12} & \cdots & b_{1(n-1)} & b_{1n} \\ \vdots & \ddots & \ddots & \ddots & \vdots \\ b_{i1} & \cdots & b_{ij} & \cdots & b_{in} \\ \vdots & \ddots & \ddots & \ddots & \vdots \\ b_{n1} & b_{n2} & \cdots & b_{n(n-1)} & b_{nn} \end{bmatrix} \tag{4.32}$$

其中，b_{ij}为 RTN 节点v_i失效后转移到节点v_j的负载值，表示形式如下：

$$b_{ij}=\begin{cases} \Delta L_{i-j}, & \text{当节点}v_i\text{与节点}v_j\text{之间有客流转移时} \\ 0, & \text{当节点}v_i\text{与节点}v_j\text{之间无客流转移时} \end{cases}$$

（3）负载重分配后 RTN 节点v_j的负载表示为

$$L_j'=L_j+\Delta L_{i-j} \tag{4.33}$$

其中，L_j为节点v_j在负载重新分配前的负载值，L_j'为节点v_j在负载重新分配后的负载值。节点v_i失效后，其节点的部分负载分到邻接节点v_j，节点v_j的负载由L_j增加到L_j'。

式（4.31）～式（4.33）模拟了车辆限行下初始失效节点被移除后城市轨道交通复杂网络的级联失效过程。具体如下：车辆限行前城市轨道交通复杂网络未发生大客流冲击，系统正常运行，网络中所有节点的负载都小于容量，整个网络中所有节点均未失效。实施车辆限行政策后，部分客流由道路交通转移到轨道交通，根据式（4.26）～式（4.29）计算每个网络节点的负载并根据式（4.30）判断每个节点的状态，找出初始失效节点。之后将失效节点从网络中移除，同时失效节点负载分配到其邻接节点从而导致新一轮的节点失效，根据式（4.31）和式（4.33）重新计算各个正常节点的负载并且根据式（4.30）计算每个节点的状态，找到新的失效节点。该过程将一直持续到轨道交通复杂网络中不再出现新的失效节点或整个网络最终崩溃。

城市轨道交通系统站点失效的原因总体分为两种。一种是对轨道交通系统的随机攻击，该类攻击没有目标性，没有选择地随机攻击系统中的站点。另一种是蓄意攻击，该类攻击可看作对轨道交通系统的目标攻击，有选择地攻击系统中的站点。本书所研究的动态车辆限行政策下的客流随机转移到轨道交通的站点并且转移的客流量也是随机的，因此其对城市轨道交通系统的影响属于第一种，所提出的基于客流量的负载容量模型仅适用于模拟客流等随机攻击对城市轨道交通复杂网络的影响。

4. RTN 节点失效后整个网络结构的变化

根据负载容量模型，RTN 节点会因过载而失效，进而导致网络结构发生变化。已有研究中，对失效节点的处理方法是将其从现有网络中移除，认为列车不能通过该节点再到达其他节点，如图 4.5 所示[53]。

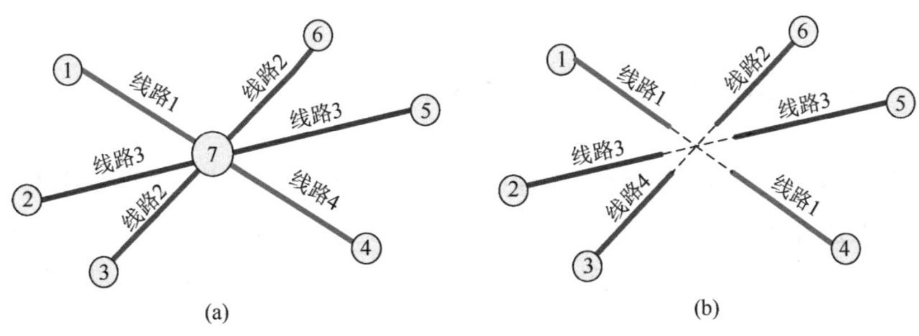

图 4.5　RTN 节点失效前后网络连接变化（一）

其中，图 4.5（a）表示 RTN 节点失效前轨道交通复杂网络中各节点之间的连接情况，图 4.5（b）表示 RTN 节点 7 失效后轨道交通复杂网络中各节点之间的连接情况。其中的数字表示网络节点，连线表示节点之间的行驶路线。由图可知，节点 7 失效后节点被移除，所有经过该节点的列车都不能通过该节点到达下一个节点。

然而，实施动态车辆限行政策后，受到客流冲击的节点失效只是因为该节点客流过多而暂时不进行乘客的交换和运输，该节点处的轨道线及其他基础设施没有任何损坏，即节点失效只会导致该站点不能进行乘客输送，但是不会影响列车通过该节点到达其他节点。因此，本书将节点失效定义为：因负载超过节点容量而停用，节点失效后不允许列车在该节点停车进行乘客输送，但是该节点允许列车经过进而行驶到达其他节点，如图 4.6 所示。

其中，图 4.6（a）表示 RTN 节点失效前轨道交通复杂网络中各节点间的连接情况，图 4.6（b）表示 RTN 节点 7 失效后轨道交通复杂网络中各节点间的连接情况。其中数字表示节点，连线表示节点之间的行驶路线。由图可知，节点 7 失效后，所有经过该节点的列车依然可以通过该节点到达下一个节点，即某节点的失效不影响其他节点之间的连通性。

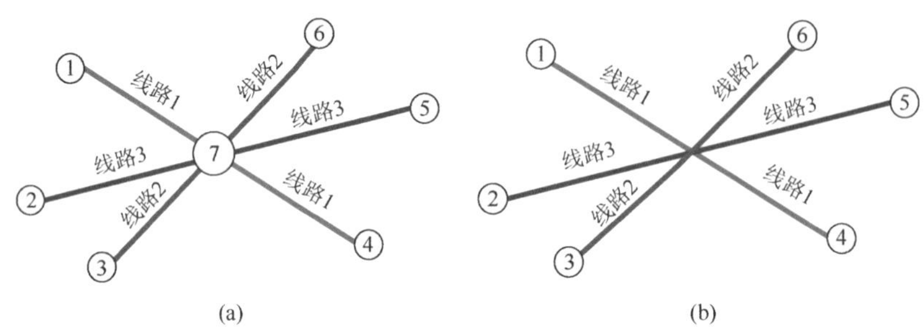

图 4.6　RTN 节点失效前后网络连接变化（二）

4.4.2　车辆动态限行下城市客流转移规则

本书的城市轨道交通网络脆弱性研究有关的客流转移情景主要是指两种。第一种是指实施车辆限行政策后，因私家车出行受到限制的出行者由道路交通网络转移到轨道交通网络，转移到轨道交通网络的客流量根据各个轨道站点附近的道路进行分配。因为在城市的道路建设中，一般道路越多的站点附近车流量越大，因此路过该站点的出行者就越多，那么转移到该站点的客流量就越多。第二种是指因客流过载而站点失效的客流局部转移，失效节点的客流将按照邻接矩阵转移到与其直接相连的正常邻接节点，因为在实际的城市轨道交通系统中，乘客为了缩短出行时间最有可能选择离故障站点最近的站点。

基于上述假设分析 RTN 级联失效的客流转移规则（图 4.7），具体步骤如下。

步骤 1：网络初始化。将收集的客流数据依据节点闸机数目比值进行初始客流分配。

步骤 2：计算节点初始负载及容量。对建立的轨道交通网络 $\mathrm{RTN}=(V,E,W,A)$，依据式（4.25）和式（4.26）计算网络中所有节点的初始负载和容量。

步骤 3：客流重分配。根据限行后的客流数据进行客流重分配。

步骤 4：重新计算站点负载。依据限行后的客流数据计算各站点的实际负载。

步骤 5：找出失效节点。根据式（4.30）找出失效节点。

步骤 6：站点负载重分配。根据式（4.31）～式（4.33）进行站点负载重分配。

步骤 7：判断是否有新的节点失效。若有新的节点失效循环步骤 5、步骤 6，直至没有节点失效或者节点全部失效。

步骤 8：脆弱性评价。计算各个评价指标。

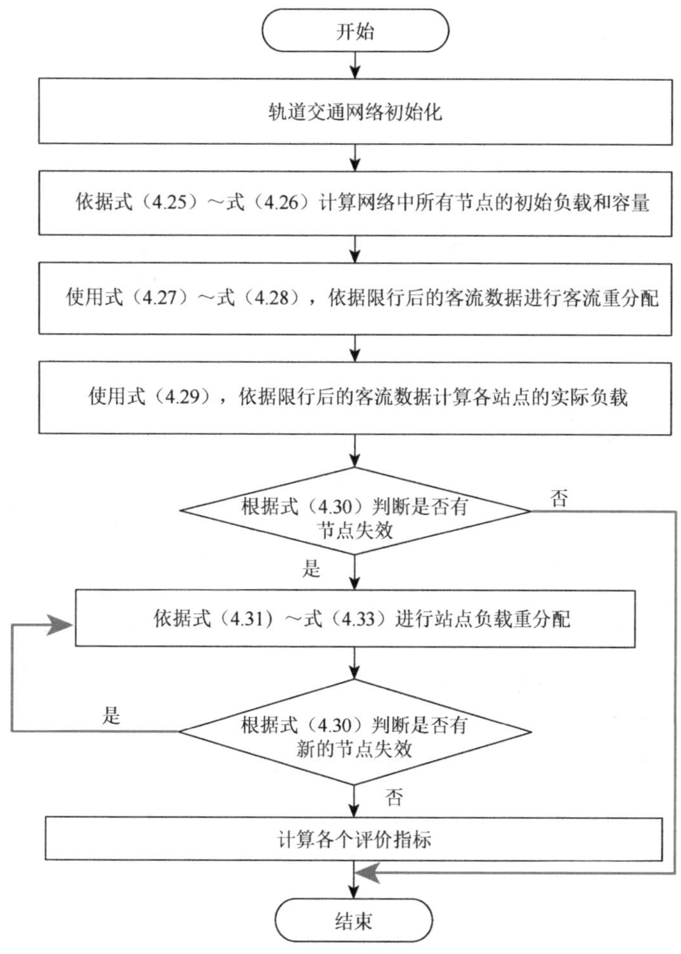

图 4.7　RTN 节点失效以及客流转移规则

4.5　考虑鲁棒性的常规公交-轨道交通复杂网络级联失效模型

4.5.1　基于非线性负载容量模型的常规公交-轨道交通复杂网络级联失效模型

针对本书构建的常规公交-轨道交通复杂网络，首先，定义节点 v_i 的强度 T_i 是与节点 v_i 直接相连的边上的权重之和，用节点强度 T_i 代表节点 v_i 的初始负载 L_i。节点强度 T_i 越大，代表节点 v_i 上的客流量越大。节点强度 T_i 表示如下：

$$T_i = \sum_{j \in \Gamma_i} w_{ij} \tag{4.34}$$

$$L_i = T_i \tag{4.35}$$

其中，Γ_i 为站点 v_i 的邻接站点的集合，w_{ij} 为站点 v_i 与其邻接站点 v_j 连边上的权重。

节点 v_i 的容量 C_i 是节点 v_i 能承载的最大客流量。采用非线性负载容量模型确定常规公交-轨道交通复杂网络节点的容量，节点 v_i 的容量 C_i 可以表示为

$$C_i = L_i + \beta L_i^{\alpha} \tag{4.36}$$

其中，α 和 β 为容量调整参数，且 $\alpha > 0$，$\beta > 0$。特别地，当 $\alpha = 1$ 时，模型退化为 ML 线性负载容量模型。

当网络节点 v_i 受到攻击时，节点 v_i 失效，从网络中删除节点 v_i 和与节点 v_i 相连的边。节点 v_i 上的负载 L_i 会向其邻接节点转移。节点 v_i 的邻接节点按比例接收负载 L_i，如果节点 v_i 上的负载转移到邻接节点，致使一个或多个邻接节点当前的负载超过其能承载的最大负载，即超过节点的容量，那么该邻接节点也会失效。在网络中删除因客流过载而失效的节点以及相关联的边，同时该节点上的客流向其邻接节点转移。继续判断网络中是否有客流过载的节点，直至没有过载节点出现，该轮级联失效终止。

常规公交-轨道交通复杂网络的级联失效过程如图 4.8 所示。

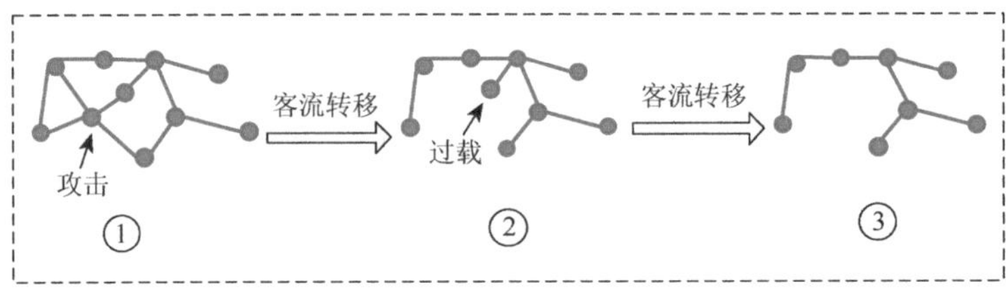

图 4.8　常规公交-轨道交通复杂网络的级联失效过程

4.5.2　考虑鲁棒性的常规公交-轨道交通复杂网络客流转移规则

1. 初始失效节点客流转移

当节点 v_i 失效时，节点 v_i 的负载 L_i 将会分配给邻接节点。特别地，如果该邻接节点只与节点 v_i 相连，则这类邻接节点被定义为网络中的末端节点。节点 v_i 的邻接节点中，除了这类末端节点，都是正常的节点。在现实生活中，客流不会向末端节点转移。因此，定义常规公交-轨道交通复杂网络级联失效过程中，失效节点的负载只会向其正常的邻接节点转移。客流转移规则如图 4.9 所示。

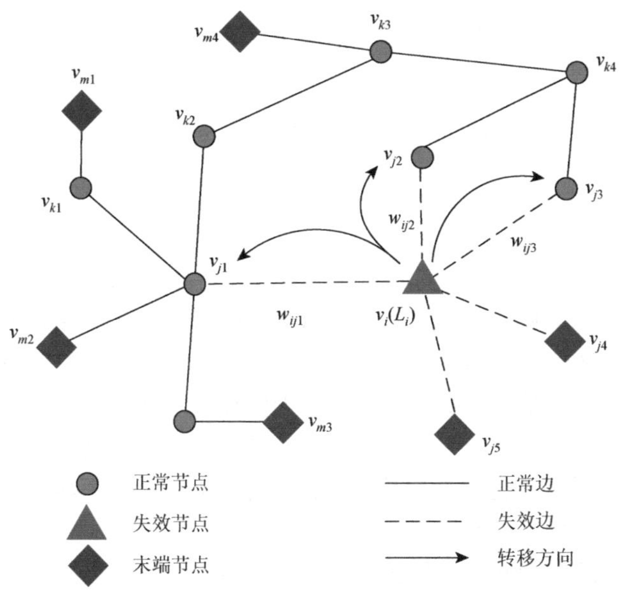

图 4.9　客流转移规则

拥有较大容量的站点的客运服务能力越强，能容纳的客流量越大。因此，常规公交-轨道交通复杂网络中某一节点失效后，其上的负载会更多地选择向容量更大的正常邻接节点转移。当节点 v_i 失效后，定义其负载 L_i 按比例 δ_j 分配给节点 v_i 的正常邻接节点 v_j 。 δ_j 是节点 v_j 的容量占节点 v_i 所有正常邻接节点容量之和的比例，表示如下：

$$\delta_j = \frac{C_j}{\sum_{x \in \Gamma_i} C_x} \tag{4.37}$$

其中， Γ_i 为节点 v_i 的正常邻接节点的集合。当节点 v_j 接收来自节点 v_i 的客流量时节点 v_j 的负载更新为 L'_j ，即

$$L'_j = L_j + \delta_j \times L_i \tag{4.38}$$

2. 级联失效过程中的客流转移

判断节点 v_j 当前的负载 L'_j 与节点容量 C_j 的关系。

（1）如果 $L'_j > C_j$ ，则节点 v_j 失效，如果节点 v_j 有正常邻接站点，则级联失效再次发生。

（2）如果 $L'_j > C_j$ ，但是节点 v_j 没有邻接节点或其邻接节点是末端节点，则级联失效终止。

（3）如果 $L'_j \leq C_j$ ，则节点 v_j 保持正常运行，级联失效终止。

在现实生活中，如果乘客从站点 v_i 转移到站点 v_j ，却发现站点 v_j 也不能正

常运转，则这部分乘客大概率会选择其他的交通方式。因此，常规公交-轨道交通复杂网络级联失效过程中，定义客流只会进行一次转移。如果站点 v_j 失效，则从站点 v_i 转移到站点 v_j 的这部分客流会流失，站点 v_j 上原本的负载 L_j 会向其正常邻接节点转移。

4.6 本章小结

本章首先分析了脆弱测度过程中的网络建模问题。基于 Space L 网络构建方法，将常规公交和轨道交通站点抽象为网络节点，将常规公交和轨道交通线路抽象为网络连边，构建常规公交和轨道交通无向加权子网络。考虑常规公交与轨道交通之间的紧密衔接关系，将常规公交和轨道交通换乘通道抽象为网络连边，构建城市常规公交-轨道交通复杂网络。其次，针对城市暴雨、雾霾驱动车辆动态限行、考虑网络鲁棒性三种场景建立了对应的级联失效模型。

第一，将暴雨作为城市公共交通系统外部扰动变量，提出基于耦合映射格子模型的城市常规公交-轨道交通复杂网络级联失效模型。暴雨极端天气导致城市常规公交-轨道交通复杂网络节点和边的初始失效，基于耦合映射格子模型，分别阐述了城市常规公交-轨道交通复杂网络在暴雨极端天气影响下的网络节点和连边失效模型。此外，暴雨极端天气下城市常规公交-轨道交通复杂网络局部客流转移主要有三种情景，分别是客流过载、节点失效和连边失效，对三种情景下的客流转移规则进行了说明。

第二，考虑雾霾极端天气驱动车辆动态限行下客流向轨道大规模转移，基于负载容量模型建立了城市轨道交通网络级联失效模型。涌入轨道交通的新增客流与轨道交通客流共同构成了轨道交通站点的初始负载，根据负载容量模型可以确定各个站点的最大客流承载量。如果某个站点的初始负载超过该站点最大承载能力，则会引发级联失效。失效站点的负载会向邻接站点转移，据此提出城市轨道交通网络的局部负载重分配模型。

第三，考虑网络鲁棒性，提出基于非线性负载-容量模型的城市常规公交-轨道交通复杂网络的级联失效模型。在各类型极端天气影响下，常规公交或轨道交通站点暂时失效，站点客流的转移会引发常规公交-轨道交通复杂网络发生级联失效。由于常规公交站点和轨道交通站点的异质性，提出基于非线性负载-容量模型的网络节点容量确定方法。级联失效过程中客流向正常运转的邻接节点转移，给出了客流转移过程中节点失效的判定规则。本章提出城市常规公交-轨道交通复杂网络及城市轨道交通网络的构建方法，并对暴雨极端天气、雾霾极端天气下的车辆动态限行、考虑网络鲁棒性三种情景下的网络级联失效模型进行了说明，为三种情景下的实证研究提供了模型基础。

第 5 章　暴雨极端天气下城市公共交通网络脆弱性测度

暴雨是城市里较为常见的一种极端天气。暴雨极端天气易引发路面积水，给城市常规公交车的行驶带来严重影响，雨水倒灌流入轨道交通，也会影响轨道交通列车的运行。将暴雨极端天气作为系统扰动变量，分析城市常规公交-轨道交通复杂网络在暴雨极端天气影响下的级联失效演变过程，并借助敏感性分析方法识别常规公交-轨道交通复杂网络中的关键节点和连边，借此提出暴雨极端天气下城市公共交通系统的脆弱性治理措施。

5.1　暴雨极端天气对城市公共交通网络的影响

5.1.1　暴雨极端天气对城市公共交通网络的影响表现

暴雨极端天气对城市公共交通网络的影响主要表现在出行需求、出行方式、车辆运行速度、道路通行能力和交通安全等方面[138]。

（1）暴雨极端天气对出行需求的影响。暴雨的短时降雨量较大，一方面会抑制或减少非刚性出行需求，另一方面具有刚性出行需求的出行者可能会选择避雨，延迟出行时间，从而导致出行需求的时空分布发生显著变化。

（2）暴雨极端天气对出行方式的影响。暴雨极端天气下出行者通常会选择步行距离短、出行时间可靠的交通方式，加上强降雨时段城市“打车难”现象普遍存在，平常乘坐常规公交的刚性出行者会改选轨道交通出行，有私家车的出行者往往会优先选择私家车出行，增加了道路交通的压力。

（3）暴雨极端天气对车辆运行速度和道路通行能力的影响。城市公共交通系统在运行过程中，遇到暴雨极端天气，最显著的影响就是车速降低，在车辆密集、积水较深的地方极易发生交通拥堵和交通瘫痪。车辆的运行速度不仅与车辆自身有关，还与道路条件、交通管理设施、恶劣天气等因素有关。《道路通行能力手册》（HCM7，2022）对暴雨天气下道路交通的提示指出，不同类型道路在遭遇降雨事件时，运行车速降低 10%～25%，通行能力降低 10%～15%。

（4）暴雨极端天气对交通安全的影响。暴雨极端天气下道路上水平能见度低，缩小驾驶员视野范围，并且容易造成驾驶员的心理烦躁或紧张情绪等，影响驾驶员的判断力，容易引发交通事故。此外，道路不平整处的暴雨积水在夜间对光线具有反射作用，也会降低驾驶员的判断力，增加交通安全事故的发生率。

从暴雨极端天气对城市公共交通系统的影响程度来看，根据前人研究[207-211]，不同降雨强度的暴雨对城市公共交通网络会产生不同的影响。如表 5.1 所示，随着暴雨降雨强度的增加，城市公共交通基础设施受损越来越严重，当降雨强度超过 150mm/24h 时，轨道交通系统可能因雨水倒灌造成轨道交通电力系统及信号系统的故障而临时关闭，极大地影响了城市公共交通的服务能力。

表 5.1　不同降雨强度的暴雨对城市公共交通网络的影响

降雨强度	对城市公共交通设施的影响	对城市公共交通运行的影响
≥50mm/24h	路面湿滑，路面被淹没	常规公交：公交事故率增加；路面摩擦系数降低
≥100mm/24h	路面积水，地下通道积水或被淹没，排水系统失效	常规公交：公交事故率增加；路面摩擦系数降低；延误；停运 轨道：部分路网中断；延误
≥150mm/24h	路面积水严重；道路结构可能受损；桥梁可能被淹没；轨道交通系统可能被淹没；轨道交通电机、电力系统、信号系统故障	常规公交：停运；延误；缩线运营 轨道：运行系统被破坏；部分线网中断；延误

5.1.2　暴雨极端天气的定量化描述

本书以城市常规公交和轨道交通组成的系统为研究对象，将暴雨极端天气作为一种外部扰动，通过情景仿真的方法探究极端天气下城市公共交通的脆弱性。其中，暴雨极端天气通过比值法进行量化。具体来说，以变量 s 代表暴雨极端天气扰动，s 为当前降雨强度与暴雨降雨强度阈值的比值，即

$$s = \frac{h}{h_0} \tag{5.1}$$

其中，h_0 为暴雨降雨强度的阈值，根据 2.1 节对暴雨极端天气的定义，h_0 可取为 50mm/24h；h 为当前的降雨强度，s 的取值范围为 $[0,+\infty)$。式（5.1）表明，$s \geqslant 1$ 表示暴雨，$0 < s < 1$ 表示正常降雨，$s = 0$ 表示没有降雨。

本书主要以城市公共交通系统中的常规公交和轨道交通系统为研究对象，设置状态变量 x 和 y 分别表示系统中站点和线路的运行状态。当状态变量 $0 \leqslant x \leqslant 1$，$0 \leqslant y \leqslant 1$ 时，表示系统中站点和线路处于正常运行状态，当 $x > 1$ 和 $y > 1$ 时表示站点和线路处于失效状态，失效站点和线路无法进行客运服务。假设系统中站点

和线路的状态变量服从均匀分布，且站点和线路初始时均处于正常运行状态，$x,y \sim \mathrm{U}(0,1)$，则 x 和 y 的累积分布函数分别为 $F(x)=x$ 和 $F(y)=y$。当暴雨极端天气发生时，系统中某些站点和线路可能会因暴雨而失效，此时站点和线路的状态变量范围将扩大为 $0 \leqslant x \leqslant u$，$0 \leqslant y \leqslant u$，$u>1$，其累积分布函数变为 $F(x)=\dfrac{x}{u}$ 和 $F(y)=\dfrac{y}{u}$，则站点和线路的失效概率为

$$P(x>1)=1-P(x \leqslant 1)=1-F(1)=1-\frac{1}{u} \tag{5.2}$$

$$P(y>1)=1-P(y \leqslant 1)=1-F(1)=1-\frac{1}{u} \tag{5.3}$$

其中，式（5.2）表示站点的失效概率，式（5.3）表示线路的失效概率。

依据前人的研究[212]，得到了降雨强度 h 和交通量损失率 l 相关的数据。与此同时，暴雨洪涝灾害的脆弱性曲线研究[213]显示降雨强度和灾害严重程度之间呈幂律曲线关系。因此，本书用幂律函数来拟合暴雨降雨相对强度和交通量损失率之间的关系，根据所获取的数据拟合结果为

$$l=0.1528(h/h_0)^{1.128} \tag{5.4}$$

其中，l 为交通量损失率，h 为暴雨降雨强度，h/h_0 为暴雨降雨相对强度。拟合关系如图 5.1 所示。

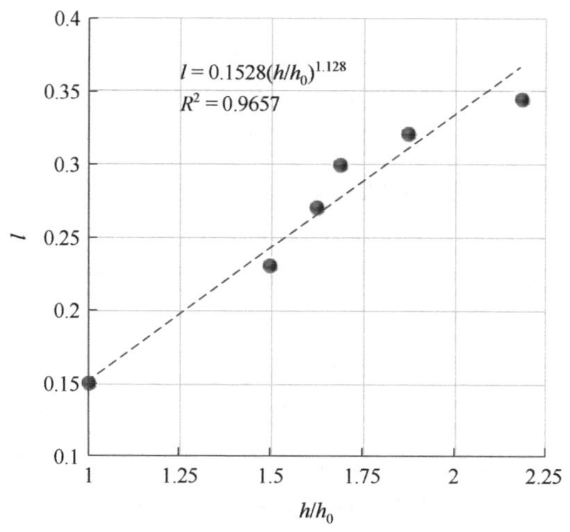

图 5.1　暴雨降雨相对强度和交通量损失率之间的拟合关系

在城市公共交通系统中，暴雨导致的交通量损失可以通过站点和线路的交通量与其失效概率的乘积进行计算。此时，站点和线路的失效概率等价于交通量损

失率，基于此，可以计算 u 为

$$P(x>1)=l \Rightarrow 1-\frac{1}{u}=0.1528(h/h_0)^{1.128} \Rightarrow u=\frac{1}{1-0.1528(h/h_0)^{1.128}}=\frac{1}{1-0.1528s^{1.128}} \tag{5.5}$$

通过式（5.5），可以计算出暴雨对系统中站点的影响为（对线路的影响与此类似）

$$\underset{\text{无暴雨}}{x} \quad \rightarrow \quad \underset{\text{暴雨}}{ux=\frac{x}{1-0.1528s^{1.128}}} \tag{5.6}$$

其中，x 为站点的状态变量，s 为暴雨扰动变量，u 为中间变量。

前人关于复杂网络级联失效的研究[196, 197, 214]，主要通过随机或以某种策略选择某个或某些节点或连边失效来模拟网络遭受随机或蓄意攻击，然后观察这些失效的节点或连边对整个网络产生的影响。但在实际中，暴雨极端天气对城市公共交通系统的所有节点和连边都会有一定影响。因此，仅考虑某个或某些节点或连边因暴雨失效是不合理的，应当计算暴雨极端天气对系统中所有节点和连边的影响。

5.2 城市常规公交-轨道交通复杂网络的脆弱性测度

暴雨极端天气发生时，城市公共交通系统中故障站点和线路的旅客会向其他正常站点和线路转移，可能导致其他站点和线路因流量过载而发生级联失效。基于流量的耦合映射格子模型，实现了对复杂网络级联失效过程的模拟，本节将从系统脆弱性的角度对复杂网络级联失效的后果进行定量描述。

5.2.1 城市常规公交-轨道交通复杂网络的脆弱性定义

关于脆弱性的定义，学者尚未形成统一的观点，不同领域的研究人员对脆弱性的理解差异较大。但总的来说，关于脆弱性的理解大致可分为两类：一类认为脆弱性仅与系统单元的失效后果有关，失效后果越严重，系统对该种扰动的脆弱性就越高；另一类则认为脆弱性不仅与系统单元失效的后果有关，还与系统单元失效的概率相关，只有失效后果和失效概率同时处于较高水平时，系统才对该种扰动是脆弱的。

在系统遭受扰动的脆弱性研究中，通常更关注系统受扰动影响后所发生的变化，而非这种扰动发生的概率。在现实世界中，即使系统单元发生故障的概率很小，但该故障会导致严重的后果时，也称系统对该故障是脆弱的。因此，本书认为城市常规公交-轨道交通复杂网络的脆弱性是网络本身的一种固有属性，这种属性与网络的稳定性、可靠性及鲁棒性密切相关，可通过复杂网络在暴雨极端天气影响下所遭受的损失进行反映。具体地，暴雨极端天气下常规公交-轨道交通复杂网络的脆弱性可理解为网络受暴雨影响所产生的节点、连边失效及客流量损失。

5.2.2　城市常规公交-轨道交通复杂网络的脆弱性测度算子

关于复杂网络的脆弱性测度，已有文献提出了许多测度指标。例如，有学者认为复杂网络的脆弱性与网络中某些节点或连边失效后网络性能的下降有关，于是该问题便转化为广义随机图上的渗流问题，可利用渗流理论对复杂网络的脆弱性进行解析研究。Cohen 等[201]通过研究发现随机攻击下复杂网络崩溃的节点移除临界值为 $p_c^{\text{rand}} = 1 - \dfrac{1}{<k^2>/<k>-1}$，其中 $<k>$ 为节点度的平均值。作者还在随后的研究中提到了计算蓄意攻击下节点移除的临界值 p_c^{targ} 的方法[201]。此外，Paul 等[202]详细讨论了 p_c^{rand} 的适用范围，Dorogovtsev 和 Mendes[203]研究了互联网求解临界值的问题。

除节点移除临界值外，许多学者[22, 76, 121]研究了不同攻击策略下不同网络的最大连通子图节点规模与网络总节点规模之比，以及最大连通子图平均路径长度与节点移除比例的关系，并通过仿真的方法研究了其具体变化关系。与此同时，针对复杂网络脆弱性，Latora 和 Marchiori[22]提出，网络中某个节点的脆弱性可通过该节点移除导致的网络效率的下降程度进行测度，$V(i) = E(G) - E(G\setminus\{i\})$，其中 $V(i)$ 为节点 i 的脆弱性，$E(*)$ 为网络的效率。据此，当遭受随机攻击时，整个网络的脆弱性可以定义为

$$V_{\text{rand}}(G) = \frac{1}{n}\sum_{i\in G} |E(G) - E(G\setminus\{i\})| \tag{5.7}$$

其中，$V_{\text{rand}}(G)$ 为网络遭受随机攻击时的脆弱性，n 为网络总的节点数，G 为网络的最大连通子图，$E(*)$ 为网络效率。

当遭受蓄意攻击时，整个网络的脆弱性定义为

$$V_{\text{targ}}(G) = \max\left\{|E(G) - E(G\setminus\{i\})|; i \in G\right\} \tag{5.8}$$

其中，$V_{\text{targ}}(G)$ 为网络遭受蓄意攻击时的脆弱性，其他变量含义与式（5.7）相同。式（5.8）表明网络在蓄意攻击下的脆弱性等于节点移除之后网络效率下降的最大值。

在复杂网络级联失效的脆弱性测度方面，不同的研究人员依据不同研究对象提出了相应的级联失效脆弱性测度指标[204-215]。例如，在道路网络级联失效方面，王芳[216]提出了基于出行成本变化、基于可达性变化以及基于未满足需求的

脆弱性指标。在供应链网络的级联失效方面，高洁和陈迎阳[217]提出以网络中各节点重要度差别大小来表示网络脆弱性。在运输网络的级联失效方面，尹洪英[218]以结构脆弱度、风险概率脆弱度和后果重要度综合测度网络的脆弱性。在电力信息网络的级联失效方面，马世英等[219]以节点缺失率和数据缺失率来综合反映电力信息系统的脆弱性。

前人关于复杂网络脆弱性的研究主要是基于网络拓扑结构的变化，网络在不同攻击策略下的脆弱性通常用最大连通子图节点规模变化、网络效率进行度量[106, 200, 220, 221]。本书暴雨极端天气下的常规公交-轨道交通复杂网络的脆弱性测度，不仅考虑了级联失效导致的网络拓扑结构的变化，还考虑了级联失效导致的网络功能的变化。其中，常规公交-轨道交通复杂网络的功能主要是输送旅客，因此网络功能的变化可通过网络客流量的变化进行反映。具体地，本书所选取的常规公交-轨道交通复杂网络级联失效的脆弱性测度指标如下。

1. 最大连通子图节点规模的变化

常规公交-轨道交通复杂网络的最大连通子图是拥有节点数最大的网络连通部分。初始情形下，常规公交-轨道交通复杂网络只有一个连通部分，该连通部分包含所有节点，记该节点数为$|N|_0$。暴雨极端天气发生时，网络部分节点和连边失效，并可能触发网络的级联失效。当网络不再发生节点和连边失效时，网络可能包含多个连通部分，记包含节点最多的连通部分的节点数为$|N|_T$。则整个网络最大连通子图节点规模的变化可表示为

$$\eta(|N|)=\frac{|N|_0-|N|_T}{|N|_0} \tag{5.9}$$

其中，$\eta(|N|)$为常规公交-轨道交通复杂网络最大连通子图的节点损失率，$\eta(|N|)\in[0,1]$。

2. 全网效率的变化

效率可以度量一个网络节点对之间联系或通信的便捷程度，节点对之间的效率与最短路径相关。节点i和节点j之间的最短路径通常是指从节点i到达节点j所要经过的最少连边数，记为d_{ij}，当节点i和节点j之间不连通时，$d_{ij}=+\infty$。节点i与节点j之间的连通效率R_{ij}可表示为$R_{ij}=\dfrac{1}{d_{ij}}$，整个网络的效率为所有节点对之间连通效率的平均值：

$$R=\frac{1}{|N|_0(|N|_0-1)}\sum_{i\neq j}\frac{1}{d_{ij}} \tag{5.10}$$

其中，R为常规公交-轨道交通复杂网络的全网效率，$|N|_0$为网络初始节点数。

记初始常规公交-轨道交通复杂网络的全网效率为 R_0，网络经过级联失效过程最终稳定后的全网效率为 R_T，则整个网络的全网效率变化为

$$\eta(R)=\frac{R_0-R_T}{R_0} \tag{5.11}$$

其中，$\eta(R)$ 为常规公交-轨道交通复杂网络全网效率的变化，$\eta(R)\in[0,1]$。

3. 最大连通子图客流量的变化

客流量能够反映常规公交-轨道交通复杂网络功能的完整性。本书只考虑网络最大连通子图的客流量变化情况，对其他孤立部分所运输的旅客直接删除。最大连通子图客流量可通过连边客流量的加总得到，具体为

$$F_{\text{total}}=\sum_{i\in G}^{|N|_G}\sum_{j\in G,j>i}^{|N|_G}F_{ij} \tag{5.12}$$

其中，F_{total} 为常规公交-轨道交通复杂网络最大连通子图的总客流量，F_{ij} 为连边 e_{ij} 上的客流量，G 为常规公交-轨道交通复杂网络的最大连通子图，$|N|_G$ 为最大连通子图的节点数。

记初始常规公交-轨道交通复杂网络最大连通子图的总客流量为 F_0，网络经过级联失效过程最终稳定时最大连通子图的总客流量为 F_T，则最大连通子图客流量的变化可表示为

$$\eta(F)=\frac{F_0-F_T}{F_0} \tag{5.13}$$

其中，$\eta(F)$ 为常规公交-轨道交通复杂网络最大连通子图的客流量损失率，$\eta(F)\in[0,1]$。

确定了常规公交-轨道交通复杂网络的脆弱性测度指标后，需对各指标赋予权重形成最终的脆弱性综合算子。主要方法有加法评分法、加权加法评分法、修正加权加法评分法和乘积评分法等。其中修正加权加法评分法，主要用于被评价对象之间不是相互独立的情况。本书采用加权加法评分法合成最终的脆弱性算子，具体如下：

$$V=\lambda_1\cdot\eta(|N|)+\lambda_2\cdot\eta(R)+\lambda_3\cdot\eta(F) \tag{5.14}$$

其中，V 为常规公交-轨道交通复杂网络的脆弱性，λ_1、λ_2、λ_3 分别为 $\eta(|N|)$、$\eta(R)$、$\eta(F)$ 的权重，分别表示最大连通子图节点规模、全网效率、全网客流量的单位变化对整个网络脆弱性的影响。$\lambda_1,\lambda_2,\lambda_3\in(0,1)$，且 $\lambda_1+\lambda_2+\lambda_3=1$。$V$ 越大，表示常规公交-轨道交通复杂网络越脆弱，即相同强度的暴雨对网络拓扑结构和客运功能的影响越大。

5.3　城市常规公交-轨道交通复杂网络脆弱性的敏感性分析

对城市常规公交-轨道交通复杂网络的脆弱性进行测度之后，需要分析网络脆弱性的主要来源，识别网络中对脆弱性影响较大的节点和连边，从而制定相应的缓解措施。主要采用敏感性分析方法识别网络中的重要节点及连边。

5.3.1　敏感性分析方法

敏感性分析是一种定量描述模型输入变量对输出变量重要性程度的方法[222]。假设所研究模型为 $y = f(x_1, x_2, \cdots, x_n)$， x_i 表示第 i 个变量，令每个变量在其取值范围内变动，分析这些变量的变化对模型输出结果的影响，将影响程度的大小称为该变量的敏感性系数。敏感性系数越大，说明该变量对模型结果的影响越大。敏感性分析的主要目的是根据模型变量的敏感性系数对变量的重要性进行排序，剔除敏感性系数很小的变量，保留敏感性系数较大的变量，从而降低模型的复杂度，降低解析分析的难度。

根据作用范围，敏感性分析可分为全局敏感性分析和局部敏感性分析。其中，全局敏感性分析测度多个变量对模型结果的总影响，同时分析变量间的相互作用对模型结果的影响；局部敏感性分析只测度单个变量对模型结果的影响。局部敏感性分析计算简单便捷，且具有很强的可操作性，因此在现实应用中被广泛采用。

本书主要采用局部敏感性分析方法，分析常规公交-轨道交通复杂网络中各节点及连边的状态变化对网络脆弱性的影响，根据分析结果对网络节点及连边进行重要度排序。

5.3.2　常规公交-轨道交通复杂网络脆弱性的节点敏感性分析

本书采用局部敏感性分析方法，即仅考虑单个节点状态变化对网络脆弱性的影响。具体来说，将单个节点的初始状态值设置在[0, 1]范围变化，观察最终的网络脆弱性与原始网络脆弱性的差别，相应的流程如下（图 5.2）。

步骤 1：选择要进行敏感性分析的节点 i，设置状态值变量 sta = 0。

步骤 2：将节点 i 的初始状态值 $x_i(0)$ 设置为 sta，同时保持其他节点的初始状态值不变。

步骤 3：运行仿真程序，得到该条件下稳定时的最终网络脆弱性 $V_i(\text{sta})$，计

算 $V_i(\text{sta})$ 与原始网络脆弱性 V 的差值的绝对值 $|V_i(\text{sta})-V|$，并将状态值变量加 0.2，$\text{sta}=\text{sta}+0.2$。

步骤 4：判断 sta＞1？若是，则跳转至步骤 5，否则重复步骤 2～步骤 4。

步骤 5：计算节点 i 的敏感性系数 $\gamma_i=\max\{|V_i(\text{sta})-V|\}$，$\text{sta}=0, 0.2, 0.4, \cdots, 1$。判断是否所有的节点都已进行敏感性分析，若是，则结束该流程，否则重复步骤 1～步骤 4。

根据以上流程可获得常规公交-轨道交通复杂网络各节点的敏感性系数 γ_i，根据 γ_i 的大小便可对节点的重要度进行排序。γ_i 越大，说明节点 i 对网络脆弱性的影响越大，则该节点相对其他节点越重要。

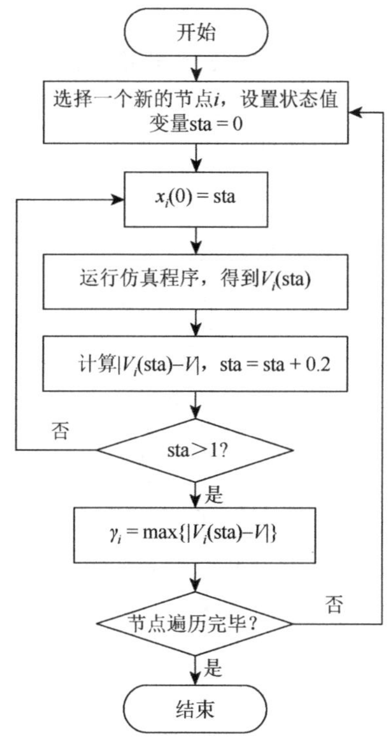

图 5.2　复杂网络脆弱性的节点敏感性分析流程

5.3.3　常规公交-轨道交通复杂网络脆弱性的连边敏感性分析

与节点敏感性分析的做法类似，连边敏感性分析同样采用局部敏感性分析方法。具体地，首先选择要进行敏感性分析的连边，将该连边的初始状态值设置在 [0, 1]范围内变化，同时保持其他连边的初始状态值不变，观察网络最终稳定时脆弱性的变化，相应的流程如下（图 5.3）。

步骤 1：选择要进行敏感性分析的连边 e_{ij} ，设置状态值变量 sta = 0。

步骤 2：将连边 e_{ij} 的初始状态值 $y_{ij}(0)$ 设置为 sta，同时保持其他连边的初始状态值不变。

步骤 3：运行仿真程序，得到该条件下稳定时的最终网络脆弱性 $V_{ij}(\text{sta})$ ，计算 $V_{ij}(\text{sta})$ 与原始网络脆弱性 V 的差值的绝对值 $|V_{ij}(\text{sta})-V|$ ，同时将状态值变量加 0.2，sta = sta + 0.2。

步骤 4：判断 sta＞1？若是，则跳转至步骤 5，否则重复步骤 2～步骤 4。

步骤 5：计算连边 e_{ij} 的敏感性系数 $\gamma_{ij}=\max\{|V_{ij}(\text{sta})-V|\}$ ， $\text{sta}=0,0.2,0.4,\cdots,1$ 。判断是否所有连边都已进行敏感性分析，若是，则结束该流程，否则重复步骤 1～步骤 4。

依据上述流程便可计算得到常规公交-轨道交通复杂网络中所有连边的敏感性系数 γ_{ij} ，并据此对网络连边的重要度进行排序。对于 γ_{ij} 较大的连边，应采取相应的措施降低其对网络脆弱性的影响。

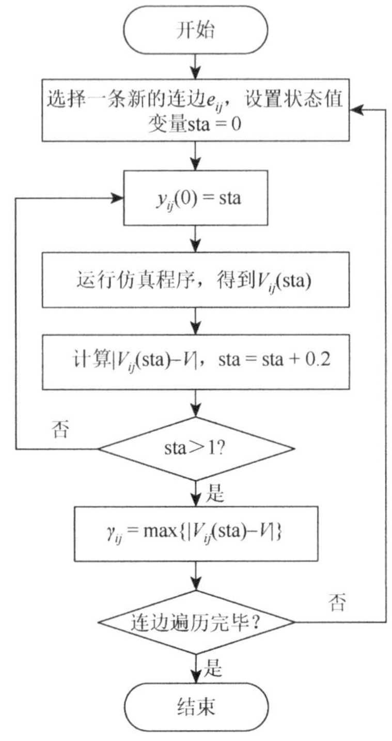

图 5.3　复杂网络脆弱性的连边敏感性分析流程

5.4　暴雨极端天气下西安老城区公共交通网络脆弱性分析

5.4.1　场景分析

选择西安老城区为研究区域，即西安市城墙所围区域，该区域是西安市的地理中心，吸引了大量客流。该区域的公共交通系统主要包括常规公交和轨道交通，通常情况下常规公交和轨道交通子系统能够正常运行，但暴雨极端天气发生时，一方面可能导致部分低洼区域积水过深无法通行，另一方面会导致交通拥堵，使某些区域的交通瘫痪而无法通行。此外，当暴雨降雨强度过大时，地面积水可能会倒灌入轨道交通站内，导致轨道交通站点临时关闭，轨道交通线路无法正常运行。2016 年 7 月 24 日，西安部分地区出现大暴雨，造成多处路段严重积水无法通行，部分轨道交通站点由于雨水倒灌临时关闭，交通一度受阻。

1. 西安老城区公共交通系统的拓扑结构及客流分布

由于西安老城区处于西安市地理中心，因此有大量常规公交线路穿过该区域，几乎全部轨道交通线路均在该区域设有站点。依据西安常规公交线路及百度地图统计数据，西安老城区共有 54 个常规公交站点，8 个轨道交通站点，93 条常规公交线路、2 条轨道交通线路穿过此区域（2017 年数据）。通过 ArcGIS 建立对应的站点及线路要素，形成了图 5.4 所示的公共交通网络拓扑结构图。图 5.4 的拓扑结构根据 Space L 方法建立，即节点定义为常规公交站或轨道交通站，若两个站点之间至少有一条常规公交线路或轨道交通线路作为相邻的两个站点，或常规公交站点与轨道交通站点之间距离小于 100m，则这两个站点之间连接一条边。该连边仅表示这两个站点之间有拓扑联系，不代表站点间的实际路线轨迹。

由西安老城区常规公交-轨道交通系统的拓扑结构可知，两条轨道交通线垂直分布于该区域，表明该区域的客流走廊主要为东-西、南-北走向。常规公交站点及线路分布区域差异较大，1 号轨道交通线东侧的常规公交站点及线路密度明显大于西侧，一方面说明该区域交通网络更为完善，但另一方面也意味着该区域承担着更大的客流量。一旦暴雨极端天气发生，该区域可能会出现更严重的交通拥堵。此外，从常规公交与轨道交通之间的联系来看，轨道交通站附近的常规公交站点及线路密度显著大于其他区域，说明轨道交通站点能够吸引大量客流，需要常规公交为其集散客流。

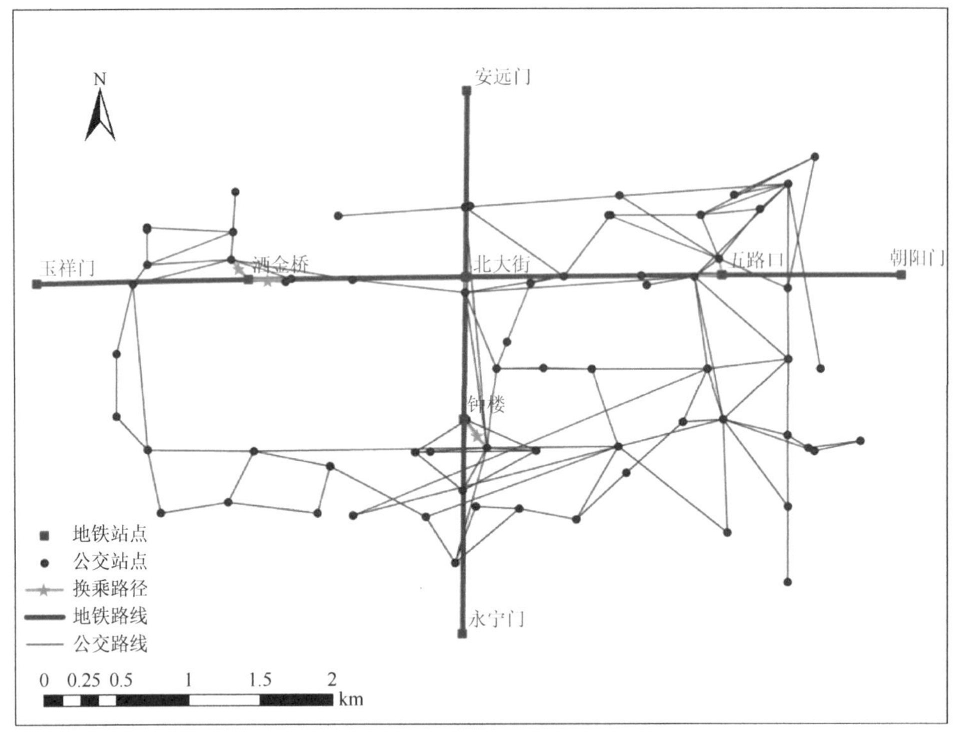

图 5.4　西安市老城区公共交通网络拓扑结构图

2. 西安老城区公共交通系统的拓扑特征

为进一步探究西安老城区公共交通系统的拓扑结构特征，本书运用 UCINET 6.0 计算了对应交通网络的节点度、平均度、最短路径、平均路径长度、聚类系数，并将结果与相同规模的 ER 随机网络的特征指标进行对比，结果如表 5.2 所示。

如表 5.2 所示，与常规公交、轨道交通复杂网络相比，本书所构建的复杂网络由于具有层间连边，导致复杂网络的平均度高于常规公交、轨道交通网络。复杂网络的平均路径长度大于轨道交通网络，略小于常规公交网络，这主要是由轨道交通网络中节点数较少导致的。复杂网络的聚类系数略小于常规公交网络，说明常规公交网络与轨道交通网络形成复杂网络后局部的聚集程度有所下降。轨道交通网络的聚类系数为 0，表明轨道交通网络中任意站点的相邻站点之间均不存在连边。与相同规模的 ER 随机网络相比，常规公交网络和常规公交-轨道交通复杂网络与对应的 ER 随机网络的平均路径长度相差不大，但聚类系数却远大于相应 ER 随机网络的聚类系数，说明本书的常规公交网络和常规公交-轨道交通复杂网络可能存在小世界特性。

此外，对常规公交网络、轨道交通网络和常规公交-轨道交通复杂网络的节点度进行统计之后，发现三者的节点度均在一定程度上服从幂律分布，如图 5.5 所示。其中，常规公交网络的节点度分布为：$p(k)=2.426k^{-1.889}$（$R^2=0.797$）；轨道交通网络的节点度分布为：$p(k)=1.106k^{-1.653}$（$R^2=0.914$）；常规公交-轨道交通复杂网络的节点度分布为：$p(k)=2.760k^{-2.022}$（$R^2=0.808$）。节点度分布表明三者均具有无标度特性，即网络中少数中心节点拥有大量连接，大多数节点只有很少量的连接。无标度特性的存在，意味着常规公交网络、轨道交通网络及常规公交-轨道交通复杂网络均可能出现自组织临界现象，即微小的局部变化会被放大并扩散至整个网络，从而可能导致整个网络的崩溃。

表 5.2　西安老城区公共交通系统的拓扑结构特征

网络	节点数	连边数	平均度	平均路径长度	聚类系数
常规公交	54	85	3.148	4.593	0.201
轨道交通	8	7	1.750	2.286	0.000
常规公交-轨道交通	62	99	3.194	4.480	0.174
ER 随机公交	54	85	3.148	3.221	0.035
ER 随机轨道交通	8	7	1.750	2.286	0.333
ER 随机公交-轨道交通	62	99	3.194	3.474	0.007

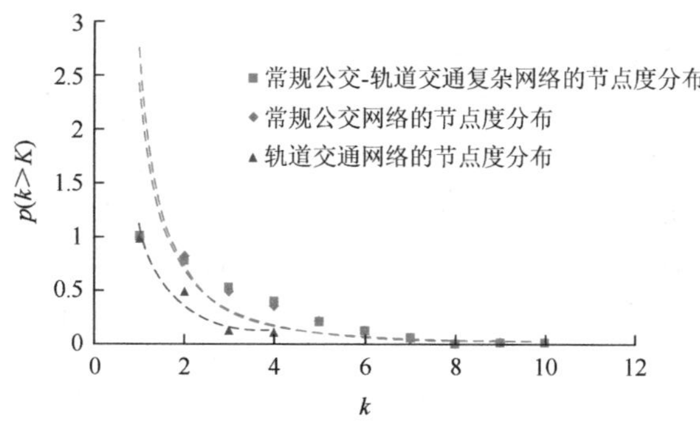

图 5.5　常规公交网络、轨道交通网络、常规公交-轨道交通复杂网络的节点度分布

5.4.2　情景设置

首先，依据上述提出的建模方法建立西安老城区常规公交-轨道交通复杂网络，该网络共包括 62 个节点，99 条连边，具体建模细节如第 3 章所述。常规公交-轨道交通复杂网络建模完成后，需将客流加载到网络中使其能够反映网络的动态变化。依据《西安统计年鉴——2018》的统计数据，2017 年西安市常规公交客

运总量为 13.347 亿人次，轨道交通客运量为 6.053 亿人次，常规公交平均每天客运量为 365.658 万人次，轨道交通平均每天客运量为 165.847 万人次。据此可粗略估计西安老城区常规公交日均客运量为 40 万人次，轨道交通日均客运量为 15 万人次。将该客流量分配至各节点及连边，常规公交的具体分配规则为：统计各连边的复线系数（即经过该连边的常规公交线路条数），计算所有连边复线系数之和及各连边复线系数占比，将常规公交日均客运量乘以各连边复线系数占比得到各连边的客流量。轨道交通网络连边的客流分配规则与常规公交类似，节点的客流量则由与其相连的连边的客流量加总获得。

常规公交-轨道交通复杂网络加载客流之后，便可进行仿真模拟。本书进行仿真的目的主要有：①分析不同降雨强度的暴雨扰动变量 s 对常规公交-轨道交通复杂网络级联失效过程的影响，探究是否存在使网络崩溃的暴雨降雨强度阈值；②研究节点及连边的容量容忍参数 α 与复杂网络脆弱性之间的关系；③探究网络节点及连边的耦合强度 ε_1、ε_2 对复杂网络级联失效过程的影响；④分析各种情景下导致复杂网络脆弱的主要原因；⑤对复杂网络的节点及连边进行敏感性分析，确定节点及连边的重要度排序；⑥模拟不同治理策略对复杂网络脆弱性的影响，从而确定最佳的脆弱性治理策略。

根据上述仿真目标，采用控制变量法来分析不同变量对模型结果的影响，具体设置的情景分为四种。其中，在情景 1 下，将 α、ε_1、ε_2 设置为常数，而暴雨扰动变量 s 取值为{1.0, 1.2, 1.4, 1.6, 1.8, 2.0}，进而分析暴雨降雨强度对复杂网络脆弱性的影响；在情景 2 下，将 s、ε_1、ε_2 设置为常数，而节点及连边的容量容忍参数 α 取值为{0.0, 0.1, 0.2, 0.3, 0.4, 0.5}，据此分析容量容忍参数 α 对复杂网络级联失效过程的影响；在情景 3 下，将 s、α、ε_2 设置为常数，节点耦合强度 ε_1 取值为{0.2, 0.4, 0.6, 0.8}，以此分析节点耦合强度 ε_1 对复杂网络动态演变的影响；在情景 4 下，将 s、α、ε_1 设置为常数，连边耦合强度 ε_2 取值为{0.2, 0.4, 0.6, 0.8}，从而探究连边耦合强度 ε_2 对复杂网络级联失效后果的影响。四种情景下各变量具体取值如表 5.3 所示。

表 5.3　仿真情景设置

情景	s	α	ε_1	ε_2	分析目标
1	1.0	0.3	0.2	0.2	暴雨降雨强度对复杂网络脆弱性的影响
	1.2	0.3	0.2	0.2	
	1.4	0.3	0.2	0.2	
	1.6	0.3	0.2	0.2	
	1.8	0.3	0.2	0.2	
	2.0	0.3	0.2	0.2	

续表

情景	s	α	ε_1	ε_2	分析目标
2	1.0	0.0	0.2	0.2	容量容忍参数对复杂网络级联失效过程的影响
	1.0	0.1	0.2	0.2	
	1.0	0.2	0.2	0.2	
	1.0	0.3	0.2	0.2	
	1.0	0.4	0.2	0.2	
	1.0	0.5	0.2	0.2	
3	1.0	0.3	0.2	0.2	节点耦合强度对复杂网络动态演变的影响
	1.0	0.3	0.4	0.2	
	1.0	0.3	0.6	0.2	
	1.0	0.3	0.8	0.2	
4	1.0	0.3	0.2	0.2	连边耦合强度对复杂网络级联失效后果的影响
	1.0	0.3	0.2	0.4	
	1.0	0.3	0.2	0.6	
	1.0	0.3	0.2	0.8	

5.4.3　暴雨天气下复杂网络的级联失效脆弱性分析

基于 MATLAB 的模拟仿真实验模拟常规公交-轨道交通复杂网络在不同情景下的动态变化，并统计脆弱性指标及脆弱性综合算子。具体仿真过程如下。首先，将所有节点及连边的初始状态值设置为[0, 1]范围内，并在仿真开始时载入暴雨扰动变量；其次，根据仿真情景设置表 5.3，设置各参数及变量取值，并根据式（4.21）～式（4.24）模拟复杂网络的级联失效过程；最后，依据式（5.3）、式（5.5）、式（5.7）、式（5.8）统计复杂网络的脆弱性指标及脆弱性综合算子值，并对结果进行可视化。整个仿真流程如图 5.6 所示。

1. 暴雨扰动变量对复杂网络脆弱性的影响

暴雨对常规公交-轨道交通复杂网络的影响可通过暴雨扰动变量 s 的不同取值进行对比分析，s 及其他各参数取值如表 5.3 情景 1 所示。通过 MATLAB 仿真，记录复杂网络级联脆弱性结果及失效过程如表 5.4 和图 5.7 所示。由表 5.4 可知，随着扰动变量 s 的增加，常规公交-轨道交通复杂网络级联失效的收敛时间（网络中不再出现节点和连边失效或网络崩溃）呈现“减少—增加—减少”的趋势，说明随着暴雨降雨强度的增加，公共交通系统中节点和连边的失效速度并不是越来越

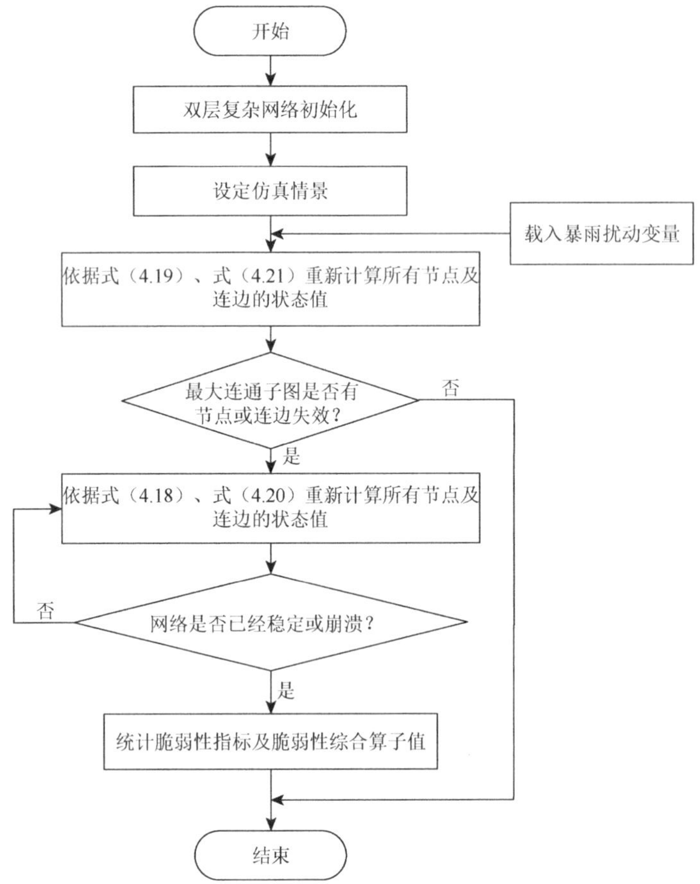

图 5.6　常规公交-轨道交通复杂网络级联失效的仿真流程

快。只有当暴雨达到一定强度（$s=1.4$，$h=70$ mm/24h）时，系统节点及连边的失效速度才会不断增加。

表 5.4　不同暴雨扰动变量下复杂网络的级联失效结果

情景	变量 s 取值	收敛时间	$\eta(\|N\|)$	$\eta(R)$	$\eta(F)$	V
1	1.0	14	0.355	0.615	0.318	0.429
	1.2	8	0.145	0.314	0.217	0.227
	1.4	26	0.194	0.421	0.441	0.352
	1.6	15	0.532	0.740	0.583	0.618
	1.8	11	0.871	0.959	0.926	0.919
	2.0	10	0.871	0.962	0.923	0.919

从常规公交-轨道交通复杂网络的级联失效过程来看（图 5.7），大部分条件下$\eta(|N|)$、$\eta(R)$、$\eta(F)$、V曲线均呈现一次连续上升过程，即常规公交-轨道交通复杂网络只出现一次级联失效过程。当暴雨扰动变量$s=1.40$时，$\eta(|N|)$、$\eta(R)$、$\eta(F)$、V曲线出现了两次上升过程，意味着常规公交-轨道交通复杂网络在第一次级联失效过程结束后，经过一段时间出现了第二次级联失效过程。出现该种差异的原因是本书考虑了复杂网络中节点和连边的容量，因此，当失效节点或连边所连节点或连边的容量较大，而远处节点或连边容量较小时，失效节点或连边的客流转移至远处容量较小的节点或连边就会导致该现象的发生。两阶段级联失效现象的发生，一方面说明城市公共交通系统在暴雨发生时可能出现两次失效过程，极大地增加了城市公共交通系统的脆弱性；另一方面公共交通管理部门可在两次失效过程之间采取应急措施，从而防止第二次失效过程的发生。

对比图 5.7 中不同暴雨扰动变量条件下的$\eta(|N|)$、$\eta(R)$、$\eta(F)$、V曲线发现，随着扰动变量s的增加，常规公交-轨道交通复杂网络的失效后果并非一直处于上升趋势。如当s从 1.0 增加至 1.2 时，复杂网络的级联失效后果反而有所减轻。这主要是由于当暴雨降雨强度增大时，复杂网络中的某些 hub 节点或连边将更有可能失效，导致某些失效节点和连边成为孤立节点和连边，其客流无法转移到其他正常节点和连边，从而减轻了网络级联失效的后果。此外，当$s=1.8$和$s=2.0$时，常规公交-轨道交通复杂网络的$\eta(|N|)$、$\eta(R)$、$\eta(F)$、V达到 0.87 以上，即此时整个网络几乎崩溃。以此可看出$s=1.8$（$h=90$ mm/24h）是导致常规公交-轨道交通复杂网络崩溃的暴雨扰动变量阈值，即 24 小时降雨量超过 90mm 时，在不加干预的条件下城市公共交通系统将瘫痪。

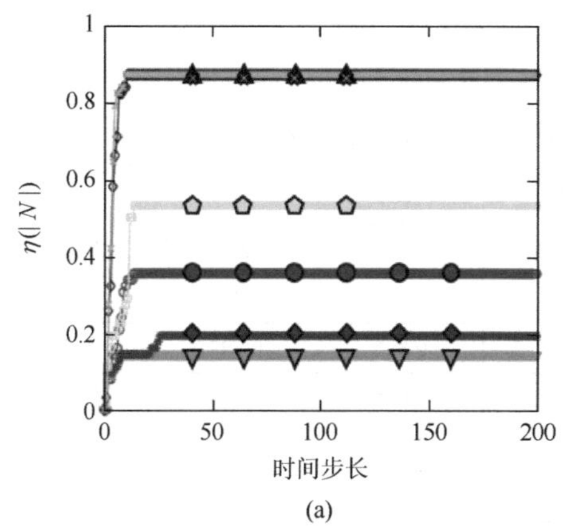

(a)

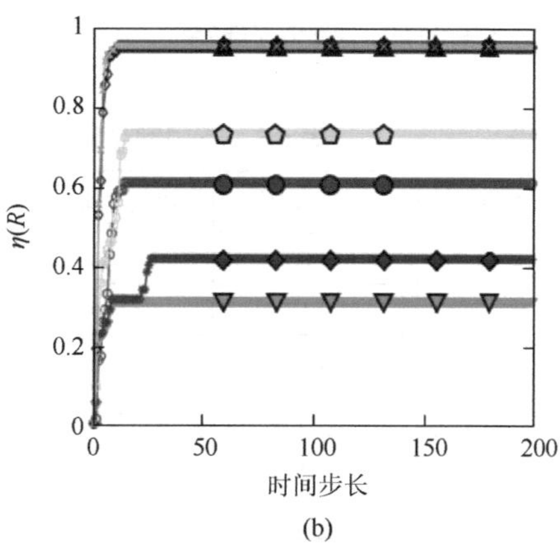

(b)

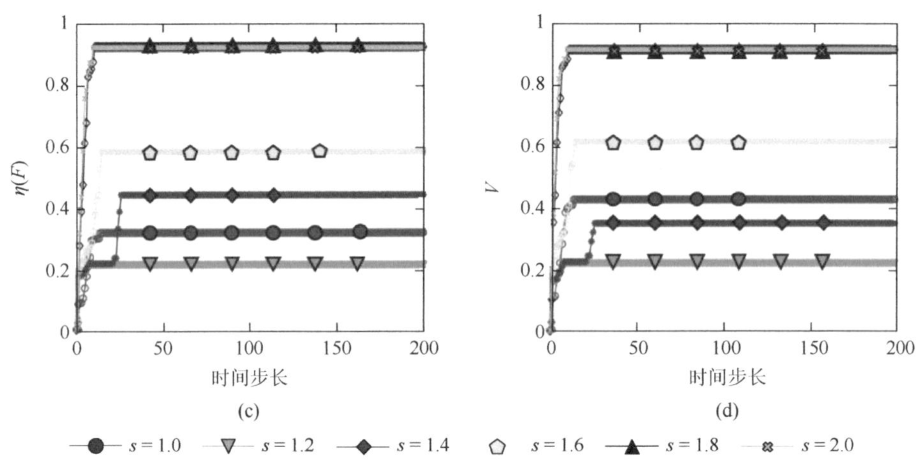

图 5.7　不同降雨强度条件下常规公交-轨道交通复杂网络的级联失效过程

（a）～（c）分别表示最大连通子图节点规模、全网效率、全网客流量损失率的变化；（d）表示网络脆弱性的变化，其中 $\eta(|N|)$、$\eta(R)$、$\eta(F)$ 的权重系数分别为 $\lambda_1=\lambda_2=\lambda_3=1/3$

2. 容量容忍参数对复杂网络脆弱性的影响

容量容忍参数 α 能够改变常规公交-轨道交通复杂网络节点和连边的容量，而节点和连边的容量变化势必会改变节点和连边的失效情况，因此有必要探究容量容忍参数 α 对复杂网络脆弱性的影响。不同容量容忍参数 α 对常规公交-轨道交通复杂网络脆弱性的影响对应表 5.3 的情景 2，根据情景 2 设置变量 α 及各参数取值后，通过 MATLAB 仿真该情景下复杂网络的级联失效过程，并记录级联失效过程及网络脆弱性指标和脆弱性综合算子值，具体如表 5.5 和图 5.8 所示。从表 5.5 的收敛时间来看，随着容量容忍参数 α 的增加，整个网络的级联失效过程持续时间基本呈先增加后减少的趋势。

表 5.5　不同容量容忍参数下复杂网络的级联失效结果

情景	变量 α 取值	收敛时间	$\eta(\|N\|)$	$\eta(R)$	$\eta(F)$	V
2	0.0	11	0.952	0.989	1.000	0.980
	0.1	15	0.952	0.988	0.964	0.968
	0.2	15	0.790	0.898	0.799	0.829
	0.3	14	0.355	0.615	0.318	0.429
	0.4	43	0.161	0.293	0.136	0.197
	0.5	2	0.081	0.161	0.086	0.109

由图 5.8 可见，当 $\alpha=0.4$ 时，与暴雨扰动变量 $s=1.40$ 时类似，常规公交-轨

道交通复杂网络出现了两次级联失效过程，在其他容量容忍参数取值条件下均为一次级联失效过程，说明节点和连边的容量变化对网络级联失效过程有本质影响。从失效后果来看，当 $\alpha = 0.0$ 和 $\alpha = 0.1$ 时，复杂网络的 $\eta(|N|)$、$\eta(R)$、$\eta(F)$、V 基本趋于 1，说明节点和连边容量较小时网络具有极大的脆弱性。与此同时，随着容量容忍参数 α 的增加，$\eta(|N|)$、$\eta(R)$、$\eta(F)$、V 持续减小，表明节点和连边容量的增加必定能降低整个网络的脆弱性。

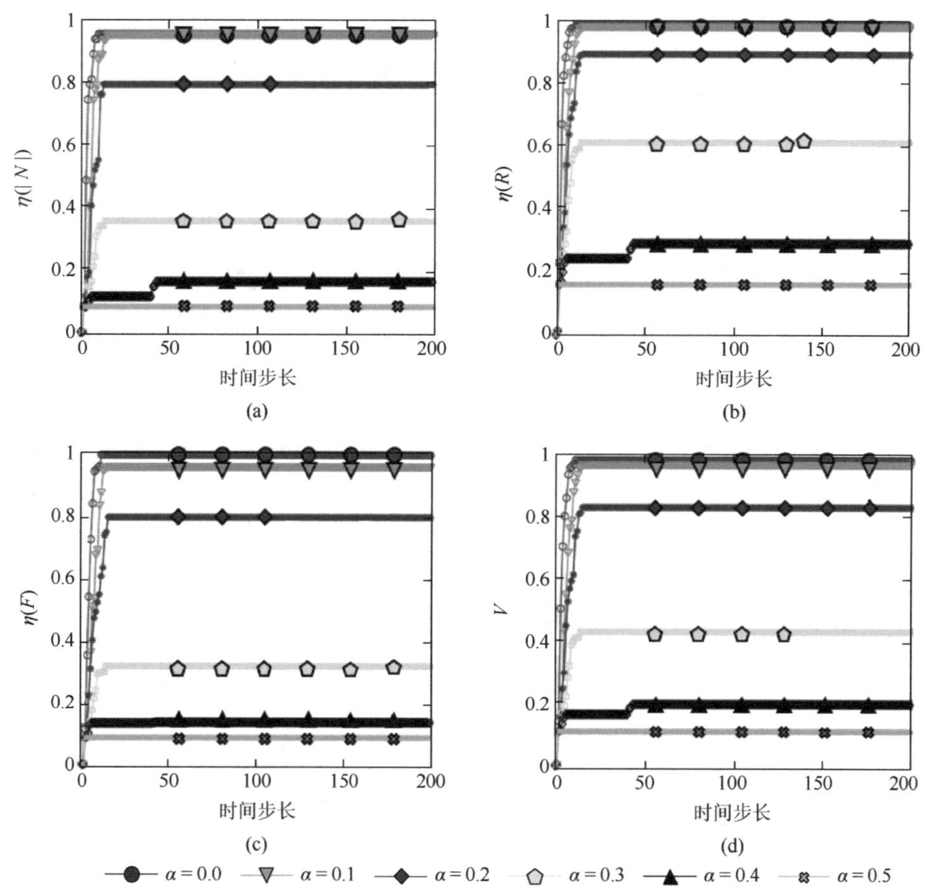

图 5.8　不同容量容忍参数条件下复杂网络的级联失效过程

（a）～（c）分别表示最大连通子图节点规模、全网效率、全网客流量损失率的变化；（d）表示网络脆弱性的变化，其中 $\lambda_1 = \lambda_2 = \lambda_3 = 1/3$

3. 节点耦合强度对复杂网络脆弱性的影响

节点耦合强度 ε_1 表示网络节点之间关联的程度，节点耦合强度越大，表示网络节点之间的关联性越强，一个节点的状态变化对其周围相邻节点的状态影响也就越大。不同节点耦合强度条件下常规公交-轨道交通复杂网络的变化对应表 5.3 中的情景 3，依据情景 3 设置 ε_1 及各参数值后，同样通过 MATLAB 仿真常规公交-轨道交通复杂网络的级联失效过程，并记录级联失效结果如表 5.6 所示，网络脆弱性指标及脆弱性综合算子值如图 5.9 所示。如表 5.6 所示，在节点耦合强度 ε_1 取不同值的条件下，常规公交-轨道交通复杂网络的收敛时间不变，意味着网络节点之间关联性的强弱与网络级联失效的持续时间无关。

表 5.6　不同节点耦合强度下复杂网络的级联失效结果

情景	变量 ε_1 取值	收敛时间	$\eta(\|N\|)$	$\eta(R)$	$\eta(F)$	V
3	0.2	14	0.355	0.615	0.318	0.429
	0.4	14	0.565	0.755	0.503	0.608
	0.6	14	0.565	0.766	0.542	0.624
	0.8	14	0.565	0.766	0.542	0.624

由图 5.9 可知，节点耦合强度 ε_1 对复杂网络级联失效后果的影响可以分为两个范围。当 $\varepsilon_1=0.2$ 时，常规公交-轨道交通复杂网络的 $\eta(|N|)$、$\eta(R)$、$\eta(F)$、V 均处于相对较低水平，当 $\varepsilon_1=0.4$、$\varepsilon_1=0.6$、$\varepsilon_1=0.8$ 时，$\eta(|N|)$、$\eta(R)$、$\eta(F)$、V 均处于相对较高水平，且三者水平基本相同。该结果一方面说明更小的节点耦合强度有利于降低网络脆弱性，另一方面说明当节点耦合强度 $\varepsilon_1>0.4$ 时，节点耦合强度的增加几乎不会引起网络脆弱性的变化。

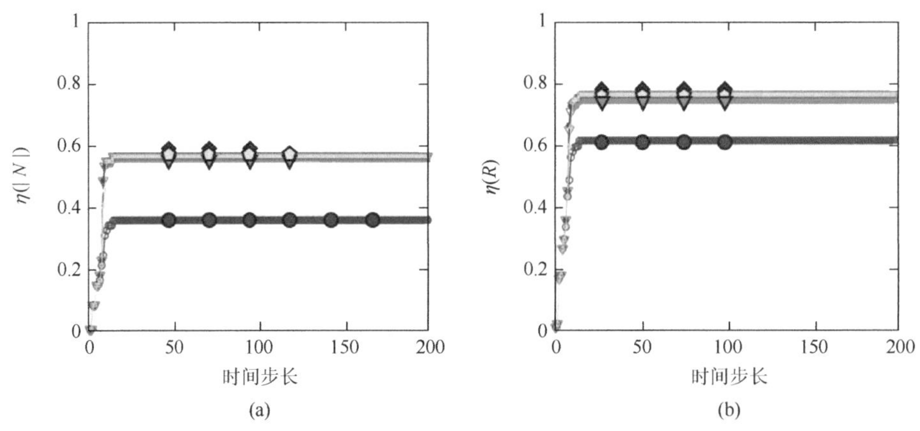

(a)　　(b)

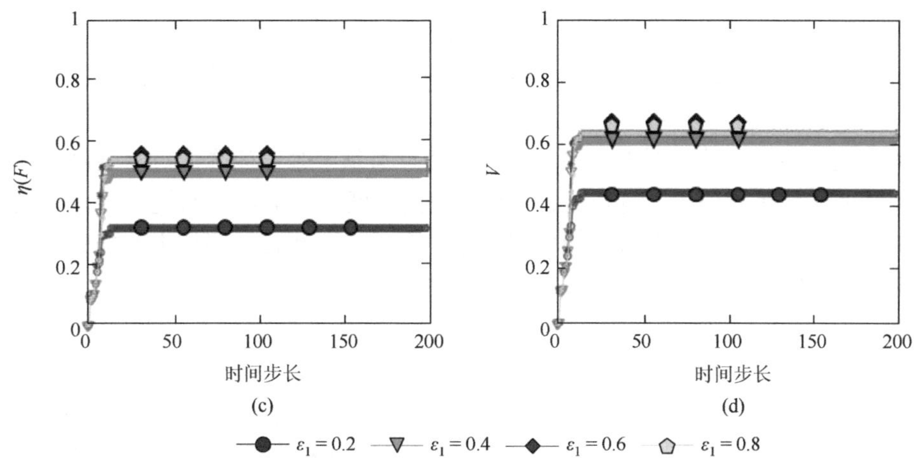

图 5.9　不同节点耦合强度条件下复杂网络的级联失效过程

（a）～（c）分别表示最大连通子图节点规模、全网效率、全网客流量损失率的变化；（d）表示网络脆弱性的变化，其中 $\lambda_1=\lambda_2=\lambda_3=1/3$

4. 连边耦合强度对复杂网络脆弱性的影响

与节点耦合强度类似，连边耦合强度 ε_2 表示网络中相连的连边之间的关联程度，连边耦合强度越大，相连的连边之间的关联就越强，连边的状态变化对其相连连边的状态影响也就越大。表 5.3 中情景 4 用于模拟不同连边耦合强度对常规公交-轨道交通复杂网络脆弱性的影响，依据情景 4 设置 ε_2 及各参数值后，通过 MATLAB 模拟复杂网络在不同 ε_2 条件下的级联失效过程，记录复杂网络级联失效结果、脆弱性指标及脆弱性综合算子值如表 5.7 和图 5.10 所示。由表 5.7 可知，当连边耦合强度 $\varepsilon_2 \leqslant 0.6$ 时，常规公交-轨道交通复杂网络的级联失效收敛时间相同，当 $\varepsilon_2=0.8$ 时，级联失效的收敛时间有所增加，表明网络连边之间的关联程度较低时，这种连边之间关联程度的变化对网络级联失效过程影响较小，当连边之间的关联程度较高时，这种关联则对网络级联失效过程的影响较大。

表 5.7　不同连边耦合强度下复杂网络的级联失效结果

情景	变量 ε_2 取值	收敛时间	$\eta(\lvert N\rvert)$	$\eta(R)$	$\eta(F)$	V
4	0.2	14	0.355	0.615	0.318	0.429
	0.4	14	0.339	0.605	0.316	0.420
	0.6	14	0.403	0.656	0.327	0.462
	0.8	19	0.661	0.847	0.589	0.699

如图 5.10 所示，当$\varepsilon_2 = 0.2$、$\varepsilon_2 = 0.4$、$\varepsilon_2 = 0.6$时，常规公交-轨道交通复杂网络的$\eta(|N|)$、$\eta(R)$、$\eta(F)$、V 曲线极为接近，都低于$\varepsilon_2 = 0.8$时复杂网络$\eta(|N|)$、$\eta(R)$、$\eta(F)$、V 的水平，一方面说明较低的连边耦合强度有利于降低常规公交-轨道交通复杂网络的脆弱性，另一方面说明连边耦合强度的降低对复杂网络脆弱性的减弱作用是有限的，随着连边耦合强度的降低，常规公交-轨道交通复杂网络的脆弱性及最大连通子图节点规模损失率至多减少至 0.4，全网效率的损失率最多降至 0.6，全网客流量的损失率最多降至 0.3。

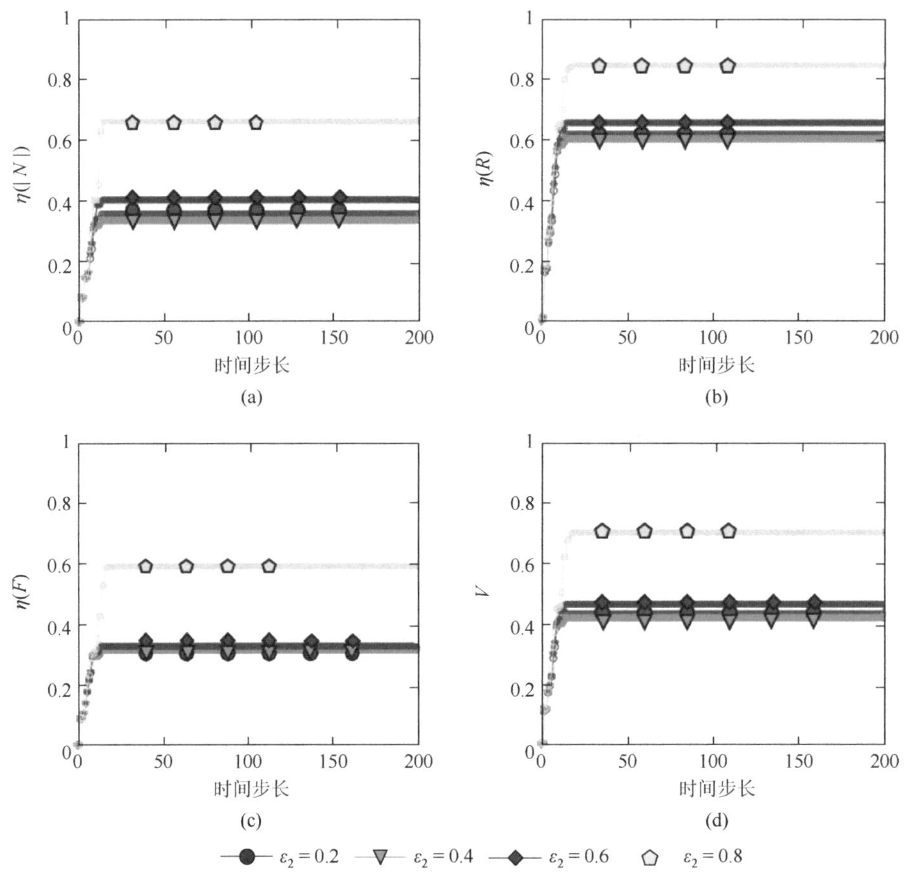

图 5.10　不同连边耦合强度条件下复杂网络的级联失效过程

（a）～（c）分别表示最大连通子图节点规模、全网效率、全网客流量损失率的变化；（d）表示网络脆弱性的变化，其中 $\lambda_1 = \lambda_2 = \lambda_3 = 1/3$

5.4.4　不同变量与复杂网络脆弱性的变化关系分析

为进一步探究常规公交-轨道交通复杂网络的脆弱性指标及脆弱性综合算子

值随暴雨扰动变量 s、容量容忍参数 α、节点及连边耦合强度 ε_1、ε_2 的变化关系，根据表 5.4～表 5.7 的数据刻画 $\eta(|N|)$、$\eta(R)$、$\eta(F)$、V 与 s、α、ε_1、ε_2 之间的关系如图 5.11 所示。

图 5.11（a）对应表 5.3 中的情景 1，刻画 $\eta(|N|)$、$\eta(R)$、$\eta(F)$、V 随 s 的变化关系。由图 5.11（a）可知 $\eta(|N|)$、$\eta(R)$、$\eta(F)$、V 均与 s 呈“下降—上升—不变”的变化趋势，说明常规公交-轨道交通复杂网络的脆弱性并不总是随着暴雨降雨强度的增加而增加，且存在导致整个网络崩溃的降雨强度阈值（$s=1.8$，$h=90$mm/24h）。从曲线斜率来看，当 $s=1.6$ 时，$\eta(|N|)$、$\eta(R)$、$\eta(F)$、V 的斜率均达到最大值，即 $\eta(|N|)$、$\eta(R)$、$\eta(F)$、V 增长最快。此外，当暴雨扰动变量 s 超过 1.4 时（$h=70$mm/24h），$\eta(|N|)$、$\eta(R)$、$\eta(F)$、V 的斜率不断增加，意味着常规公交-轨道交通复杂网络的脆弱性增长越来越快。因此，当暴雨降雨强度超过 70mm/24h 时，城市公共交通管理部门应迅速采取应急措施防止公共交通系统的崩溃。

图 5.11（b）对应表 5.3 的情景 2，刻画了 $\eta(|N|)$、$\eta(R)$、$\eta(F)$、V 随 α 的变化关系。如图 5.11（b）所示，随着容量容忍参数 α 的增加，$\eta(|N|)$、$\eta(R)$、$\eta(F)$、V 均呈下降趋势。但当 $\alpha<0.1$ 和 $\alpha>0.4$ 时，$\eta(|N|)$、$\eta(R)$、$\eta(F)$、V 的下降速度较慢。从曲线斜率来看，当 $\alpha=0.3$ 时，$\eta(|N|)$、$\eta(R)$、$\eta(F)$、V 斜率的绝对值最大，意味着当节点和连边的最大容量为其初始负载的 1.3 倍时，对公共交通系统脆弱性的降低最有效，即 $\alpha=0.3$ 为脆弱性降低的边际效益最高点。但从复杂网络脆弱性降低的效果来看，$\alpha=0.4$ 是最佳选择，因为此时网络脆弱性已降低到较低水平，且增加节点和连边容量对网络脆弱性的降低作用较小。

图 5.11（c）表示常规公交-轨道交通复杂网络的 $\eta(|N|)$、$\eta(R)$、$\eta(F)$、V 随节点耦合强度 ε_1 的变化趋势，对应表 5.3 的情景 3。由图 5.11（c）可知 $\eta(|N|)$、$\eta(R)$、$\eta(F)$、V 随 ε_1 的变化可分为两个范围。当 $\varepsilon_1<0.4$ 时，随着节点耦合强度 ε_1 的增大，常规公交-轨道交通复杂网络的脆弱性不断增加；当 $\varepsilon_1>0.4$ 时，复杂网络的脆弱性则几乎不变。该种变化趋势一方面说明节点耦合强度的降低有利于降低复杂网络的脆弱性，另一方面说明只有当节点耦合强度降低至 0.4 以下时，节点耦合强度的降低对减轻网络脆弱性才有效果。

图 5.11（d）对应表 5.3 的仿真情景 4，刻画的是常规公交-轨道交通复杂网络的 $\eta(|N|)$、$\eta(R)$、$\eta(F)$、V 随连边耦合强度 ε_2 的变化关系。如图 5.11（d）所示，$\eta(|N|)$、$\eta(R)$、$\eta(F)$、V 随 ε_2 的变化也可分为两个部分。当 $\varepsilon_2<0.6$ 时，随着连边耦合强度的增加，常规公交-轨道交通复杂网络的脆弱性基本不变；而当 $\varepsilon_2>0.6$ 时，复杂网络的脆弱性随着连边耦合强度的增加而增加。该种变化趋势一方面说明连边耦合强度的降低有利于减轻复杂网络的脆弱性，但另一方面也说明连边耦合强度的降低对减轻复杂网络脆弱性的作用是有限的，ε_2 的降低最多只

能将复杂网络的脆弱性降低至 0.4。此外，从节点耦合强度 ε_1 与连边耦合强度 ε_2 的对比来看，ε_1 比 ε_2 在降低复杂网络的脆弱性方面更有潜力。因此，城市公共交通管理部门应更加关注公共交通系统中站点之间关联性的降低。

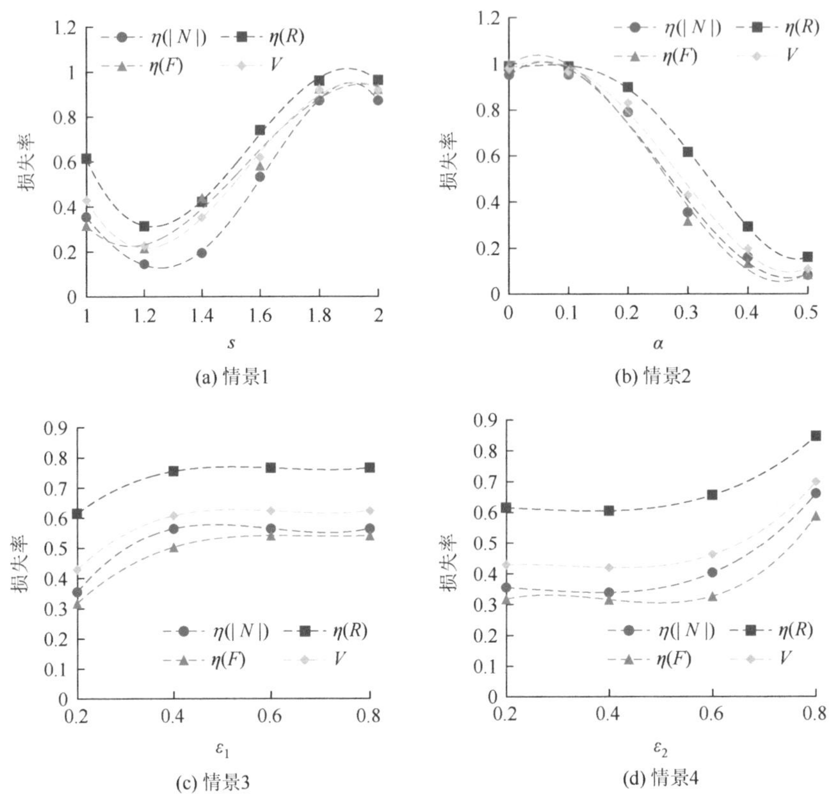

图 5.11 $\eta(|N|)$、$\eta(R)$、$\eta(F)$、V 与变量 s、α、ε_1、ε_2 的变化关系

5.4.5 不同情景下常规公交-轨道交通复杂网络脆弱性的成因分析

本书脆弱性综合算子 V 由脆弱性指标 $\eta(|N|)$、$\eta(R)$、$\eta(F)$ 合成，当 $\eta(|N|)$、$\eta(R)$、$\eta(F)$ 的权重系数 λ_1、λ_2、λ_3 相等时，可比较三者对常规公交-轨道交通复杂网络脆弱性的贡献。图 5.12 展示了不同条件下 $\eta(|N|)$、$\eta(R)$、$\eta(F)$ 对常规公交-轨道交通复杂网络脆弱性的贡献。观察图 5.12 发现，绝大多数情况下 $\eta(R)$ 对 V 的贡献大于 $\eta(|N|)$ 及 $\eta(F)$ 对 V 的贡献，说明暴雨极端天气下常规公交-轨道交通复杂网络的脆弱性，主要是由网络效率的降低造成的，即城市公共交通系统的脆弱性主要是由系统中最短路径遭到破坏所造成的。

如图 5.12（a）所示，当暴雨扰动变量 $s<1.4$ 时，常规公交-轨道交通复杂网络的脆弱性主要来源于 $\eta(R)$；当 $s>1.8$ 时，$\eta(|N|)$、$\eta(R)$、$\eta(F)$ 对复杂网络脆弱性的贡献率基本相同。该结果说明在暴雨降雨强度较小时，网络拓扑结构遭到破坏是导致网络脆弱性的主要原因。当暴雨降雨强度较大时，全网客流量的损失同样对网络脆弱性有较大贡献。造成该结果的原因主要是复杂网络中失效节点及连边的客流可以向其他正常节点或连边转移，从而减少了网络的客流损失。网络的拓扑结构则没有这种能力，当节点和连边失效时，直接将其从网络中移除，极大地增加了整个网络的脆弱性。

图 5.12（b）展示了不同容量容忍参数 α 的条件下，常规公交-轨道交通复杂网络脆弱性的主要成因。由图 5.12(b)可知在不同的 α 取值下，$\eta(|N|)$ 和 $\eta(F)$ 对 V 的贡献率基本相同，且当 $\alpha\leqslant0.2$ 时，$\eta(R)$ 对 V 的贡献率与 $\eta(|N|)$ 和 $\eta(F)$ 也相等。当 $\alpha>0.2$ 时，$\eta(R)$ 对 V 的贡献率远远超过 $\eta(|N|)$ 和 $\eta(F)$，说明当常规公交-轨道交通复杂网络节点及连边的容量较小时，拓扑结构和客流对网络脆弱性而言同等重要，当网络节点及连边容量较大时，拓扑结构的破坏则是网络脆弱性的主要来源，因此常规公交-轨道交通复杂网络的拓扑结构应受到更多的保护。

图 5.12（c）对应表 5.3 的情景 3，展示了不同节点耦合强度 ε_1 下的复杂网络脆弱性来源。如图 5.12（c）所示，无论节点耦合强度 ε_1 取何值，$\eta(R)$ 对 V 的贡献率始终大于 $\eta(|N|)$ 和 $\eta(F)$，即不同节点关联程度条件下，常规公交-轨道交通复杂网络的脆弱性主要是由网络拓扑结构的破坏导致的。图 5.12（d）对应表 5.3 的情景 4，表示不同连边耦合强度 ε_2 下的复杂网络脆弱性来源，其结果与节点耦合强度结果类似，无论网络连边之间的关联性如何，网络脆弱性的主要来源均为拓扑结构的破坏。

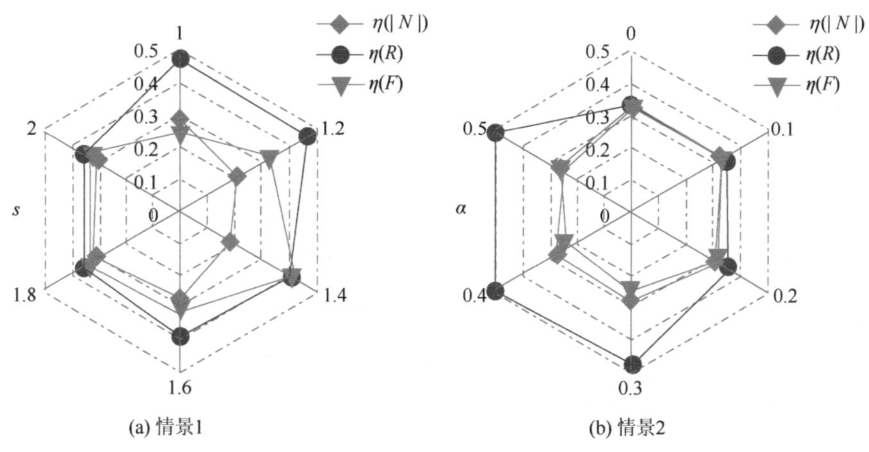

(a) 情景1　　(b) 情景2

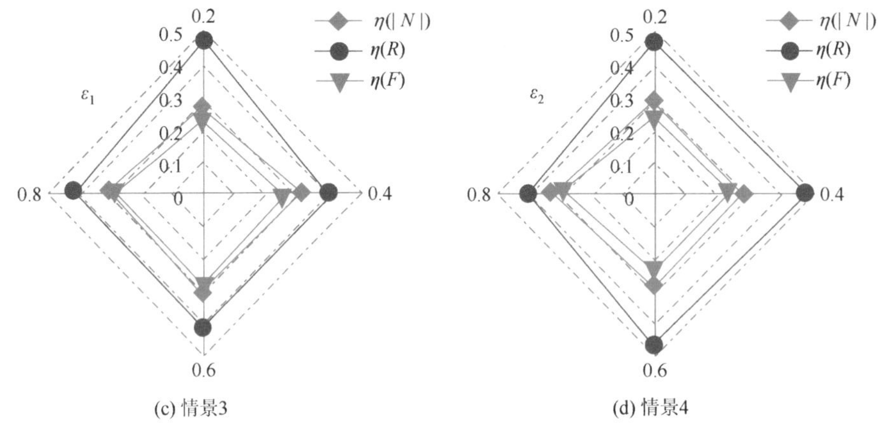

图 5.12　不同条件下 $\eta(|N|)$、$\eta(R)$、$\eta(F)$ 对 V 的贡献率变化

5.4.6　常规公交-轨道交通复杂网络的节点敏感性分析

根据 5.3.2 节提出的节点敏感性分析步骤，本书通过 MATLAB 程序实现了对节点敏感性系数 γ_i 的计算。节点敏感性系数 γ_i 表示节点 i 的初始状态值变化所能引起复杂网络脆弱性的最大变化，由于节点 i 的初始状态值随机，因此复杂网络脆弱性的变化越大，说明节点 i 能够使网络脆弱性升高的可能性越大，节点 i 也就越重要。相反，对于敏感性系数较小的节点，其初始状态值的变化几乎不会对网络的脆弱性产生影响，因此其重要度也就越低。据此将 γ_i 按从大到小的顺序进行排列可获得节点的重要度排序，结果如表 5.8 所示，由于节点数较多，表 5.8 仅列出了前 20 个最重要的节点。

表 5.8　节点重要度排序

序号	站点	节点敏感性系数	脆弱性变化比例/%	节点度
1	大差市	0.384	89.53	5
2	东五路	0.372	86.57	4
3	火车站	0.372	86.56	4
4	省二院	0.371	86.49	2
5	革命公园	0.324	75.43	2
6	民乐园	0.316	73.59	7
7	钟楼（西）	0.254	59.19	6
8	广济街（市信访接待中心）	0.230	53.54	4

续表

序号	站点	节点敏感性系数	脆弱性变化比例/%	节点度
9	莲湖公园	0.230	53.54	2
10	甜水井	0.230	53.54	3
11	南门（里）	0.230	53.53	3
12	马厂子（大差市）	0.230	53.50	2
13	新城广场	0.228	53.10	4
14	桥梓口	0.220	51.28	4
15	立新街	0.219	50.99	2
16	北大街	0.216	50.29	10
17	五味什字	0.216	50.28	5
18	端履门	0.202	47.07	7
19	西华门	0.189	44.09	6
20	钟楼（东）	0.185	43.05	5

如表 5.8 所示为根据节点敏感性系数 γ_i 排序得出的西安老城区公共交通系统最重要的 20 个站点。其中，大差市站点对常规公交-轨道交通复杂网络脆弱性的影响接近 90%，说明在节点失效可以传播的网络级联失效过程中，单个重要节点的变化可对网络的动态演变产生极大影响。与此同时，前 17 个最重要的节点均对复杂网络的脆弱性影响超过 50%，表明常规公交-轨道交通复杂网络中有相当一部分节点对网络的脆弱性能够造成较大影响。

从前 20 个最重要节点的节点度来看，大差市站点的节点度为 5，东五路、火车站站点的节点度均为 4，省二院站点的节点度仅为 2，民乐园、端履门站点的节点度为 7，北大街站点的节点度为 10，意味着并非节点度越大，节点就越重要。进一步地，以节点度代表常规公交-轨道交通复杂网络节点的拓扑重要性，探究节点拓扑结构重要度与节点敏感性重要度之间的关系。图 5.13 展示了复杂网络节点度随节点重要度排序的变化关系，由图 5.13 可知节点度与节点重要度基本呈随机关系，说明在考虑流量动态变化的常规公交-轨道交通复杂网络中，节点敏感性重要度与拓扑结构重要度无关。另外，如图 5.13 所示，从 46 号节点起，后面节点的度均未超过 3，表明对网络脆弱性影响较小的节点通常节点度也较小，即其所连接的其他节点较少。

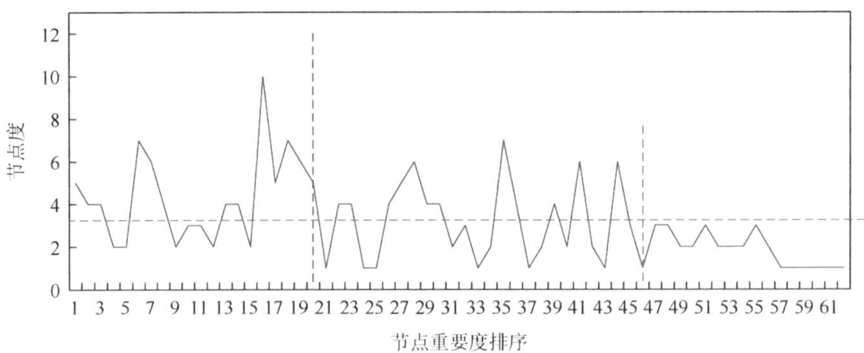

图 5.13　节点度随节点重要度排序的变化关系

5.4.7　常规公交-轨道交通复杂网络的连边敏感性分析

与节点敏感性系数 γ_i 类似，连边敏感性系数 γ_{ij} 表示连边 e_{ij} 的初始状态值变化所能引起的常规公交-轨道交通复杂网络的脆弱性变化。因此，连边敏感性系数 γ_{ij} 越大，连边 e_{ij} 对复杂网络的脆弱性影响越大，连边 e_{ij} 也就越重要。根据 5.3.3 节提出的连边敏感性分析步骤，利用 MATLAB 计算得出了所有连边的敏感性系数 γ_{ij}。将 γ_{ij} 按从大到小的顺序排列得到常规公交-轨道交通复杂网络的连边重要度排序，结果如表 5.9 所示。

表 5.9　连边重要度排序

序号	站点 1	站点 2	连边敏感性系数	脆弱性变化比例/%	连边介数
1	大差市	东门	0.3844	89.53	209.71
2	革命公园	五路口	0.3800	88.50	97.92
3	大差市	民乐园	0.3717	86.57	61.00
4	民乐园	火车站	0.3717	86.56	116.67
5	五路口	火车站	0.3717	86.56	17.00
6	东新街	省二院	0.3699	86.14	18.21
7	北新街	北门	0.2585	60.19	51.66
8	北大街	北新街	0.2571	59.88	178.83
9	钟楼（北）	北大街	0.2557	59.54	89.77
10	北大街	钟楼（南）	0.2557	59.54	71.80
11	北大街	西华门	0.2539	59.12	162.28

续表

序号	站点 1	站点 2	连边敏感性系数	脆弱性变化比例/%	连边介数
12	北门	立新街	0.2526	58.82	159.71
13	北大街	钟楼（东）	0.2424	56.46	148.71
14	药王洞	立新街	0.2418	56.31	160.77
15	民乐园	新城广场	0.2311	53.82	61.00
16	民乐园	马厂子	0.2301	53.59	101.71
17	端履门	新城广场	0.2301	53.58	41.48
18	广济街	钟楼（东）	0.2300	53.57	55.48
19	新城广场	少年宫	0.2300	53.57	90.89
20	端履门	马厂子	0.2300	53.56	13.82

如表 5.9 所示为根据敏感性分析的前 20 个最重要的连边。与节点类似，单条连边对常规公交-轨道交通复杂网络脆弱性的影响也较大，如重要度排序第一的连边大差市-东门对整个网络脆弱性的影响接近 90%。与此同时，前 20 个最重要的连边对复杂网络脆弱性的影响均超过了 50%，说明常规公交-轨道交通复杂网络对连边的初始状态值较为敏感，网络的脆弱性极为不稳定。此外，从连边所连的两个站点来看，前 20 个最重要连边所连站点大部分为节点重要度靠前的站点，如大差市、火车站、省二院、革命公园、民乐园、北大街等，表明节点重要度对连边重要度排序存在一定影响。

从拓扑结构重要度来看，连边介数表示整个网络所有节点对之间最短路径经过该连边的数量，可在一定程度上反映连边对网络拓扑结构的作用和影响力。因此，本书计算了所有连边的边介数，探究其与连边敏感性重要度之间的关系，结果如图 5.14 所示。由图 5.14 可知，连边介数与其敏感性分析得出的重要度之间基本呈随机关系。如从前 20 个最重要的连边来看（虚线左边），随着连边重要度的降低，连边介数并未呈现出明显的变化趋势，说明对常规公交-轨道交通复杂网络拓扑结构较为重要的连边，并不一定会对网络脆弱性产生较大影响，对网络拓扑结构作用较小的连边也不一定只对网络脆弱性产生较小影响。结合节点度的分析结果，本书认为在实际的交通网络中，探究其关键节点或连边时，仅从拓扑结构层面考虑不同攻击策略对网络影响的方法所选取的关键节点及连边，不一定会对网络的功能造成较大影响。因此，应当在考虑网络拓扑结构变化的基础上，重点考虑网络中流量的变化情况，据此探究网络的关键节点及连边。

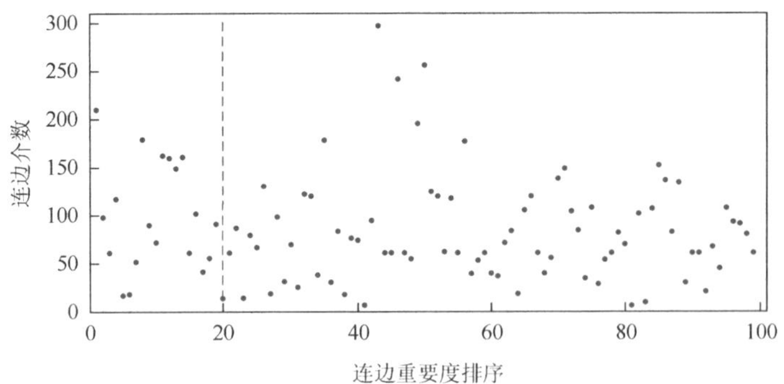

图 5.14　连边介数随连边重要度排序的变化关系

5.4.8　常规公交-轨道交通复杂网络的脆弱性治理

脆弱性能够表征常规公交-轨道交通复杂网络在暴雨极端天气下遭受的损失，脆弱性越低，说明网络在相同条件下的损失越小。基于 5.3.2 节及 5.3.3 节敏感性分析得出节点及连边重要度排序，本书据此从增加容量、提高应急能力两个方面提出常规公交-轨道交通复杂网络的脆弱性治理策略，并通过 MATLAB 仿真分析各策略的效果，具体如下。

1. 增加关键节点及连边的容量

通常情况下，交通网络中站点及线路容量的增加，能够提高其车辆通过能力，从而降低站点和线路因流量超载而失效的可能性。但考虑到成本及用地，不可能将交通网络中的所有站点及线路都进行扩容。本书在基准情景的基础上（$s=1.0$，$\alpha=1.3$，$\varepsilon_1=\varepsilon_2=0.2$），增大前 20 个最重要节点及连边的容量容忍参数，通过 MATLAB 计算了关键节点及连边容量增加对网络脆弱性的影响，结果如表 5.10 所示。

表 5.10　关键节点及连边的扩容效果

情景	脆弱性	脆弱性变化/%
基准，$\alpha=1.3$	0.4294	—
关键节点及连边的 α 增加 0.1	0.4072	–5.17
关键节点及连边的 α 增加 0.2	0.3781	–11.95
关键节点及连边的 α 增加 0.3	0.3680	–14.30
关键节点及连边的 α 增加 0.4	0.1526	–64.46

续表

情景	脆弱性	脆弱性变化/%
关键节点及连边的 α 增加 0.5	0.1526	−64.46
关键节点及连边的 α 增加 0.6	0.1526	−64.46
关键节点及连边的 α 增加 0.7	0.1526	−64.46

由表 5.10 可知，前 20 个最重要的关键节点及连边容量的增加，可以降低常规公交-轨道交通复杂网络的脆弱性。当关键节点及连边的容量容忍参数 α 增加 0.1 时，整个网络的脆弱性降低了 5.17%；当 α 增加 0.4 时，复杂网络的脆弱性下降了 64.46%；当 α 的增加值超过 0.4 时，整个网络的脆弱性便不再降低了。说明关键节点及连边扩容策略最多能将复杂网络的脆弱性降低 64.46%，此时关键节点及连边的最大容量至少为其初始负载的 1.7 倍。

2. 提高关键节点及连边的应急能力

交通网络中节点及连边的应急能力是指节点和连边应对突发情况保持自身正常运行的能力。本书所建立的常规公交-轨道交通复杂网络级联失效模型中，节点及连边的正常状态值范围为[0, 1]，状态值大于 1 表示节点及连边失效。节点和连边应急能力的提高可以反映为当节点和连边处于临界失效状态时，节点和连边采取应急措施，使其状态回归到正常状态。据此，通过扩大复杂网络中前 20 个最重要的关键节点及连边的正常状态值范围，以模拟节点及连边应急能力提高对复杂网络脆弱性的影响，具体模拟结果如图 5.15 所示。

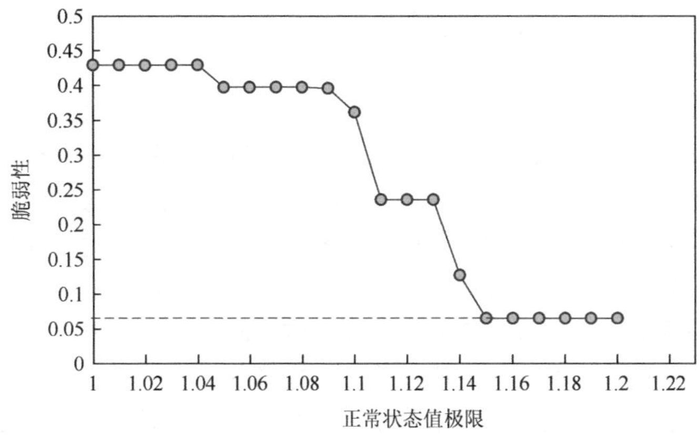

图 5.15　提高关键节点及连边应急能力对网络脆弱性的影响

如图 5.15 所示，随着常规公交-轨道交通复杂网络关键节点及连边应急能力的提高，整个网络的脆弱性处于下降趋势。网络脆弱性下降最快的两个阶段为：关键节点及连边正常状态值极限从 1.1 上升至 1.11 阶段，以及 1.13 上升至 1.15 阶段，两个阶段整个网络脆弱性分别下降了 29.30%、39.64%。与此同时，当关键节点及连边的正常状态值极限达到 1.15 时，整个网络的脆弱性达到最低点 0.0656，此时相比基准情景的网络脆弱性下降了 84.72%。与提高关键节点及连边的最大容量策略的效果相比，关键节点及连边应急能力的提高能够更有效地降低复杂网络的脆弱性，说明在提高关键节点及连边的最大容量的同时，公共交通管理部门应更加关注公共交通系统中关键站点及线路应急能力的提高。

5.5 本章小结

本章以暴雨极端天气为例，探究暴雨对城市公共交通系统的影响。首先通过文献研究分析了暴雨极端天气对城市公共交通系统的影响机理，并得出了暴雨降雨强度与交通流变化之间的定量关系；其次，运用复杂网络相关理论建立了城市常规公交-轨道交通复杂网络模型，在此基础上依据基本的耦合映射格子模型提出了基于流的耦合映射格子级联失效模型，并建立了复杂网络节点及连边失效条件下客流转移规则；再次，根据系统脆弱性的含义，从网络拓扑结构和功能两个方面选取了最大连通子图节点规模、全网效率、全网客流量的变化三个脆弱性指标，以此合成了最终的常规公交-轨道交通复杂网络脆弱性综合算子。接下来，通过编写对应的 MATLAB 程序，模拟了常规公交-轨道交通复杂网络在暴雨极端天气下的级联失效过程及脆弱性变化，并分析了复杂网络脆弱性与不同情景变量之间的关系。最后，运用敏感性分析确定了常规公交-轨道交通复杂网络节点及连边的重要度排序，据此提出了两种网络脆弱性治理策略，并通过 MATLAB 仿真对比分析了两种策略的脆弱性治理效果。

研究发现，在考虑节点及连边容量的条件下，常规公交-轨道交通复杂网络可能会发生两次级联失效过程；存在使网络崩溃的暴雨降雨强度阈值（$s = 1.8$，$h = 90$mm/24h）；与此同时，节点和连边容量的增加能够降低复杂网络的脆弱性，节点和连边的最佳容量为其初始负载的 1.4 倍。此外，网络脆弱性分析表明，节点耦合强度的降低比连边耦合强度的降低在减轻网络脆弱性方面更有潜力，绝大部分情景（17 种情景/共 20 种情景）下复杂网络脆弱性主要来源于全网效率的降低，提高网络关键节点及连边的应急能力比提高其容量对降低网络脆弱性效果更好。本章丰富了城市公共交通网络脆弱性的相关研究，促进了多层交通网络建模的发展，为暴雨等自然灾害扰动变量的引入提供了一种新方法，同时为公共交通管理部门制定应对暴雨极端天气的应急策略提供了分析基础。

第 6 章　重度雾霾下考虑车辆动态限行的城市公共交通网络脆弱性测度

除了暴雨极端天气外，雾霾也是城市里常见的极端天气。特别是冬季，严重的雾霾污染会影响道路使用者的视线，因此许多城市为降低小汽车排放污染，采取了雾霾重污染天气下的车辆动态限行政策。车辆动态限行下，乘坐私家车出行的部分客流会向轨道交通转移，给城市轨道交通系统带来一定的客流压力。基于负载容量模型构建城市轨道交通网络的级联失效模型，并且从网络拓扑结构和客运功能两个维度构建城市轨道交通网络脆弱性评价指标体系。通过设置仿真情景，分析西安轨道交通网络在车辆动态限行下的脆弱性，为重度雾霾下城市公共交通系统脆弱性治理策略制定奠定基础。

6.1　重度雾霾下车辆动态限行政策动机分析

重度雾霾下城市地面公共交通出行的效率降低，加之私家车动态限行政策的实施，使得部分客流向轨道交通转移，城市公共交通中轨道交通客流量和分担率增加。上述情况的出现，使得重度雾霾下的城市公共交通系统的脆弱性评估面临新的情景和变量，因此，本书考虑动态限行政策和重度雾霾极端天气两种变量，以轨道交通网络为主要研究对象进行脆弱性测度，以完成对于城市公共交通系统主承担交通网络的脆弱性测度研究，具有实践意义和理论价值。具体到车辆动态限行政策的动机而言，主要是为了缓解交通压力和降低大气污染，当雾霾等极端天气出现时，道路承载力降低和交通压力增加将一定程度削弱常规公交网络的效率，关键常规公交节点的客流权重变化，需要建立一套科学的客流转移公式，与把城市轨道交通客流增加相对应，再整体考虑该情景下的城市公共交通脆弱性问题。

6.2　重度雾霾下城市车辆动态限行政策概况

本书所描述的车辆动态限行是指根据雾霾严重程度采用不同的车辆限行政策。全国许多城市曾出现过不同程度的雾霾重污染问题，为解决这一问题，有关部门启动重污染天气下城市交通应急管理措施，采取车辆限行等交通需求管理手段，降低城市居民私家车使用率，减少尾气排放以应对重污染天气。按照相关部门制定的空气质量标准，雾霾分为三级，分别为极重污染、严重污染、重度污染[223]。为应对不同严重程度的雾霾，城市交通管理部门采取的车辆限行政策也有所不同，因此称为动态限行。本书将车辆限行政策分为两种：第一种车辆限行政策是 ODPW（one day per week，每周一天），根据车辆尾号限行，即限制 20%的车辆出行；第二种车辆限行政策是 OAE（odd and even，单双号），根据车辆尾号单双号限行，即限制 50%的车辆出行[224]。

6.3 车辆动态限行下城市轨道交通网络脆弱性评价

6.3.1 车辆动态限行对城市居民出行的影响

实施车辆限行后，一部分城市居民的出行受到影响，一部分出行者的出行意愿发生改变，即放弃出行，然而有刚性需求的出行者只能转变出行方式，转乘常规公交、轨道交通或其他交通方式出行，这将给出行者的出行带来很大的不便。时间上，转变出行方式将耗费更多出行时间，改变了出行时间规划，增加了时间成本；此外转乘其他出行方式会降低出行者的满意度，例如，公共交通客流增加，乘车环境过度拥挤，出行者的舒适度将会受到严重影响，降低了出行者对城市交通的满意度。根据以上分析可知，车辆动态限行对城市居民的出行有很多不利影响。

6.3.2 车辆动态限行对城市轨道交通系统的影响

车辆动态限行政策对城市 RTN 的影响主要体现在从道路交通网络到轨道交通网络的客流转移，这种客流转移会给城市轨道交通网络带来不稳定的客流冲击，进而导致系统故障。具体影响过程如下：实施车辆动态限行会限制一部分私家车的出行，导致通常驾驶私家车出行的刚性出行者选择其他的出行方式。一些刚性出行者会选择步行距离短、出行时间可靠的交通方式，轨道交通系统的发车频率固定并且车辆到达每个站点的时间较为准确，每个站点的乘客可以提前知道列车到达本站的时间，有利于乘客对自己的出行时间进行规划，因此许多出行者乘坐轨道交通代替驾驶私家车出行。这种由道路交通网络到轨道交通网络的客流转移增加了 RTN 的客流，导致许多轨道交通网络站点客流过多而失效甚至引起级联失效，极大地影响了 RTN 运营的稳定性，并增加了 RTN 的脆弱性。图 6.1 显示了车辆动态限行对 RTN 的影响机制。

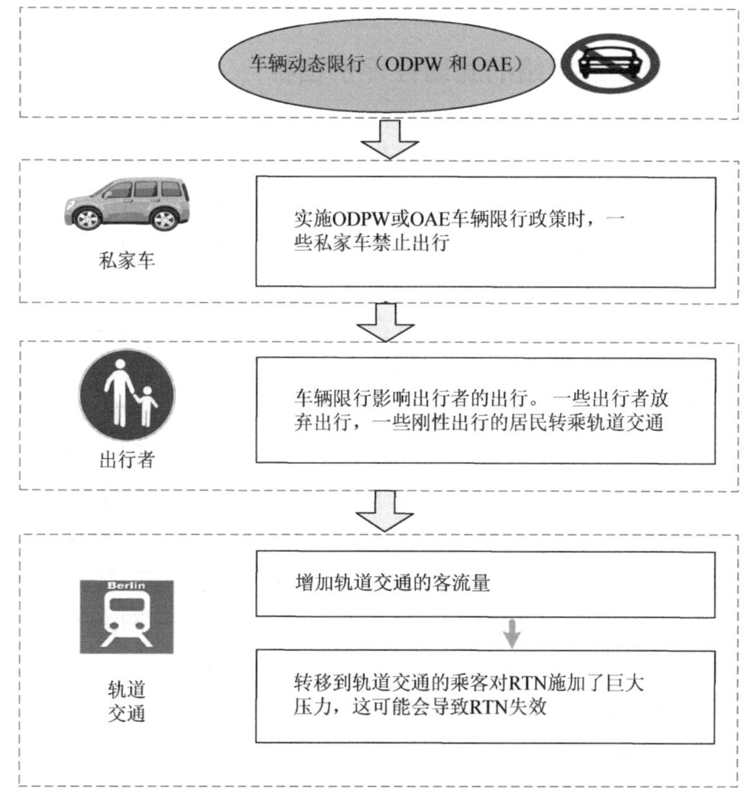

图 6.1　车辆动态限行对轨道交通的影响机制

（1）车辆动态限行对轨道交通站点的影响。车辆动态限行下由道路交通转移到轨道交通系统的出行者会根据出行距离以及出行时间选择轨道交通站点，因此，转移到轨道交通系统的客流量分散到各个轨道交通网络站点，造成站点客流增加。站点客流的不稳定增加对站点的基础设施有着不利的影响，例如，客流增加会造成闸门负荷过大而损坏、站点内的电梯因超负载运转而发生故障等问题。与此同时，站点内客流增加造成站点过度拥挤而极易引发踩踏、摔倒等危险事件。总之，动态车辆限行会给轨道交通站点带来大量的客流冲击，客流的不稳定性会对站点正常运行造成严重影响。

（2）车辆动态限行对轨道交通运行列车的影响。车辆动态限行下轨道交通网络客流增加，因此轨道交通网络的列车负荷也有所增加。由于限行是动态的，因此列车的负荷也处于不稳定状态，这种不稳定负荷会加快列车的损坏和故障速度，增加列车的保养或修理成本，甚至会降低列车的寿命。与此同时，不稳定负荷给列车的行驶轨道也带来了巨大的压力，轨道在压力过大时更容易受到磨损。由此可见，车辆动态限行不仅会影响轨道交通站点，对列车、轨道等设施也会带来不利影响。

6.3.3　城市轨道交通网络的脆弱性评价指标

系统遭受到扰动后会影响其正常运行，研究者将此定义为系统的脆弱性。在分析系统的脆弱性时，研究人员通常更注重系统受到扰动后系统内部的变化以及其带来的后果，很少关注因扰动而发生故障的概率，这是因为在现实生活中，虽然城市轨道交通系统因遭受扰动而发生故障的概率很小，但一旦引发故障就极有可能严重影响系统正常运行，因此系统在扰动下展现出其脆弱性。例如，车辆限行政策的实施带来的城市轨道交通网络站点过度拥挤可能不会带来严重后果，可是一旦出现踩踏事件、出行者出行不能得到保障、站点设备故障等严重后果，就会导致整个城市轨道交通系统运营受到影响，导致更多的城市居民出行受阻，影响城市交通系统的正常运营。因此，本书认为城市轨道交通复杂网络的脆弱性是网络本身的一种属性，这种属性与网络的稳定性、可靠性、鲁棒性以及网络本身的结构密切相关，可通过城市轨道交通复杂网络在车辆动态限行影响下所遭受的损失进行反映。具体地，车辆动态限行下城市轨道交通复杂网络的脆弱性可理解为网络受车辆限行所产生的节点失效及乘客满意度降低等。

在复杂网络脆弱性评价方面，许多文献提出了脆弱性评价指标，这些指标主要分为两方面，分别是网络连通脆弱性和网络效率脆弱性。其中，网络连通脆弱性是指当某些节点因故障被移除，原网络可能被分割成几个互相不连通的子网络，因此整个网络的连通性降低。针对网络连通脆弱性，有学者提出网络连通脆弱性可以由网络最大连通子图的相对大小进行描述[225]，计算公式如式（6.1）所示：

$$S = N_{\max}/N \tag{6.1}$$

其中，S 为移除节点后最大连通子图的相对大小，N 为网络节点数量，$N_{\max}$ 为网络遭到攻击后最大连通子图的节点数量。网络最大连通子图的相对大小可以反映外部因素对复杂网络结构的破坏程度。网络效率脆弱性是指当网络受到攻击后网络节点之间信息交流的快慢，网络效率越高则说明网络中节点间信息交流越快，即网络中节点之间信息交流时间越短[226]。网络效率的计算公式如式（6.2）所示：

$$E = \frac{1}{N(N-1)}\sum_{i \neq j} d_{ij} \tag{6.2}$$

其中，N 为复杂网络中的节点数量，d_{ij} 为节点 ij 之间的最短路径。在城市轨道交通复杂网络中，网络效率可以反映出行者到达目的地的时间长短。

在进行复杂网络级联失效的脆弱性评价时，针对不同的研究对象，研究人员提出了相应的脆弱性评价指标。比如，在评价供应链网络级联失效方面，谢珊珊[227]

选取最大连通子图的节点规模变化、全网效率变化分析供应链网络的静态脆弱性，同时用负载熵的变化分析网络的动态脆弱性。王芳[216]提出了出行者的出行成本变化、目的地的可达性变化以及出行需求的脆弱性指标。在评价道路运输网络级联失效方面，种鹏云和尹惠[228]选取网络级联失效平均规模和相变临界值为评价指标分析了不同攻击策略对危险品运输网络级联失效抗毁性的影响。在评价电力信息网络的级联失效方面，马世英等[219]通过节点和数据缺失率的变化表征电力信息系统的脆弱性。

现有关于网络脆弱性的研究主要是基于网络拓扑结构的变化分析其脆弱性，基于最大连通子图节点规模变化、全网效率评价不同攻击策略下的网络脆弱性，很少有文献从网络的客运功能方面对网络的脆弱性进行评价。但是，城市轨道交通复杂网络的主要功能是输送乘客，因此对其客运功能方面的脆弱性进行评价对城市交通系统有着重要的意义。基于此，本书对车辆动态限行下的城市轨道交通复杂网络的脆弱性进行评价时，不仅要从网络拓扑结构上进行，还要从客运功能方面进行。其中，在网络拓扑结构方面选取网络的平均路径长度这一指标评价这两种限行政策下城市 RTN 拓扑结构的变化[229]；在客运功能方面选取平均客流强度、拥挤度分析车辆动态限行下轨道交通运输能力的变化[230]。本书所选取的车辆动态限行下城市轨道交通网络脆弱性评价指标具体如下。

（1）平均路径长度 $\overline{d}$ ：RTN 中任意两个节点之间最短路径 d_{ij} 的平均值，是评价城市 RTN 脆弱性的一个重要指标。其中最短路径是指交通网络 RTN 中，节点 v_i 与节点 v_j 之间经过站点数最少的路径，因此复杂网络中任意两个节点之间的最短路径只与其之间的节点个数相关，并不等价于真正的距离。平均路径长度描述了整个网络的连通性，$\overline{d}$ 越小说明网络的连通性越好，$\overline{d}$ 越大说明网络的连通性越差。

$$\overline{d} = \frac{2}{N(N-1)}\sum_{i \neq j} d_{ij} \tag{6.3}$$

由式（6.3）可知，整个网络的平均路径长度为任意两个节点间最短路径的平均值。网络的连通性越好，任意两个节点间的最短路径就越小，网络的平均路径长度也越短。

（2）客流强度 $\partial_{eij}(t)$ ：描述了节点 v_i 与节点 v_j 之间处于最短路径上每两个相邻站点之间的平均乘客数量[22]。

$$\partial_{eij}(t) = \frac{\sum_{i,j=1}^{n} w_{eij}(t)}{d_{ij}} \tag{6.4}$$

其中，$w_{eij}(t)$为位于站点 v_i 与站点 v_j 最短路径上各边的乘客数量。由式（6.4）可知，在固定的起止站点之间，站点 v_i 到站点 v_j 的客流量越大，客流强度越大。

（3）RTN 平均客流强度 E：现有关于城市 RTN 脆弱性的研究中，大多数是关于网络结构变化后整个网络脆弱性的研究，极少数研究考虑到客流量这一因素的变化会对城市 RTN 造成影响。实施车辆动态限行政策会对 RTN 导致客流冲击，进而增加 RTN 脆弱性。因此，引入客流量这一影响因素，建立网络平均客流强度指标对研究城市 RTN 的脆弱性有重要意义。本书对网络平均客流强度作如下定义：

$$E = \frac{2\sum_{i,j=1}^{n} \partial_{eij}(t)}{N(N-1)} \tag{6.5}$$

网络中客流量越大，每条线路客流强度越高，客流强度 $\partial_{eij}(t)$ 的值越大，城市 RTN 的平均客流强度 E 的值越大，表示整个网络的客流强度越高。网络的平均客流强度过高，则表明整个网络的负载过大，整个网络处于客流量过载状态，会导致整个网络瘫痪。

（4）拥挤度 φ：不同客流量下，乘客对乘车舒适度的反映。拥挤度的大小用实际载乘乘客数与标准乘客数的比值表示。实施车辆动态限行政策造成道路交通系统的客流量转移到轨道交通系统，进而 RTN 客流量增加，导致轨道交通系统拥挤度增加。因此，采用拥挤度这一指标对研究车辆动态限行下城市 RTN 脆弱性有重要的实际意义。

$$\varphi = \frac{F}{F_{\max}} \tag{6.6}$$

其中，F 为当前的载乘乘客数量，$F_{\max}$ 为设计空间下的标准乘客数量。φ 为 F 与 $F_{\max}$ 的比值，表示不同客流量下乘客的拥挤程度，侧面反映乘客的舒适度，即乘客对城市轨道交通系统的满意度评价。当客流量发生突增时，乘车环境发生不稳定变化，φ 的值可以反映这种不稳定变化程度，从而反映交通网络对这种客流突变的稳定性。φ 值突变得越大，表示交通网络面对客流突变的调节能力越弱。$\varphi \leqslant 1$ 时，乘车环境不拥挤，乘客对乘车环境满意；$\varphi > 1$ 时，乘车环境拥挤，乘客对乘车环境不满意；φ 值过大时，乘车环境过度拥挤，会造成乘客对乘车环境的极度不满意从而降低乘客对城市交通系统的评价，与此同时，乘车环境过度拥挤极易引发摔倒、踩踏等安全事件。

6.4 车辆动态限行下城市轨道交通网络脆弱性测度分析

6.4.1 场景分析

西安是国家中心城市，位于中国中北部，城市人口数量庞大，有较大的交通压力。受特殊地理地貌的影响，冬季采暖季时西安容易发生雾霾天气。为了减少汽车尾气排放污染，西安市政府采取了车辆动态限行等交通需求管理措施，减少了城市居民对私家车的使用，以减少尾气排放。实施车辆限行政策后，出行者的出行方式将会改变。一些出行者将放弃出行，另一些出行者则可能会改变出行方式转而选择其他交通工具（见图 6.2）。西安市交通运输局的统计数据表明，实施车辆限行政策后，西安 RTN 的客流量大幅增长（表 6.1）。表 6.1 列出了西安 RTN 整个 2018 年的客流量。在 1 月到 4 月期间，西安市没有实施车辆限行政策。但是在 5 月到 12 月期间，实施 ODPW（即工作日受到限制，但周末不受限制）车辆限行政策。在表 6.1 的第 2 列（每日客流量的平均值）显示该月的日均客流量，其中 5 月至 12 月的日均客流量（215 万人次）与 1 月至 4 月的日均客流量（187 万人次）相比增加了 14.97%。第 3 列（工作日客流量的平均值）显示当月每个工作日的日均客流量，5 月至 12 月（210 万人次）的日均客流量比 1 月至 4 月的日均客流量（182 万人次）平均增长了 15.38%。根据表 6.1 中 RTN 的客流数据，绘制了 RTN 客流的折线图（见图 6.3）。图 6.3 显示，5 月实施了车辆限行政策后，西安 RTN 的日均客流量有所增加。西安市 RTN 5 月的日均客流量比 4 月的日均客流量增加了 12.85%。从以上分析可以看出，这些客流的增加主要是由于实施车辆限行政策后路网交通客流的转移。转移到轨道交通的乘客将导致 RTN 上的乘客流量增加，从而导致 RTN 站点过度拥挤。过度拥挤的站点可能会导致站点甚至整条铁路线停运。城市 RTN 的停运将对城市居民的出行产生重大影响。因此，对城市 RTN 脆弱性的分析在城市轨道交通运营中起着重要作用。

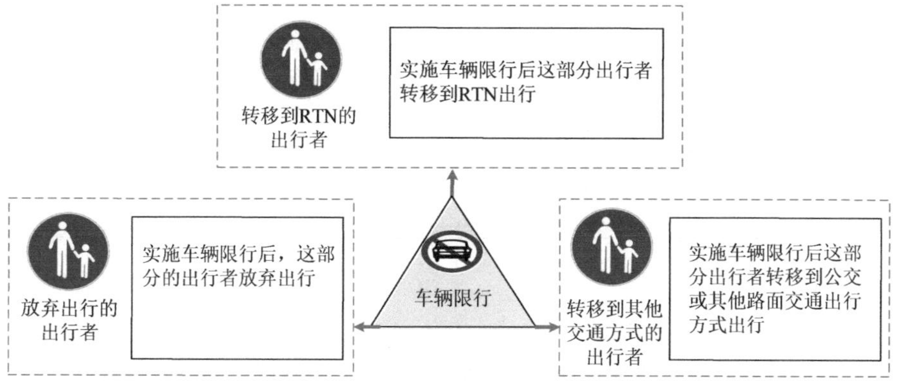

图 6.2　实施车辆限行政策后出行者的出行行为变化

表 6.1　西安的日均客流量人流量

时间	每日客流量的平均值/万人次	工作日客流量的平均值/万人次	是否限行
1 月	185	184	否
2 月	183	178	否
3 月	188	183	否
4 月	190	183	否
1 月至 4 月的平均值	187	182	否
5 月	210	207	是
6 月	211	207	是
7 月	213	207	是
8 月	217	209	是
9 月	215	207	是
10 月	217	209	是
11 月	217	216	是
12 月	219	216	是
5 月至 12 月的平均值	215	210	是

数据来源：西安市交通运输局网站

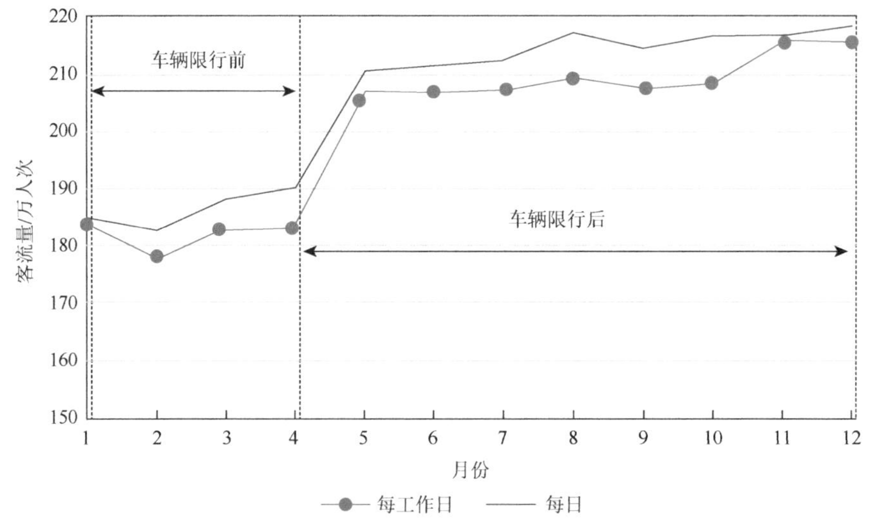

图 6.3　西安轨道交通日均客流量折线图

2018 年西安已有三条运营中的铁路运输线路，共有 63 个站点。表 6.2 显示了这些线路之间的关系（西安轨道交通运营图）。根据西安市轨道交通局的数据，这三条轨道交通线路已于 2017 年全面投入运营，平均每日客运量为 183 万人次。

西安市于 2018 年实施了车辆动态限行政策，改变了居民的出行方式。这种变化迫使出行者从驾驶私家车转向使用公共交通工具，尤其是轨道交通。也就是说，一些出行者已经从道路交通转移到轨道交通，这增加了轨道交通的日均客流量。由于实施了车辆限行政策，2018 年的最大日均客流量达到 255 万人次。客流量的显著增加可能导致 RTN 站点拥挤，并进一步导致故障。

表 6.2　西安城市轨道站点及线路关系

序号	站点	轨道线路	是否换乘
1	小寨	2 号与 3 号轨道交通线	是
2	通化门	1 号与 3 号轨道交通线	是
3	北大街	1 号与 2 号轨道交通线	是
4	大雁塔	3 号线	否
⋮	⋮	⋮	⋮
63	北客站	2 号线	否

研究区域如图 6.4 所示，根据 Floyd 算法[231]得出该 RTN 的平均节点度、平均路径长度、网络直径、网络聚合系数，结果见表 6.3。

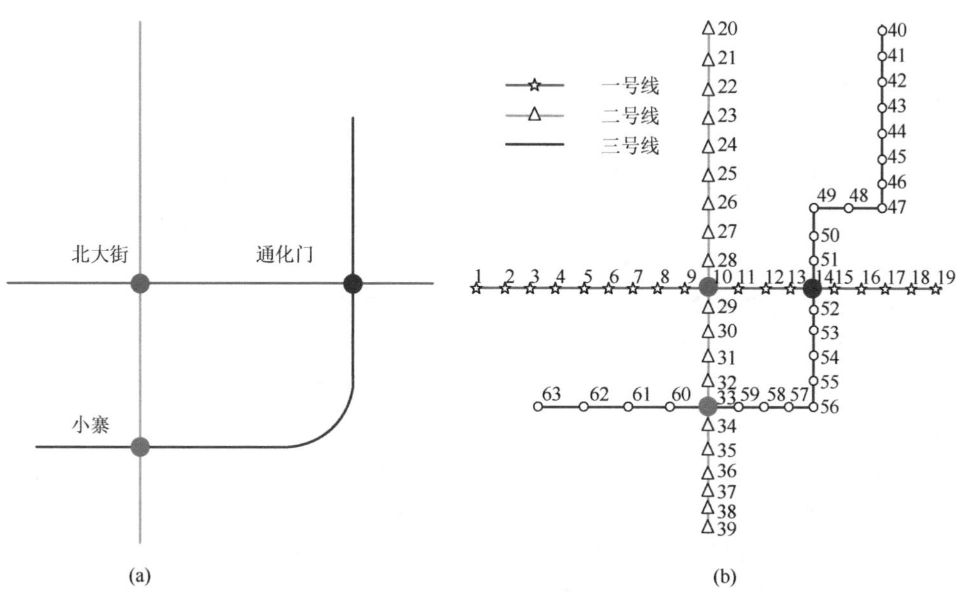

图 6.4　西安 RTN 布局图

其中，图 6.4（a）是三条轨道交通线路的连接图，图 6.4（b）是依据前面描述的方法绘制的轨道交通网络。

表 6.3　西安市 RTN 拓扑结构参数

序号	网络拓扑结构参数	参数值
1	节点 N	63
2	边	63
3	平均节点度 K	2
4	平均路径长度	10.2253
5	网络直径	25
6	网络聚合系数	0

如表 6.3 所示，RTN 网络的平均节点度等于 2，表示平均每个站点连接到 2 个其他站点。其中节点度为 1 的节点表示端点，节点度为 2 的节点表示一条路线经过的中间站点。节点度大于 2 的节点表示该节点至少有两条路线经过，据统计西安轨道交通站点中 95%的站点为普通站点，仅 5%的站点为换乘站。表 6.3 所示的平均路径长度为 10.2253，说明在整个网络中任意两个节点之间平均需要 10.2253 个站点。网络直径为 25，说明整个网络中任意两点最多需要 25 个站点。网络聚合系数为 0，说明任意一个节点的相邻节点之间无连接。

6.4.2　情景设置

根据机动车尾气排放污染水平，西安市政府实施了不同的车辆限行政策，包括 ODPW 和 OAE 限行政策。在实证研究中，从道路交通转移到 RTN 的客流有所不同。因此，在各种车辆限行政策下，RTN 的客流量是不同的。简而言之，这两种车辆限行政策对 RTN 的影响通过 RTN 客流的变化进行区分。

据统计，西安市拥有 300 万辆私家车，标有以 0、1、2、3、4、5、6、7、8 和 9 结尾的车牌号。因此，在轻度污染的情况下，政府实施 ODPW 车辆限行政策，该政策限制 20%的私家车出行，并且限制方案分为（0、5），（1、6），（2、7），（3、8）和（4、9），周末没有任何限制。ODPW 限行政策的实施导致出行者改变了他们的出行计划，其中一些人从道路交通转移到了轨道交通，导致轨道交通站的客流数量增加。根据西安市交通运输局的统计，整个交通网络的平均日客流量为 1000 万人次。车辆限行政策实施前，RTN 的日均旅客流量约为 182 万人次，占整个交通网络的 18.20%。实施 ODPW 车辆限行政策后，RTN

的客流量增加到约 210 万人次。因此，ODPW 车辆限行政策实施后，RTN 的客流承担率已提高到 21.00%。

当空气中存在严重污染时，政府将实施 OAE 限行政策，限行情景分为（0、1、2、3、4，其他）和（5、6、7、8、9）。该政策限制了 50%的私家车出行，该限行政策的实施将对 RTN 造成更大的乘客影响。例如，2019 年 1 月 3 日，西安市发布了关于严重空气污染的警告，启动了重污染天气 I 级应急响应，并将其车辆限行政策从 ODPW 升级为 OAE。更改车辆限行政策后，转移到 RTN 的乘客流量显著增加。根据西安市交通运输局的报告，在车辆限行政策从 ODPW 升级到 OAE 之后，RTN 的客流量增加到约 255 万人次。因此，OAE 车辆限行政策实施后，RTN 的客流承担率为 25.50%。这进一步增加了 RTN 上的乘客负担，并导致更多车站过度拥挤。在这项实证研究中，车辆限行政策（即 ODPW 和 OAE）对轨道交通的不同影响是通过从道路交通转移到轨道交通的客流量来表达的。两种限行政策将导致不同数量的乘客从道路网络转移到 RTN，这反过来导致每个 RTN 站点的客流增加不同。同时，由车辆限行政策（即 ODPW 和 OAE）引起的初始故障站的数量也不同。其中，OAE 引起更多的初始故障站，由它引起的级联故障更为严重。

在本书的仿真中，基于负载容量模型对级联故障过程进行了分析。因此，定义了负载容量模型的相关参数。在实证研究中，负载容量模型的调整参数和负载分配参数是固定的。此后，使用控制变量法分析不同负载容忍参数下每个评估指标（φ，E 和 $\overline{d}$）的变化。在为每个车辆限行政策设置参数时，将负载容量调整参数α设置为 0.9；负载分配参数β设置为 1.1；四种情况下的负载容忍参数分别设置为 0.20、0.25、0.30 和 0.35，即站点最大容量分别为初始负载的 1.2 倍、1.25 倍、1.3 倍和 1.35 倍。针对每种车辆限行政策下的四种情景进行模拟。

这些情景中的具体参数取值如表 6.4 所示。具体的模拟结果见 6.4.3 节。

表 6.4　情景设置

情景	α	β	μ	限行情景
1	0.9	1.1	0.20	NONE
2	0.9	1.1	0.20	ODPW
3	0.9	1.1	0.20	OAE
4	0.9	1.1	0.25	NONE
5	0.9	1.1	0.25	ODPW
6	0.9	1.1	0.25	OAE
7	0.9	1.1	0.30	NONE
8	0.9	1.1	0.30	ODPW
9	0.9	1.1	0.30	OAE

续表

情景	α	β	μ	限行情景
10	0.9	1.1	0.35	NONE
11	0.9	1.1	0.35	ODPW
12	0.9	1.1	0.35	OAE

6.4.3 脆弱性分析

地面车辆动态限行使居民出行方式发生转变，由私家车出行转向乘坐公共交通（尤其是轨道交通）出行，对城市轨道交通造成了大客流冲击。面对这种不稳定的客流，城市 RTN 发生节点失效或由于客流过多造成过度拥挤、发生踩踏等安全事故。为此，本书分析车辆动态限行对城市 RTN 脆弱性的影响，进而为政府提高城市轨道交通的鲁棒性提供理论依据。根据表 6.5 的情景，本书中根据式（4.25）～式（4.33）模拟西安市三条轨道线的级联失效过程，分析评价不同负载容忍参数对西安 RTN 脆弱性的影响，模拟结果如图 6.5 所示。在图 6.5 中，（a）～（c）表示负载容忍参数取值为 0.20 时的模拟结果，（d）～（f）表示负载容忍参数取值为 0.25 时的模拟结果，（g）～（i）表示负载容忍参数取值为 0.30 时的模拟结果，（j）～（l）表示负载容忍参数取值为 0.35 时的模拟结果。

图 6.5 是对表 6.5 所设情景进行模拟的结果，根据模拟结果可以看出，负载容忍参数取值为 0.20 时，ODPW 和 OAE 两种限行政策都会导致网络发生级联失效现象并且引发整个 RTN 崩溃。但是当负载容忍参数取值为 0.25、0.30、0.35 时，采取 ODPW 限行政策并不会引起节点失效，采取 OAE 限行政策依然会引起节点失效并引发全局崩溃。同时，根据模拟结果发现，节点失效容易引发级联失效故障，

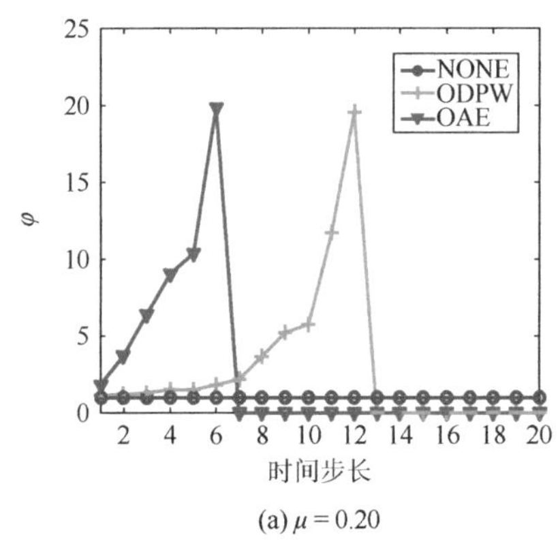

(a) $\mu = 0.20$

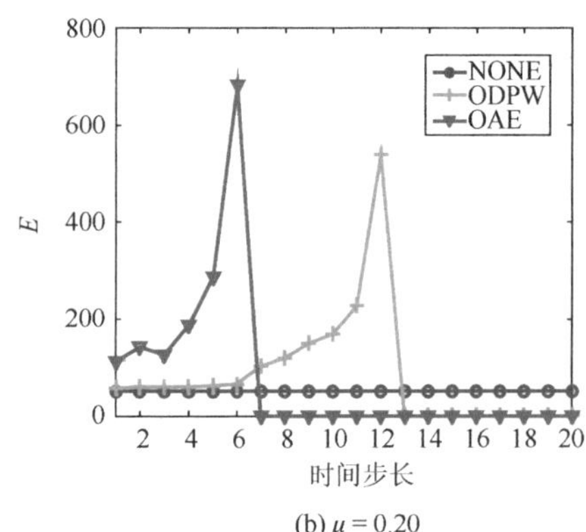

(b) $\mu = 0.20$

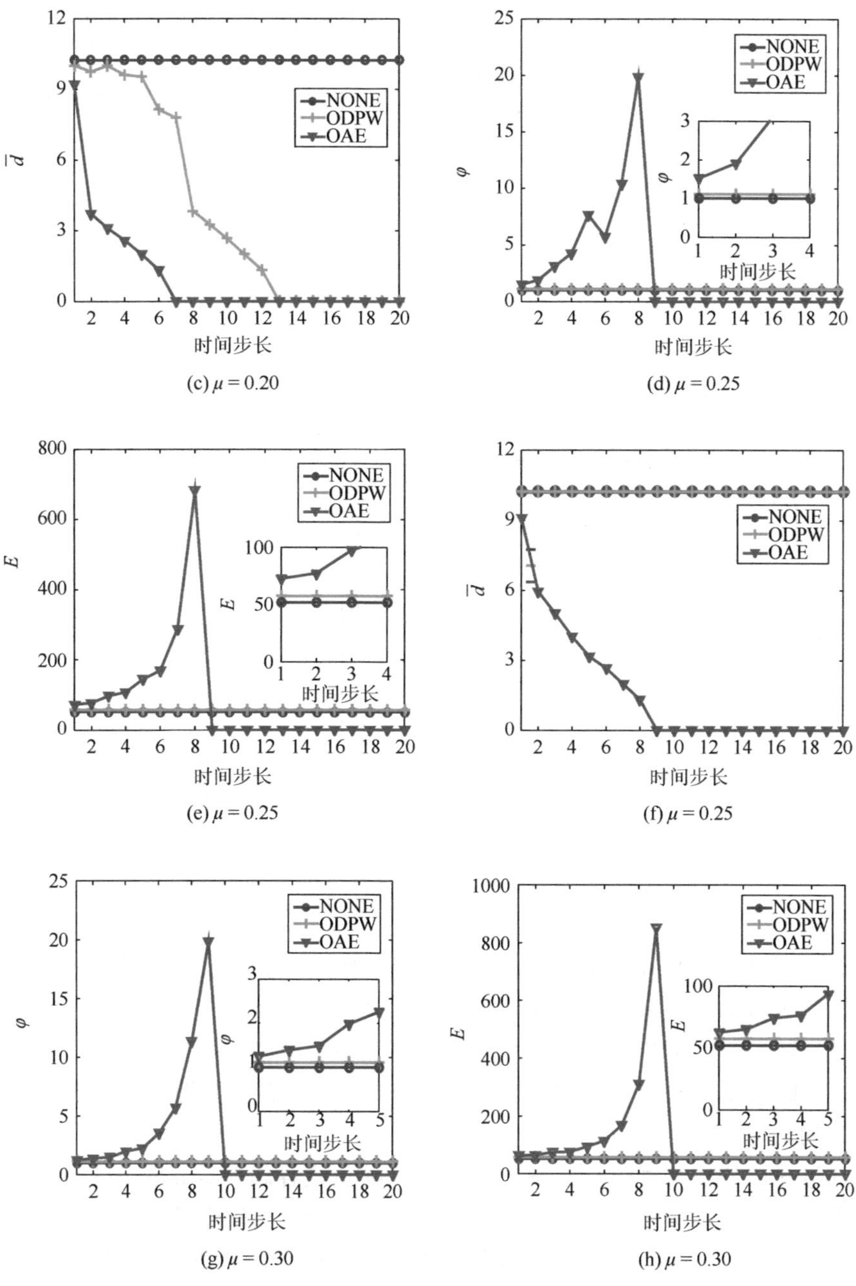
NONE
ODPW
OAE
时间步长
(c) $\mu = 0.20$
(d) $\mu = 0.25$
(e) $\mu = 0.25$
(f) $\mu = 0.25$
(g) $\mu = 0.30$
(h) $\mu = 0.30$

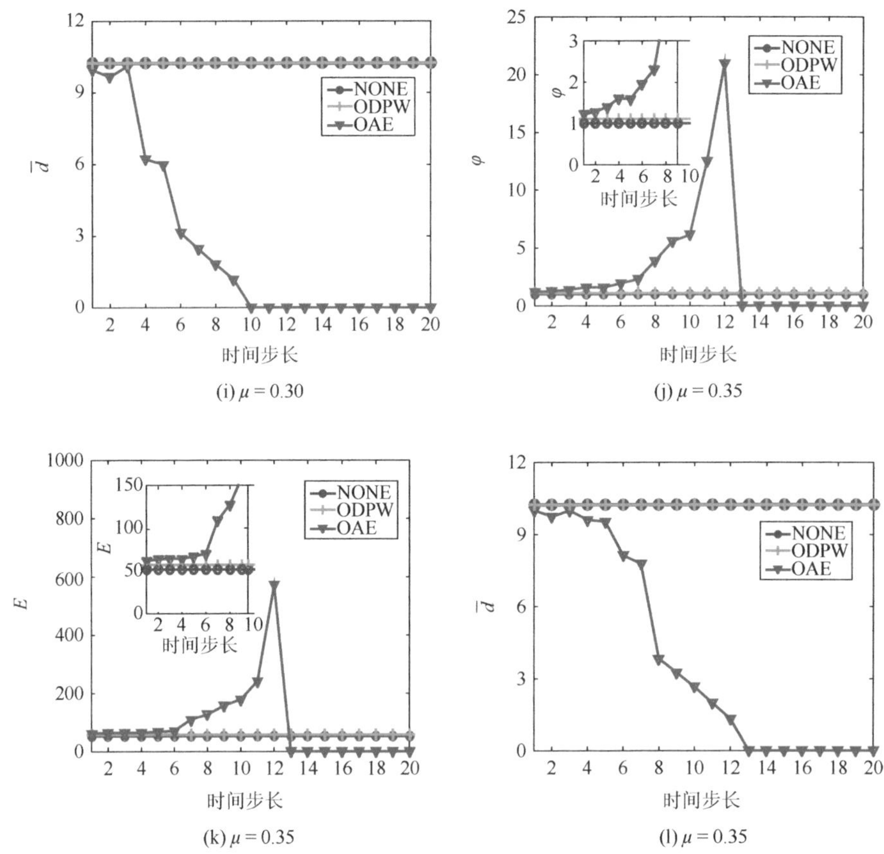

(i) $\mu = 0.30$　　(j) $\mu = 0.35$　　(k) $\mu = 0.35$　　(l) $\mu = 0.35$

图 6.5　车辆动态限行下西安 RTN 级联失效的演变

并且这种级联失效故障是连续的。网络受到轻微的干扰引发少数节点因过载而失效，这些少数节点失效造成客流转移，局部负载重分配进而引发邻接节点因过载而失效。随着时间的推移，整个网络的拥挤度逐渐增加，乘客对乘车环境满意度降低，同时极易引发安全事故。最终网络全局失效，客流变为 0，失去了 RTN 运输乘客的功能。

通过对比分析每种限行情景下 φ、E、$\bar{d}$ 随负载容忍参数 μ 的变化发现，对私家车不限行时城市 RTN 呈现稳定状态。实施 ODPW 限行政策时，随着负载容忍参数的增加，虽然 RTN 的平均拥挤度和客流强度变高，但是趋于稳定状态。实施 OAE 限行政策时，虽然随着负载容忍参数的增加各指标收敛时间增长，但是各评价指标依然变为零，即整个 RTN 面临崩溃状态（表 6.5）。模拟结果与实际状况相符，如 2019 年 1 月 3 日实施 OAE 限行政策，整个 RTN 出现故障，各个站点拥挤度过高，乘客不能在有效的时间内乘车，整个 RTN 呈现崩溃状态。

对于两种限行政策下负载容忍参数取值 0.20 时绘制的 φ、E 图像。整体趋势为初始阶段 φ、E 增加缓慢，随着循环时间的增加，失效节点增多，φ、E 增长速度变快，交通网络越来越脆弱。对比分析两种限行政策下各个图像，发现 OAE 限行政策下各图像曲线比 ODPW 限行政策下的各图像曲线变化更为明显，变化速度更快。负载容忍参数取 0.25、0.30、0.35 时，只有 OAE 限行政策才会引起节点失效。对于 OAE 限行政策下的 φ、E 图像，整体趋势变化呈现初始阶段变化相对缓慢，随着时间的推移，失效节点越来越多，φ、E 图像曲线增长速度加快。但是当拥挤度过高的节点失效时，会造成图像短暂下降，正如图 6.5（d）的时间步长 6。对于各个负载容忍参数下的图像，随着仿真时间的增加，失效节点越来越多，整体呈现下降趋势。当换乘站失效，造成网络最短路径增加时，正如图 6.5（i）的时间步长 3 和图 6.5（l）的时间步长 3。

表 6.5　RTN 级联故障特征值

序号	变量 μ 取值	限行政策	收敛时间	φ	E	$\bar{d}$
1	0.20	NONE	0	1	50.00	10.23
2		ODPW	13	0.00	0.00	0.00
3		OAE	7	0.00	0.00	0.00
4	0.25	NONE	0	1	50.00	10.23
5		ODPW	0	1.11	57.29	10.23
6		OAE	9	0.00	0.00	0.00
7	0.30	NONE	0	1	50.00	10.23
8		ODPW	0	1.11	57.29	10.23
9		OAE	10	0.00	0.00	0.00
10	0.35	NONE	0	1	50.00	10.23
11		ODPW	0	1.11	57.29	10.23
12		OAE	13	0.00	0.00	0.00

表 6.6　RTN 级联失效节点的捕捉

限行政策	序号	变量 μ 取值	初始失效节点数量	初始失效节点
ODPW	1	0.20	2	33，59
	2	0.25	0	无
	3	0.30	0	无
	4	0.35	0	无

续表

限行政策	序号	变量 μ 取值	初始失效节点数量	初始失效节点
OAE	1	0.20	23	8，11～19，22，23，29，33，34，38，50，51，55～59
	2	0.25	12	11，12，15～18，22 33，39，58～60
	3	0.30	3	17，33，59
	4	0.35	2	33，59

根据表 6.6 显示的各限行政策下失效节点数量，可以看出 OAE 比 ODPW 对 RTN 造成的冲击更为严重。根据表 6.6 可知，ODPW 会增加 RTN 的客流量、增加整个网络的平均拥挤度，但是不会导致整个网络负载过高。相比较而言，OAE 容易引起网络节点失效，造成整个 RTN 拥挤度过高，网络过载，如图 6.5 的模拟结果所示。这种 RTN 拥挤度过高、客流强度过高的现象不仅会造成图 6.5 所显示的级联失效故障，更容易引发踩踏等安全事故。因此必须找出容易失效进而引发整个网络级联故障的节点，并采取措施防止其因过载而失效。表 6.6 显示了各限行政策下容易引发网络失效的节点。

根据表 6.5 和表 6.6 可知，OAE 对城市轨道交通的冲击较为严重，因此对 OAE 下 RTN 进行仿真（结果见图 6.6）。图 6.6 是根据表 6.6 所设定的第 3、6、9、12 这四种情景的模拟结果，依据式（4.25）～式（4.33）模拟西安三条轨道线的级联失效过程，接着使用式（6.1）～式（6.6）分析评价本书研究区域中 RTN 的脆弱性仿真分析的结果。图 6.6（a）～（c）分别代表 φ、E、$\overline{d}$ 三个评价指标。由图 6.6 可知，随着负载容忍参数的增加，各评价指标的收敛时间增长。同时随着负载容忍参数的增加 φ、E 的初始值减小，$\overline{d}$ 的初始值增加，这表明初始失效的节点减少，正如表 6.5 所示的随着负载容忍参数的增加初始失效节点数量减少。此外，随着负载容忍参数 μ 的增加，φ、E 增加的速度减缓。这表明适当增加网络的容量，或者减少某一时刻的负载，可以减小整个 RTN 网络的脆弱性从而保证 RTN 的有效运行。

从图 6.6 的仿真结果可以看出，当固定参数 α 和 β 时，负载容忍参数 μ 越小，网络的脆弱性越强，μ 越大网络收敛时间越长，即网络崩溃的时间越长。同时，随着负载容忍参数 μ 的增大，网络的平均拥挤度、客流强度增长得越缓慢。图 6.6（a）随循环次数的增大网络的平均拥挤度越来越大，但是在最后某个点降为 0，说明在这一时刻所有节点全部失效，整个网络崩溃。其中，$\mu = 0.25$ 时存在高拥挤度的节点失效致使第 6 次的循环结果降低。

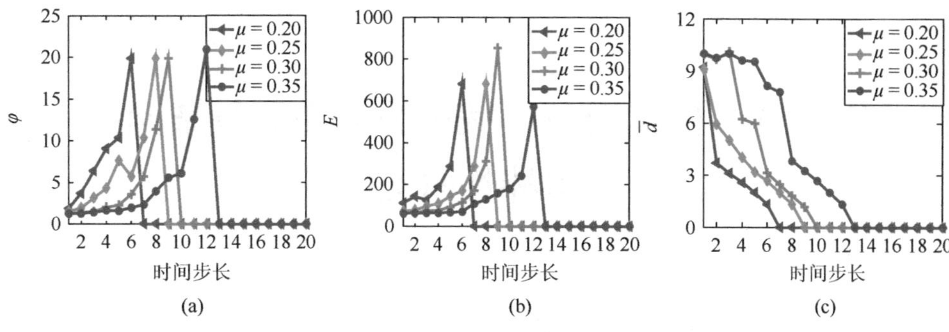

图 6.6　不同 μ 下 OAE 限行政策级联失效的演变

图 6.6（b）表示网络的平均客流强度，随循环次数增大，网络的平均客流强度逐渐增大，最后节点全部失效，网络平均客流强度变为 0。图 6.6（c）表示网络的平均路径长度，在 μ 为 0.30 和 0.35 时，在第 3 次循环时，存在换乘站失效，导致网络平均路径长度增大。随着失效节点的增多，网络平均路径长度逐渐变小，直到所有节点全部失效，网络平均路径长度变为 0。根据不同负载容忍参数下各个指标的变化趋势可以得出，增加节点的容量可以缓解城市轨道交通系统的级联失效，降低网络的脆弱性。

6.5　本 章 小 结

本章针对重度雾霾天气下不同的车辆限行政策，分析城市轨道交通网络的脆弱性。首先，梳理了车辆动态限行政策和实施动机，发现车辆限行政策分为两种，即 ODPW 和 OAE，ODPW 限行政策根据车辆尾号限行，即限制 20%的车辆出行；OAE 限行政策根据单双号限行，即限制 50%的车辆出行。其次，开展车辆动态限行下城市轨道交通网络脆弱性评价，重点研究了车辆动态限行对城市居民出行的影响和对城市轨道交通网络系统的影响。然后，对脆弱性的定义和评价指标进行梳理与总结，复杂网络脆弱性评价指标主要分为两方面，分别是网络连通脆弱性和网络效率脆弱性，综合文献梳理情况提炼极端天气下城市轨道交通网络的脆弱性评价指标。最后，以西安市城市轨道交通网络为例开展实证分析。在实证分析中，基于负载容量模型构建城市轨道交通网络级联失效模型，并阐述车辆动态限行政策下的客流转移规则。然后，从网络结构和客运功能维度构建了城市轨道交通网络的脆弱性评价指标体系。分析车辆动态限行下西安市轨道交通网络的脆弱性，得出以下结论：①随着时间的推移整个网络的拥挤度逐渐增加，乘客对乘车环境满意度降低，同时极易引发安全事故；②适当增加网络的容量，或者减少某一时刻的负载，可以减小整个 RTN 网络的脆弱性从而保证 RTN 的有效运行；③根据不同负载容忍参数下各个指标的变化趋势可以得出，增加节点的容量可以缓解城市轨道交通系统的级联失效，降低网络的脆弱性。

第 7 章 极端天气下城市公共交通复杂网络鲁棒性研究

暴雨、雾霾等极端天气对城市公共交通复杂网络的脆弱性有重要影响。此外，其他类型的极端天气、各类突发事件也会对城市公共交通复杂网络的运行产生影响。基于此，本章将极端天气等抽象为城市常规公交-轨道交通复杂网络的节点攻击模式，构建基于非线性负载-容量模型的常规公交-轨道交通复杂网络级联失效模型，从网络结构和客运功能两个维度分析该网络在不同攻击模式下的鲁棒性，并识别出网络中的关键节点，提出常规公交-轨道交通复杂网络的鲁棒性提升策略。

7.1 极端天气下城市公交-轨道交通复杂网络鲁棒性测度指标

网络拓扑结构特征值大小的变化可以揭示网络结构的变化程度，因此网络拓扑结构特征值也被广泛应用于交通网络鲁棒性评价的研究[232]。在众多的复杂网络拓扑结构特征值中，平均路径长度（average path length，APL）、最大连通子图的相对大小（relative size graph connected，RSGC）、全网效率（global network efficiency，GNE）三个特征值在交通网络鲁棒性评价中应用最为广泛[233-235]。因此，本书选取这三个特征值作为常规公交-轨道交通复杂网络的结构鲁棒性指标。选取网络级联失效造成的客流损失率作为反映常规公交-轨道交通复杂网络客运功能变化的功能鲁棒性指标。

1. 平均路径长度（APL）

常规公交-轨道交通复杂网络的 APL 是任意节点对之间最短路径（两节点之间最短路径上包含的边的数量）的平均值。平均路径长度反映了节点之间的紧密程度，平均路径长度越小，节点之间的联系越紧密。当常规公交-轨道交通复杂网络中的节点受到攻击时，引发网络中大规模的级联失效，网络结构发生改变，网络的平均路径长度相应地发生改变。d_{ij} 为节点 v_i 和 v_j 之间的最短路径长度，N 为常规公交-轨道交通复杂网络中的节点总数，APL 的计算方式如下：

$$\mathrm{APL}=\frac{2\sum_{i\leqslant j}d_{ij}}{N(N-1)} \tag{7.1}$$

其中，当 $i=j$ 时，$d_{ij}=0$。

2. 最大连通子图的相对大小（RSGC）

N' 为最大连通子图中的节点数，N 为常规公交-轨道交通复杂网络的网络节点总数，RSGC 的计算方式如下：

$$\mathrm{RSGC}=\frac{N'}{N} \tag{7.2}$$

从常规公交-轨道交通复杂网络 RSGC 指标值的变化可以看出网络在遭到攻击时，整个网络结构变化的剧烈程度。如果一次攻击结束后，常规公交-轨道交通复杂网络 RSGC 的值变化很小，说明该次攻击并没有造成网络结构较大的改变。相反的，如果一次攻击结束后，网络 RSGC 的值发生大幅度的改变，说明该次攻击引发网络结构大范围的变化，网络的整体连通性变差。

3. 全网效率（GNE）

常规公交-轨道交通复杂网络中节点效率用节点之间距离 d_{ij} 的倒数表示。全网效率越高，表明网络连通性越好，节点间的聚集程度越高。d_{ij} 为节点 v_i 和 v_j 之间的最短路径长度，N 为常规公交-轨道交通复杂网络中的节点总数。GNE 的计算方式如下：

$$\mathrm{GNE}=\frac{1}{N(N-1)}\sum_{i\neq j}\frac{1}{d_{ij}} \tag{7.3}$$

常规公交-轨道交通复杂网络的 GNE 是一个全局性的指标值，它的变化表征常规公交-轨道交通复杂网络经历节点攻击之后，网络结构整体连通性的变化。虽然 APL 和 GNE 指标值的计算都是基于节点之间的最短路径长度。常规公交-轨道交通复杂网络在受到攻击后，如果网络分裂成多个小的连通子图，那么 APL 计算的是网络中最大连通子图的平均路径长度，更多地反映网络局部的变化程度，GNE 仍然计算的是全网的效率，是全局性的指标值。

4. 客流损失率（R）

R_0 为初始客流量，R' 为网络在受到攻击发生级联失效至稳定状态时的客流总量，客流损失率 R 的计算方式如下：

$$R=\frac{R_0-R'}{R_0} \tag{7.4}$$

从客流损失率 R 的定义可以看到，R 也是一个全局性的指标。R 反映常规公交-轨道交通复杂网络遭受攻击后，网络结构改变的同时，整个网络中的客流总体的变化情况。

7.2 西安城区常规公交-轨道交通复杂网络鲁棒性分析

7.2.1 西安城区常规公交-轨道交通系统

1. 西安轨道交通系统

西安作为一个特大型城市，截至 2020 年底，共开通八条轨道交通线，包括一条从北客站（北广场）到咸阳机场的机场线。其中，西安轨道交通 5 号线、6 号线一期和 9 号线于 2020 年 12 月 28 日开通运营。考虑到研究期内的客流数据获取，本书仅研究西安轨道交通 1 号线、2 号线、3 号线和 4 号线。

2. 西安公共交通系统

截至 2020 年 12 月，根据百度地图信息，经统计，西安市（包括西咸新区）共有 515 条常规公交线路，4037 个常规公交站点。西安常规公交线路较为集中，边远的县区，还没有形成较为完善的常规公交线网。

对西安常规公交线网进行核密度分析，发现西安常规公交线网分布呈现中心聚集性。常规公交线路集中分布在长安区、灞桥区、雁塔区、碑林区、新城区、莲湖区和未央区七个城区。综合考虑西安常规公交线路的分布特点和数据的可获取性，将上述七个城区作为研究区域，构建西安城区常规公交-轨道交通复杂网络，并分析该网络的鲁棒性。

3. 西安城区常规公交-轨道交通复杂网络

依据前面所述的常规公交-轨道交通复杂网络构建规则，构建研究区域内的西安城区常规公交-轨道交通复杂网络。

基于百度地图获取了西安市的常规公交、轨道交通线路和站点数据。借助 ArcGIS 软件的空间联合分析工具获得经过研究区域的常规公交、轨道交通线路和站点。研究区域内共有 430 条常规公交线路，2579 个常规公交站点；4 条轨道交通线路，92 个站点。运用 ArcGIS 进行缓冲区分析，距离设置为 200m，得到了各个轨道交通站点 200m 范围内的常规公交站点信息。将 200m 范围内的轨道交通站点与常规公交站点相连，形成关联线路，共构建了 82 条关联线路。按照常规公交-轨道交通复杂网络的构建规则，最终形成了西安城区常规公交-轨道交通复杂网络。

构建的西安城区常规公交-轨道交通复杂网络共有 2671 个节点。计算西安城区常规公交-轨道交通复杂网络的各个网络拓扑结构特征值，统计如表 7.1 所示。

表 7.1　西安城区常规公交-轨道交通复杂网络特征值

平均节点度	聚类系数	APL	RSGC	GNE
2.8	0.0866	18.1348	0.994	0.0688

西安城区常规公交-轨道交通复杂网络的节点度最小为 0，这是由于部分线路只有一个站点经过研究区域；节点度最大为 12。网络平均节点度为 2.8，即每个站点平均与 2～3 个站点直接相连。聚类系数[232]为 0.0866，网络的聚类系数较小。RSGC 为 0.994。以最大连通子图作为输入参数，计算得到网络的 APL 为 18.1348，表明任意两个站点之间要经过 18～19 个站点，网络节点之间的联系紧密程度较差。此外，GNE 等于 0.0688，反映出西安城区常规公交-轨道交通复杂网络的连通性能不太好。

为了分析西安城区常规公交-轨道交通复杂网络的结构特性，对网络的节点度分布进行拟合，结果如图 7.1 所示。

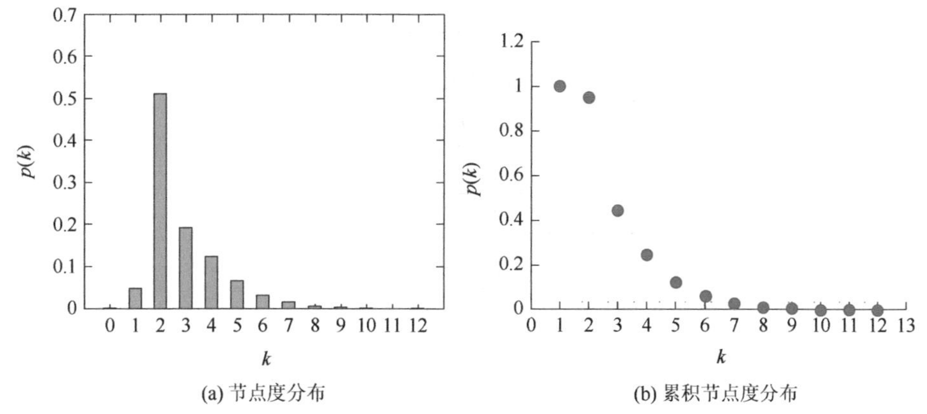

(a) 节点度分布　　(b) 累积节点度分布

图 7.1　西安城区常规公交-轨道交通复杂网络节点度分布

随机网络的节点度近似服从泊松分布，无标度网络中的节点度遵循一个“长尾”的幂律分布。从图 7.1 可以看出，西安城区常规公交-轨道交通复杂网络的节点度不满足泊松分布，也不满足幂律分布。西安城区常规公交-轨道交通复杂网络是一个介于随机网络和无标度网络之间的网络。

7.2.2　容量调整参数对西安城区常规公交-轨道交通复杂网络级联失效的影响

当西安城区常规公交-轨道交通复杂网络中的某节点失效，失效节点的负载会转移到邻近节点，当负载超过节点的容量时，会导致级联失效的发生。换言之，网络是否会发生级联失效与网络节点的容量有重大关系。比如，在极端情况下，网络节点容量无限大，那么不管客流如何转移，都不会发生级联失效。但在现实生活中，常规公交、轨道交通站点的容量是有限的。在交通网络中，节点的失效极易导致网络发生级联失效。

将节点的初始负载进行归一化处理，把节点初始负载映射到 0.1～0.9。由非线性负载容量模型可知，网络节点的容量主要受到容量参数 α 和 β 的影响。

由于高负载集中在高度连接的节点上，度值较大的节点发生失效对整个网络的影响更大。因此，基于最大节点度蓄意攻击策略，首先分析容量调整参数 α 和 β 对西安城区常规公交-轨道交通复杂网络级联失效过程的影响。单次攻击算法流程图如图 7.2 所示。

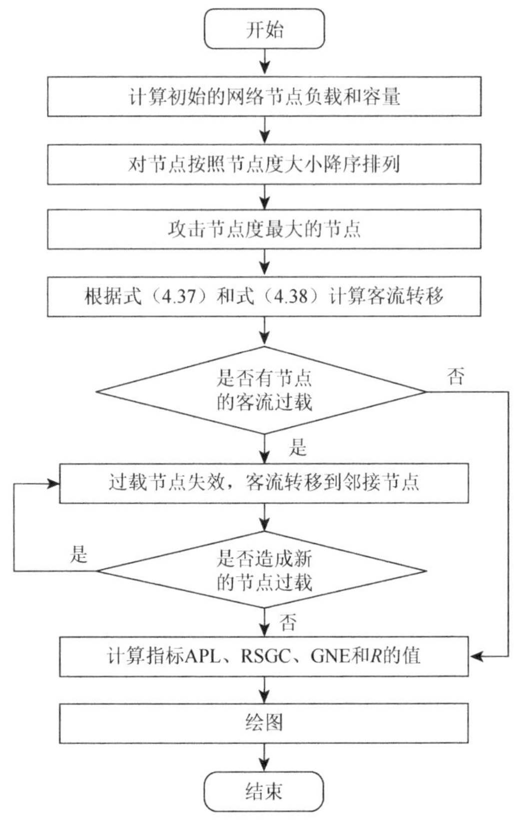

图 7.2　单次攻击算法流程图

1. 容量调整参数 β 对网络级联失效的影响

节点度最大的节点失效对整个网络的影响比较大，在构建的西安城区常规公交-轨道交通复杂网络中，大雁塔北广场公交站的节点度最大，节点度为 12，即大雁塔北广场公交站点与其他 12 个站点直接相连。通过攻击大雁塔北广场公交站点对应的网络节点（ID 为 123，下称“节点 123 号”），分析网络级联失效过程与参数 α 和 β 之间的数量关系。首先以 β 的取值为横坐标，对应 5 个不同的 α 值时，根据网络各鲁棒性指标的变化情况作图，结果如图 7.3 所示。β 的取值范围为 0.01～0.2，以 0.01 为步长；α 分别取 0.1，0.3，0.5，0.7 和 0.9。

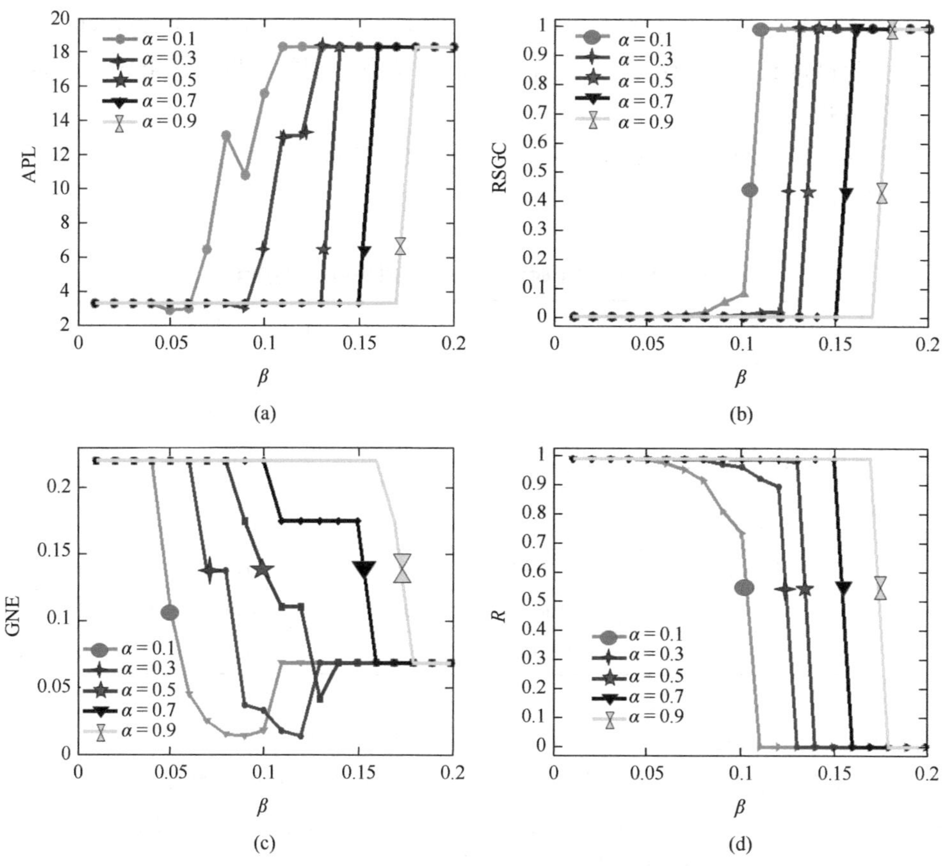

图 7.3　容量调整参数 β 对级联失效过程的影响

图 7.3 以容量调整参数 β 为横坐标，探究不同 α 取值下的西安城区常规公交-轨道交通复杂网络级联失效情况。在 α 固定的情况下，节点容量随 β 的增大

而增大。由于节点容量是区间 0～1 的值，因此 β 固定的情况下，节点容量随 α 的减小而增大。图 7.3（a）显示了 APL 的变化情况。APL 的值越接近网络初始平均路径长度，说明节点 123 号受到攻击后引发的级联失效规模较小；APL 的值较小时，说明节点 123 号受到攻击造成了故障大范围的蔓延，网络结构受损严重。图 7.3（b）显示了 RSGC 的变化情况。当节点 123 号受到攻击时，RSGC 取最小值 0.0034 时，代表网络结构受损严重；RSGC 取最大值 0.9936 时，说明节点 123 号失效仅造成了网络中其他小部分节点的失效，网络结构较为稳定。图 7.3（c）显示了网络 GNE 的变化情况。在节点 123 号受到攻击的情况下，GNE 的值较大时，表示网络发生了大范围的级联失效；GNE 值接近网络初始 GNE 的值 0.068 时，说明节点 123 号失效仅造成了较小范围的级联失效。图 7.3（d）显示了客流损失率 R 的变化情况。攻击节点 123 号，当 R 的值为 0.9967 时，代表大范围的级联失效；当 R 值较小时，说明小范围的级联失效并没有造成较大的客流损失。

以 $\alpha=0.1$ 为例，将各指标值随参数 β 变化的情况进行统计汇总，具体数值如表 7.2 所示。

表 7.2　$\alpha=0.1$ 时，参数 β 对级联失效的响应值

参数取值		APL	RSGC	GNE	R
$\alpha=0.1$	$0.01\leqslant\beta\leqslant0.04$	3.3333	0.0034	0.2193	0.9967
	$\beta=0.05$	2.8889	0.0034	0.1078	0.9929
	$\beta=0.06$	2.9818	0.0041	0.0450	0.9821
	$\beta=0.07$	6.4523	0.0097	0.0243	0.9601
	$\beta=0.08$	13.1276	0.0183	0.0148	0.9229
	$\beta=0.09$	10.7855	0.0517	0.0132	0.8191
	$\beta=0.1$	15.6022	0.0827	0.0174	0.7411
	$0.11\leqslant\beta\leqslant0.2$	18.3354	0.9936	0.0681	0.0004

从表 7.2 可以看出，在 $\alpha=0.1$ 时，有以下 8 种情况。

（1）$0.01\leqslant\beta\leqslant0.04$：攻击节点 123 号，西安城区常规公交-轨道交通复杂网络级联失效终止时，最大连通子图的 APL 为 3.3333，RSGC 为 0.0034，GNE 为 0.2193，R 为 0.9967。节点 123 号失效引发了大范围的级联失效，级联失效终止时，网络中仅剩 14 个正常节点，最大连通子图是一个包含 9 个节点的网络。

（2）$\beta=0.05$：攻击节点 123 号引发西安城区常规公交-轨道交通复杂网络发生大范围的级联失效。级联失效终止时，网络中仅剩 28 个正常节点，最大连通子图的节点数为 9。此时网络的 APL 为 2.8889，RSGC 为 0.0034，GNE 为 0.1078，

R 为 0.9929。此种情况下，虽然最终网络中最大连通子图的规模与情况（1）下是一样的，但最大连通子图中节点之间的联系紧密程度和整个网络的效率是不相同的。

（3）$\beta=0.06$：西安城区常规公交-轨道交通复杂网络的节点容量在上述两种情况的基础上继续增大。攻击节点 123 号造成的级联失效范围有微小的改善。级联失效终止时，网络中剩余 63 个正常节点，最大连通子图中的节点数量为 11。此时网络的 APL 为 2.9818，RSGC 为 0.0041，GNE 为 0.0450，R 为 0.9821。

（4）$\beta=0.07$：西安城区常规公交-轨道交通复杂网络的节点容量继续增大，节点 123 号失效造成的级联失效影响范围持续改善。网络级联失效终止时，网络中还有 138 个正常节点，最大连通子图的规模增大，包含 26 个节点。此时网络的 APL 为 6.4523，RSGC 为 0.0097，GNE 为 0.0243，R 为 0.9601。最大连通子图的规模虽然有所增加，但节点之间的联系紧密程度并不高。

（5）$\beta=0.08$：西安城区常规公交-轨道交通复杂网络的节点容量在情况（4）的基础上继续增大。网络级联失效终止时，网络中共有 271 个正常节点，最大连通子图为包含 49 个节点的网络。此时，网络的 APL 为 13.1276，RSGC 为 0.0183，GNE 为 0.0148，R 为 0.9229。从 APL 的值可以看出，虽然级联失效终止时，网络中剩余的正常节点数量在不断增加，最大连通子图的规模也不断加大，但网络节点之间的联系紧密性在不断下降。

（6）$\beta=0.09$：攻击节点 123 号造成的失效节点数量更少了。最终网络中还有 613 个正常节点，网络 RSGC 的值增大到 0.0517，APL 为 10.7855，网络最大连通子图中节点之间联系紧密性有所上升。GNE 为 0.0132，R 为 0.8191。

（7）$\beta=0.1$：西安城区常规公交-轨道交通复杂网络的节点容量不断增大，攻击节点 123 号引发网络中级联失效的规模在不断减小。与情况 6 相比，级联失效终止时，网络中剩余正常节点的数量更多了，有 860 个正常节点。RSGC 的值增加到 0.0827，APL 为 15.6022，GNE 为 0.0174，R 为 0.7411。

（8）$0.11\leqslant\beta\leqslant0.2$：在 β 的这个范围内，虽然西安城区常规公交-轨道交通复杂网络的节点容量是不断增大的，但攻击节点 123 号引发网络中级联失效的规模是一样的。与上述七种情况相比，此种情况下，节点 123 号的失效并没有造成大范围的级联失效。级联失效终止时，网络中剩余正常节点的数量为 2668 个，去除两个孤立节点，说明攻击节点 123 号只造成该节点失效。此时，网络的 APL、RSGC 和 GNE 的值与网络初始值接近，R 为 0.0004。

从表 7.2 可以看出，固定$\alpha=0.1$ 的情况下，随着β 的不断增大，节点 123 号失效造成的级联失效规模不断减小。β 增大到 0.11 之后，攻击节点 123 号并不会引发级联失效，此时网络节点的容量足够大。在β 等于 0.01 时，节点 123 号的失效却造成了很大范围的级联失效，一个节点的失效引发网络中近 2000 个节点失效。换言之，在这个 0.01 的范围内，西安城区常规公交-轨道交通复杂网络级联失效的规模从仅有一个节点失效增大到近 2000 个节点失效。说明，$\alpha=0.1$ 时，通过增加较小幅度的β值可以显著提高网络抵御级联失效的能力。

图 7.3 中，$\alpha=0.3$ 时，情况也基本相同。而 α 取 0.5、0.7 和 0.9 时，更加直观，西安城区常规公交-轨道交通复杂网络的 APL、RSGC、GNE 和 R 的指标值都在 0.01 的 β 范围内发生了大幅度的改变，对应网络级联失效的规模从很大到很小。总之，在固定 α 的情况下，较小幅度地调整 β 的取值，就可以显著提升西安城区常规公交-轨道交通复杂网络抵御级联失效的能力。

2. 容量调整参数α对网络级联失效的影响

以 α 的取值为横坐标，对应 5 个不同的 β 值时，攻击节点 123 号，记录级联失效终止时，西安城区常规公交-轨道交通复杂网络各鲁棒性指标的值。依据网络各鲁棒性指标的变化情况作图，结果如图 7.4 所示。α 的取值范围为 0.05～0.81，以 0.04 为步长；β 分别取 0.11，0.12，0.13，0.14 和 0.15。

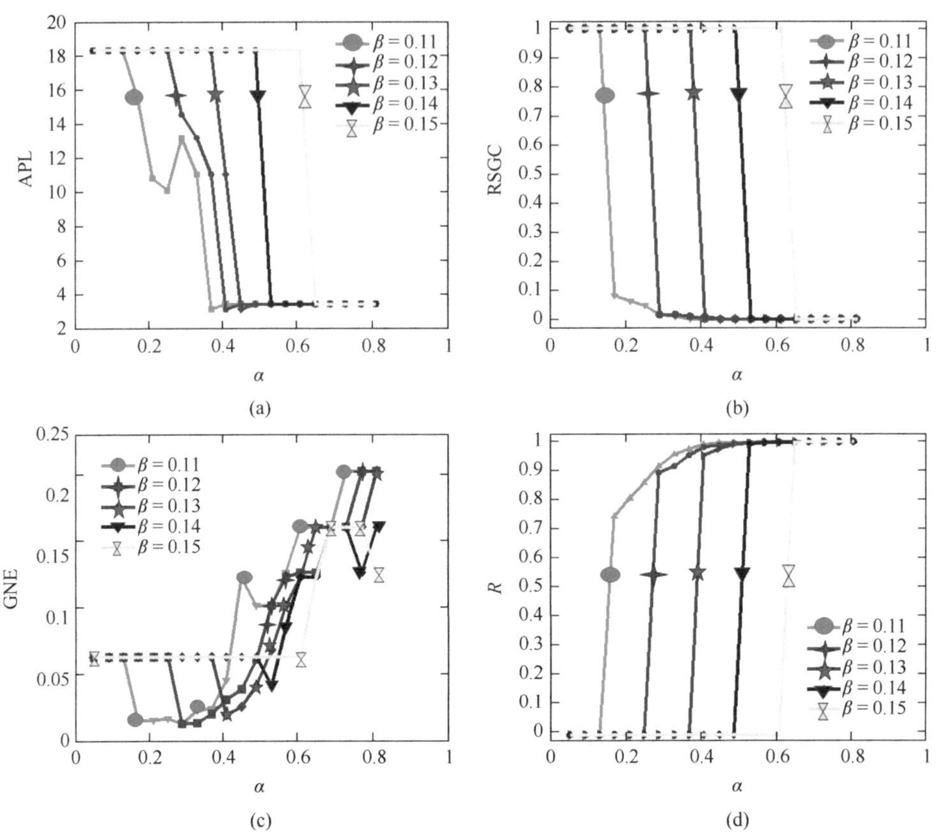

图 7.4　容量调整参数α对级联失效过程的影响

图 7.4 以容量调整参数α为横坐标，探究不同 β 取值下的西安城区常规公交-轨道交通复杂网络级联失效情况。在 β 固定的情况下，由于节点容量是 0～1 的值，因此节点容量随α的增大而减小。图 7.4（a）显示了 APL 的变化情况。APL 与网络初始平均路径长度越接近，节点 123 号受到攻击后引发的级联失效规模越小；APL 较小时，说明节点 123 号受到攻击造成了故障大范围的蔓延，网络结构受损严重。图 7.4（b）显示了 RSGC 的变化情况。当节点 123 号受到攻击时，RSGC 的值越小，代表网络结构受损越严重；RSGC 取最大值时，说明节点 123 号失效仅造成了网络中其他少部分节点失效，网络结构较为稳定。图 7.4（c）显示了 GNE 的变化情况。在节点 123 号受到攻击的情况下，GNE 值较大时，表示网络结构受损严重；GNE 值接近网络初始 GNE 值时，说明节点 123 号失效仅造成了较小范围的级联失效。图 7.4（d）显示了 R 的变化情况。攻击节点 123 号，当 R 的值为 1 时，说明网络全局崩溃，网络结构不复存在；当 R 值较小时，说明小范围的级联失效并没有造成较大的客流损失。

为了简化分析，以 $\beta = 0.15$ 为例，将各指标值随参数 α 变化的情况进行统计汇总，具体数值如表 7.3 所示。

表 7.3　β=0.15 时，参数 α 对级联失效的影响

参数取值	APL	RSGC	GNE	R
$0.05 \leqslant \alpha \leqslant 0.61$	18.3354	0.9936	0.0681	0.0004
$\alpha = 0.65$	3.3333	0.0034	0.1331	0.9951
$0.69 \leqslant \alpha \leqslant 0.77$	3.3333	0.0034	0.1747	0.9961
$\alpha = 0.81$	3.3333	0.0034	0.1372	0.9953

从表 7.3 可以看出，在 $\beta = 0.15$ 时，有以下四种情况。

（1）$0.05 \leqslant \alpha \leqslant 0.61$：西安城区常规公交-轨道交通复杂网络在节点 123 号受到攻击后，级联失效终止时，网络的平均路径长度 APL 为 18.3354，接近初始的网络 APL。此时，RSGC 为 0.9936，GNE 为 0.0681，R 为 0.0004。网络 APL、RSGC 和 GNE 的值都接近初始值。节点 123 号受到攻击并没有引发大规模的级联失效，网络中还有 2688 个正常节点，网络中只有节点 123 号失效。说明 $\beta = 0.15$、$0.05 \leqslant \alpha \leqslant 0.61$ 的情况下，西安城区常规公交-轨道交通复杂网络的节点容量足够大，能够抵御一次最大节点度蓄意攻击。

（2）$\alpha = 0.65$：西安城区常规公交-轨道交通复杂网络的节点容量在上述情况的基础上有所减小。攻击节点 123 号引发网络中大规模的级联失效。级联失效终止时，网络中剩余一小部分节点相连，仅有 20 个正常节点，最大连通子图为一个包含 9 个节点的网络。此时，网络 APL 为 3.3333，对应的 RSGC 为 0.0034，GNE 为 0.1331，R 为 0.9951。

（3）$0.69 \leqslant \alpha \leqslant 0.77$：西安城区常规公交-轨道交通复杂网络的节点容量比 $\alpha = 0.65$ 时更小。在这个节点容量范围内，节点 123 号失效引发的大规模级联失效使得网络中绝大部分的节点失效。级联失效终止时，网络仅剩下 16 个正常节点，网络最大连通子图是一个包含 9 个节点的网络。此种情况下，网络 APL 为 3.3333，RSGC 为 0.0034，GNE 为 0.1747，R 为 0.9961。

（4）$\alpha = 0.81$：西安城区常规公交-轨道交通复杂网络的节点容量继续减小。虽然网络节点容量比 $0.69 \leqslant \alpha \leqslant 0.77$ 时更小，但节点 123 号失效造成的级联失效影响范围是一样的。此种情况下，网络级联失效终止时，网络 APL 为 3.3333，RSGC 为 0.0034。说明两种情况下，最终网络中的最大连通子图是完全相同的。GNE 为 0.1372，R 为 0.9953。GNE 和 R 的值与情况（3）下不完全相同。这是由于级联失效终止时，网络中剩余正常节点的数量不同。$\alpha = 0.81$ 时，级联失效终止时，网络中剩余 19 个正常节点。

从表 7.3 可以看出，固定 $\beta = 0.15$ 的情况下，随着 α 的不断增大，节点 123 号失效造成的级联失效规模不断增大。α 从 0.61 增大到 0.65，在 0.04 的 α 范围内，西安城区常规公交-轨道交通复杂网络在节点 123 号受到攻击后，引发的级联失效范围从仅一个节点失效到基本全网失效。说明 $\beta = 0.15$ 时，通过小幅度减小 α 可显著提高网络抵御级联失效的能力。

图 7.4 中，β 取其他值时，情况也是一样的。指标 RSGC 和 R 的变化趋势较为直观。在不同的 β 取值下，指标值均在某个 0.04 的 α 范围内，发生大幅度的变化，对应网络级联失效的规模从很小到极大。指标 APL 和 GNE 的变化幅度没有那么明显。随着 α 的不断增大，RSGC 的值不断减小，表示网络最大连通子图的规模在不断减小。最大连通子图的规模并不等同于网络平均路径长度的大小，所以 APL 的变化呈现出一定的波动，而不是直降。GNE 的大小与网络中最终剩余的正常节点数量和节点对之间的路径长度有关，因此表现出波动的变化趋势。

7.2.3　仿真情景设置

研究西安城区常规公交-轨道交通复杂网络在节点度攻击下的鲁棒性，通过参数控制方法设定相应的情景。针对四个鲁棒性指标，在分析每个指标时，设定两大类情景，分别是：①控制参数 α 固定不变，改变 β 的取值；②固定参数 β 不变，改变 α 的取值。

首先固定 α 的取值不变。依据上述研究结果，设定 $\alpha = 0.1$，调整参数 β 的取值分别为 0.15、0.18、0.21、0.24、0.27 和 0.30。其次，固定 β 的取值不变，设定 $\beta = 0.27$，调整参数 α 的取值分别为 0.15、0.25、0.35、0.45、0.55 和 0.65。具体的仿真情景参数设置如表 7.4 所示。

表 7.4　仿真情景设置

情景	α	β	研究目的
1	0.1	0.15	容量参数 β 对网络鲁棒性的影响
2	0.1	0.18	
3	0.1	0.21	
4	0.1	0.24	
5	0.1	0.27	
6	0.1	0.30	
7	0.15	0.27	容量参数 α 对网络鲁棒性的影响
8	0.25	0.27	
9	0.35	0.27	
10	0.45	0.27	
11	0.55	0.27	
12	0.65	0.27	

7.2.4　最大节点度蓄意攻击下西安城区常规公交-轨道交通复杂网络鲁棒性分析

根据表 7.4 的具体仿真情景参数，采用最大节点度蓄意攻击策略，进行仿真分析。具体的算法如图 7.5 所示。

1. 参数 β 对网络鲁棒性的影响

首先分析西安城区常规公交-轨道交通复杂网络在不同 β 取值下的网络鲁棒性表现。固定 $\alpha = 0.1$，β 分别取 0.15，0.18，0.21，0.24，0.27 和 0.30，对应仿真情景 1～情景 6，如表 7.4 所示。在最大节点度蓄意攻击下，每次攻击引发一轮级联失效，记录每轮级联失效终止时，网络 APL、RSGC、GNE 和 R 的值。横坐标设为时间步长，一个步长代表一次攻击，用记录的指标值绘制图形，结果如图 7.6 所示。

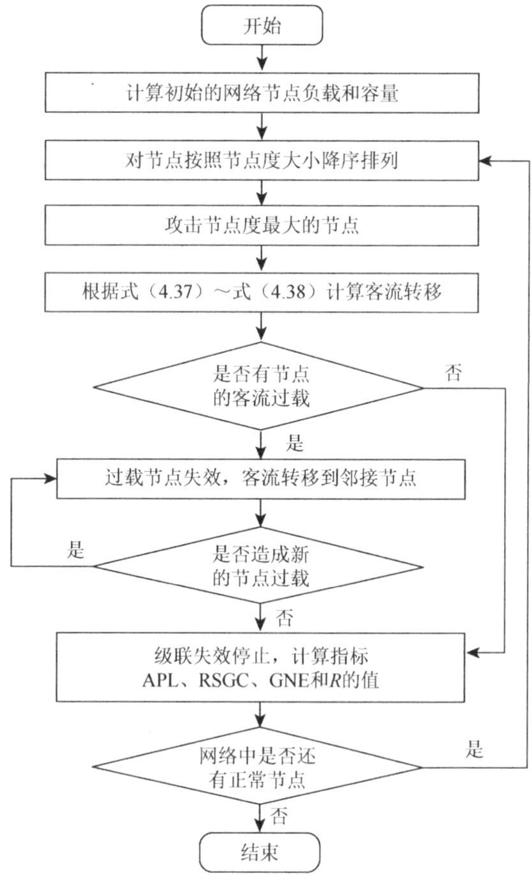

图 7.5　循环攻击算法流程图

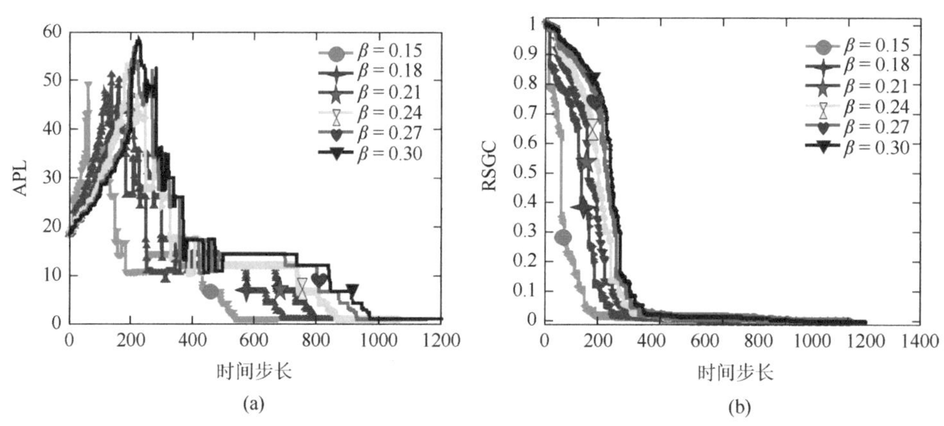

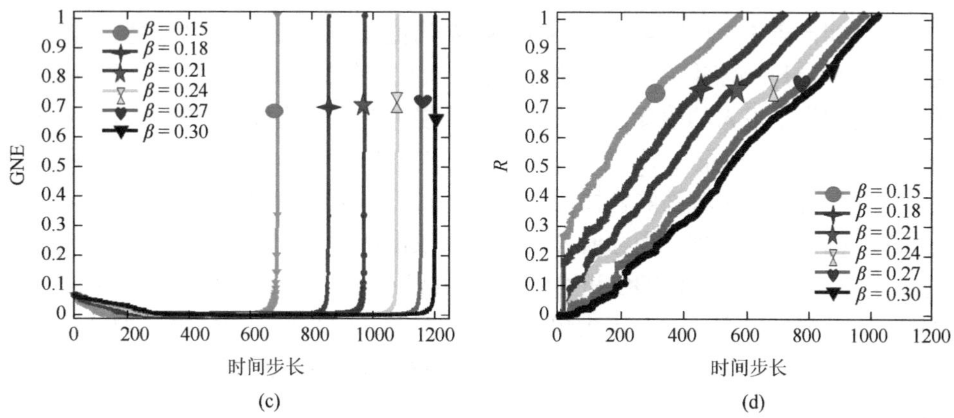

图 7.6　β 取值对各鲁棒性指标的影响情况（$\alpha = 0.1$）

图 7.6 是固定参数 $\alpha = 0.1$，调整参数 β 分别取 0.15，0.18，0.21，0.24，0.27 和 0.30 获得的结果，分别对应仿真情景 1～情景 6（见表 7.4）。在固定 α 取值的情况下，网络节点容量随 β 的增大而增大，图 7.6 展示了西安城区常规公交-轨道交通复杂网络在不同 β 下的网络鲁棒性表现。图 7.6（a）～（d）分别反映了鲁棒性指标的 APL、RSGC、GNE 和 R 的变化情况。

在图 7.6（a）中，随着攻击次数的增加，网络的平均路径长度先增加后降低，这与前人的研究结果相同[233, 234]。前期失效的节点度值较大，这些节点的失效消除了一些有助于网络互连的路径，因此网络的 APL 会增加。此后，度值较小的节点的失效，甚至一些末端节点的失效，会造成 APL 的迅速下降。图 7.6（b）中，随着攻击次数的增加，RSGC 不断减小，直到网络中没有相连的节点，RSGC 降为 0。图 7.6（c）中，网络不断受到攻击的过程中，GNE 呈现出先降低再增加的趋势。前期，网络的 GNE 较为接近初始的网络效率，随着一些高度连接节点的失效，网络 APL 的值增大，对应的，GNE 会下降；后期，网络 APL 的值不断下降，对应 GNE 不断上升，直到网络中只有两个节点相连，GNE 最终上升到 1。图 7.6（d）中，随着攻击次数的增加，失效节点数量不断增加，R 逐渐增加，直到网络完全崩溃，R 最终为 1。

图 7.6 记录了西安城区常规公交-轨道交通复杂网络完全崩溃前各个指标的值，最终网络 APL 为 1，RSGC 为 0.0007，GNE 为 1，R 为 0.9994。网络完全崩溃后，网络结构不复存在，因此 APL 的值为空，RSGC 的值为 0，GNE 的值为空，R 等于 1。

如果西安城区常规公交-轨道交通复杂网络在一次攻击后，引发大规模的级联失效，最终造成网络中大部分节点失效，那么在该种情景下，网络是脆弱的。从图 7.6（b）和图 7.6（d）可以看出，$\alpha = 0.1$ 的情况下，β 等于 0.15，0.18，0.21，

0.24 时，即情景 1～情景 4 下，RSGC 和 R 的值在前期某次攻击后发生了较大幅度的下降和上升。说明该次攻击造成网络中大规模的级联失效，级联失效终止时，网络结构发生了很大的改变，网络中的客流损失严重，这种现象称为结构突变。换言之，情景 1～情景 4 下，构建的西安城区常规公交-轨道交通复杂网络在应对攻击时并没有表现出较强的鲁棒性。而 β 为 0.27 和 0.30 时，即情景 5～情景 6 下，从图 7.6（d）可以看到，指标值 R 在 200 次攻击后出现了较为明显的改变，对应时间节点上网络 APL、RSGC 和 GNE 的值并没有很大幅度的改变。说明情景 5～情景 6 下，虽然存在引起客流大幅度改变的关键时间节点，但网络结构并没有发生很大的改变。因此，在情景 5～情景 6 下，网络应对级联失效的能力在情景 1～情景 4 有明显的改善。

为了更加直观地展示西安城区常规公交-轨道交通复杂网络在情景 1～情景 6 下应对攻击的鲁棒性表现：记录情景 1～情景 4 下，发生网络结构突变时，指标 APL、RSGC、GNE 和 R 的变化情况和突变发生的时间节点范围；情景 5～情景 6 下指标值 R 发生突变的时间节点和指标值变化情况；以及每种情景下攻击结束的时间步长。各情景下指标值的变化（ $\alpha=0.1$ ）如表 7.5 所示。

表 7.5　各情景下指标值的变化（ $\alpha=0.1$ ）

情景	突变时间	APL	RSGC	GNE	R	结束时间
1	$13\to14$	$19.8159\to24.7190$	$0.9835\to0.7814$	$0.0630\to0.0500$	$0.0059\to0.2645$	676
2	$17\to18$	$20.1060\to23.2024$	$0.9813\to0.8600$	$0.0620\to0.0533$	$0.0081\to0.1758$	846
3	$39\to40$	$22.0265\to23.3205$	$0.9757\to0.9397$	$0.0569\to0.0535$	$0.0015\to0.0479$	966
4	$41\to42$	$22.5446\to22.7699$	$0.9663\to0.9427$	$0.0554\to0.0544$	$0.0102\to0.0460$	1073
5	$218\to219$	$53.6360\to53.6360$	$0.5990\to0.5990$	$0.0161\to0.0165$	$0.1319\to0.1637$	1153
6	$247\to248$	$47.4185\to47.4185$	$0.4983\to0.4983$	$0.0130\to0.0133$	$0.1081\to0.1447$	1201

从攻击结束的时间步长来看，情景 1 下西安城区常规公交-轨道交通复杂网络共承受了 676 次最大节点度蓄意攻击。随着 β 取值的不断增加，网络节点容量不断增加，西安城区常规公交-轨道交通复杂网络承受攻击的次数也不断增加。情景 6 下，西安城区常规公交-轨道交通复杂网络共承受了 1201 次攻击。网络承受的攻击次数从某种程度上可以反映网络应对攻击的鲁棒性强弱。构建的西安城区常规公交-轨道交通复杂网络共有 2671 个节点。情景 6 下，对一个拥有 2671 个节点的网络来说，网络在经受 1201 次攻击后崩溃，认为它具有较强的鲁棒性。因此，从

攻击次数上看，情景 1～情景 6 下，西安城区常规公交-轨道交通复杂网络应对攻击的鲁棒性不断增强，即网络的鲁棒性随着 β 的增加而增强。

情景 1～情景 4 下，西安城区常规公交-轨道交通复杂网络各个指标值在突变前后均发生了相应的变化。攻击前后 RSGC 的值从大变小，代表该次攻击后，网络中的最大连通子图规模变小；GNE 的值从大变小，表示该次攻击后，网络的连通性变差；APL 的值从小变大，说明网络最大连通子图的节点连通性变差；R 的值从小变大，说明该次攻击造成网络中大量客流损失，与初始网络相比，网络的客运服务功能受损。

如果一次攻击造成西安城区常规公交-轨道交通复杂网络各个鲁棒性指标值发生大幅度变化，说明该次攻击引发了大规模的级联失效，对整个网络结构的影响极大。从网络鲁棒性的角度而言，各个情景下，如果某次攻击引发网络鲁棒性指标发生突变，则代表构建的西安城区常规公交-轨道交通复杂网络在该情景下的鲁棒性较差。从表 7.5 可以看出，情景 1 和情景 2 下，网络结构突变发生的时间仅相差 4 个时间步长。情景 1 下，西安城区常规公交-轨道交通复杂网络在第 14 次攻击后，RSGC 的值从 0.9835 下降到 0.7814，网络中最大连通子图的规模从包含 2627 个节点下降到包含 2087 个节点。对应网络 APL 的值从 19.8159 上升到 24.7190，GNE 的值从 0.0630 下降到 0.0500。从 RSGC、APL 和 GNE 的变化可以看出，第 14 次攻击前后网络的规模和连通性发生了很大的改变。第 14 次攻击造成网络中 487 个节点失效，攻击后，整个网络的规模大幅减小的同时，网络的连通性也变差。从 R 指标值的变化可以看出，第 14 次攻击造成的客流损失率为 0.2586。

情景 2 下，网络在第 18 次攻击后发生了很大的变化。网络 RSGC 的值从 0.9813 下降到 0.8600，网络最大连通子图的规模从 2621 个节点下降到 2297 个节点。GNE 的值从 0.0620 下降到 0.0533，APL 的值从 20.1060 上升到 23.2024。该次攻击造成网络中 16.77%的客流量损失。对比来看，构建的西安城区常规公交-轨道交通复杂网络在情景 2 下的鲁棒性表现稍强于情景 1。情景 2 下网络可以承受更多次的攻击；网络发生结构突变的时间节点晚于情景 1；情景 2 下引发结构突变的该次攻击给网络造成的影响小于情景 1。但由于在情景 1 和情景 2 下，网络结构突变都发生在前 20 次攻击后，并且造成了 20%左右的客流量损失。如果没有及时采取措施阻止该类型攻击的发生，那么对整个网络造成的破坏极大。因此，综合考虑，西安城区常规公交-轨道交通复杂网络在情景 1 和情景 2 下的鲁棒性表现不够强。

情景 3 和情景 4 下，西安城区常规公交-轨道交通复杂网络发生结构突变的时间节点仅相差 2 个时间步长。情景 3 下，第 40 次攻击使得网络 RSGC 的值从 0.9757 减小到 0.9397，GNE 的值从 0.0569 减小到 0.0535，APL 的值从 22.0265 上升到

23.3205。第 40 次攻击造成网络中 4.64%的客流量损失。情景 4 下，网络 RSGC 的减小幅度比情景 3 小，从 0.9663 减小到 0.9427，GNE 的值从 0.0554 减小到 0.0544，APL 的值从 22.5446 上升到 22.7699，该次攻击造成 3.58%的客流量损失。通过对比可以看出，情景 4 下，网络各个鲁棒性指标值的变化幅度小于情景 3 下的对应幅度。情景 4 下，构建的西安城区常规公交-轨道交通复杂网络共承受了 1073 次攻击，情景 3 下，网络承受的攻击次数为 966 次。从指标值的变化以及网络攻击结束的时间来看，情景 4 下网络的整体鲁棒性表现更好。情景 3 和情景 4 下，网络结构突变发生在第 40 次和第 42 次攻击结束后。从表 7.5 可以看出，随着 β 取值的增大，网络节点容量不断增加，网络发生结构突变的时间节点不断后移。对比网络可以承受的总的攻击次数，情景 3 和情景 4 下，结构突变发生在整个结构演化的前期阶段。该次攻击分别造成西安城区常规公交-轨道交通复杂网络中 76 个和 55 个节点失效。尽管西安城区常规公交-轨道交通复杂网络的鲁棒性在情景 3 和情景 4 下有明显的提升，但仍然在早期阶段的攻击中存在引发结构突变的关键时间节点，西安城区常规公交-轨道交通复杂网络在这两种情景下还没有达到较高的鲁棒性。

β 为 0.27 和 0.30 时，即情景 5 和情景 6 下，西安城区常规公交-轨道交通复杂网络在不断受到攻击的情况下，R 早期的变化幅度相对较为平缓，指标值没有明显的突变情况。情景 5 和情景 6 下，R 发生突变的时间节点分别是在第 219 次攻击和第 248 次攻击后。情景 5 下，第 219 次攻击造成的最大客流量损失为 3.18%；情景 6 下，第 248 次攻击造成的最大客流量损失为 3.66%。特别地，情景 5 和情景 6 下，相应的时间节点上，网络 APL 和 RSGC 的指标值在攻击前后并没有发生改变。说明第 219 次攻击和第 248 次攻击没有改变网络中的最大连通子图。换言之，该次攻击并不是攻击的最大连通子图中的节点，而是网络中的其他节点。第 219 次攻击和第 248 次攻击虽然没有对网络结构产生较大的影响，但仍然造成了部分节点的失效，所以 GNE 的值有微小的改变。整体上看，情景 5 和情景 6 下，攻击结束的时间分别是 1153 和 1201，且从图 7.6 可以明显看出，各个网络鲁棒性指标值的变化趋势基本相同，只是情景 6 下攻击结束的时间晚于情景 5。这说明当 β 增大到 0.27 时，继续增大 β 的取值只能在后期增加网络承受攻击的次数。然而攻击后期，网络的规模已经减小到很小，并且网络节点较为分散。继续增大 β 取值对于网络鲁棒性的提升效果并不明显。

情景 1～情景 4 下，RSGC 和 R 在攻击的早期阶段有明显的突变情况，对网络结构造成严重的破坏，导致大量客流量损失。在现实生活中，这种一次攻击引发结构大范围改变造成的损失极大，对整个网络的客运服务功能也有很大的影响，相对来说，网络的鲁棒性不强。情景 5 和情景 6 下，网络的结构鲁棒性得到了很大的提升。就网络的功能鲁棒性而言，$\beta = 0.27$ 时，一次攻击造成的最大客流量损失为 3.18%；$\beta = 0.30$ 时，一次攻击造成的最大客流量损失为 3.66%。综合考虑网络的结构鲁棒性和功能鲁棒性，在情景 5 下，即当 $\alpha = 0.1$，β 取 0.27 时，能在较优的经济效益下获得较高的鲁棒性。

2. 参数 α 对网络鲁棒性的影响

根据表 7.4 的仿真情景参数设置，采用最大节点度循环攻击策略，分析西安城区常规公交-轨道交通复杂网络在不同 α 取值下的网络鲁棒性表现。固定 $\beta = 0.27$，α 分别取 0.15，0.25，0.35，0.45，0.55 和 0.65，分别对应仿真情景 7～情景 12，如表 7.4 所示。记录每轮级联失效终止时，网络 APL、RSGC、GNE 和 R 的值，并绘制图形，结果如图 7.7 所示。

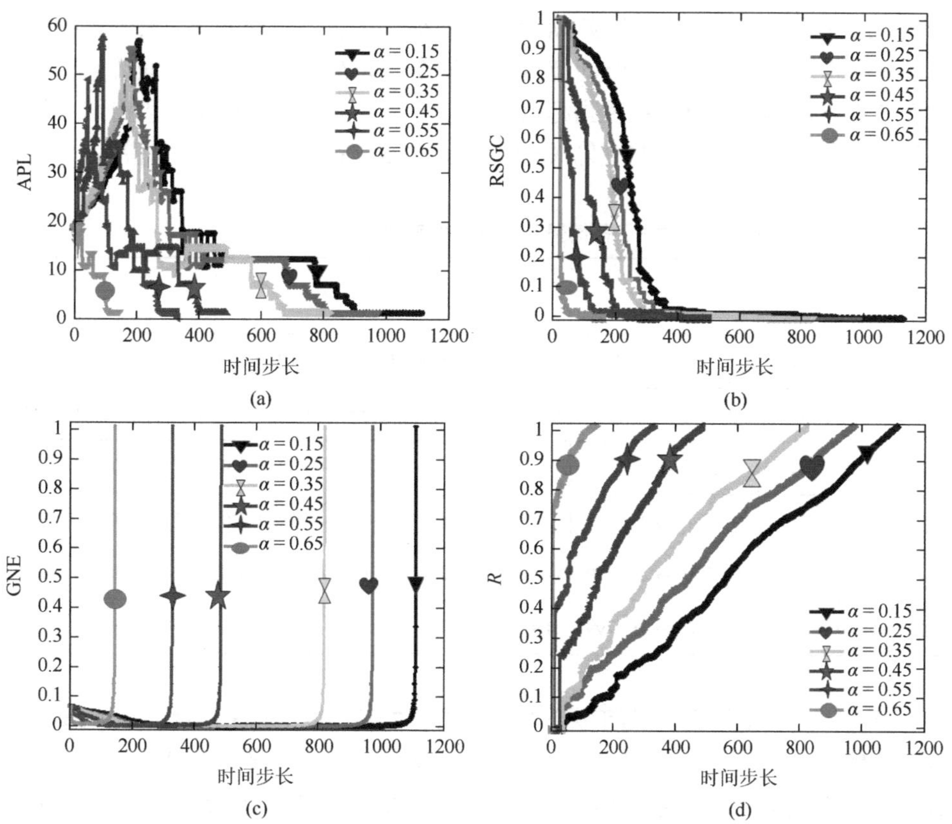

图 7.7　α 取值对各鲁棒性指标的影响情况（$\beta = 0.27$）

图 7.7 是固定参数 $\beta = 0.27$，调整参数 α 分别等于 0.15，0.25，0.35，0.45，0.55 和 0.65 获得的结果，反映了西安城区常规公交-轨道交通复杂网络在不同 α

取值下的网络鲁棒性表现。图 7.7（a）～（d）分别反映了鲁棒性指标 APL、RSGC、GNE 和 R 的变化情况。可以看出，同图 7.6 一样，随着攻击次数的增加，RSGC 不断下降，GNE 先降后增，R 不断上升。情景 7～情景 11 下，APL 先增后降。情景 12 下，APL 没有经历先增后降的变化趋势，而是在初始值的基础上直接下降。这是由于情景 12 下，网络节点容量过小，前几次攻击直接造成网络规模的大幅度减小，众多节点失效，致使网络 APL 下降。

从图 7.7 可以看到，西安城区常规公交-轨道交通复杂网络 RSGC 和 R 在前期某次攻击后发生了较大幅度的改变。说明在固定 $\beta = 0.27$，α 取 0.25，0.35，0.45，0.55 和 0.65 时，即情景 8～情景 12 下，西安城区常规公交-轨道交通复杂网络有明显的结构突变现象。α 取 0.15 时，R 在攻击的早期阶段，其值的变化趋势相对较为平缓，仅在 200 次攻击后，出现了一个较为明显的小幅度上升。统计情景 8～情景 12 下，西安城区常规公交-轨道交通复杂网络发生结构突变前后各鲁棒性指标的变化情况和发生突变的时间节点；情景 7 下，R 发生突变的时间节点以及该时间节点下，其他网络鲁棒性指标值的变化情况；并统计各情景下攻击结束的时间步长。各情景下指标值的变化（$\beta = 0.27$）如表 7.6 所示。

表 7.6　各情景下指标值的变化（$\beta = 0.27$）

情景	突变时间	APL	RSGC	GNE	R	结束时间
7	212→213	53.7241→53.7241	0.5889→0.5889	0.0161→0.0164	0.1478→0.1776	1115
8	41→42	22.5487→23.0095	0.9656→0.9236	0.0554→0.0536	0.0112→0.0727	977
9	40→41	23.3127→23.9595	0.9382→0.8940	0.0535→0.0509	0.0500→0.1004	823
10	31→32	21.2845→26.2971	0.9759→0.7873	0.0585→0.0476	0.0055→0.2471	488
11	13→14	19.7185→28.3879	0.9880→0.6294	0.0634→0.0429	0.0011→0.3941	332
12	6→7	18.7695→15.5799	0.9918→0.2059	0.0655→0.0291	0.0004→0.6614	147

首先，从攻击结束的时间步长来看，情景 7 下，西安城区常规公交-轨道交通复杂网络共承受了 1115 次攻击后全局崩溃。随着 α 取值的不断增大，即网络节点容量的不断减小，西安城区常规公交-轨道交通复杂网络承受的总攻击次数不断下降。情景 12 下，网络仅能承受 147 次最大节点度蓄意攻击。从网络承受的攻击次数上看，随着 α 取值的不断减小，即通过调整 α 取值来不断增大网络节点的容量，网络抵御攻击的能力也不断增强，即西安城区常规公交-轨道交通复杂网络的鲁棒性随着 α 的减小而增强。

情景 8～情景 12 下，西安城区常规公交-轨道交通复杂网络 APL、RSGC、GNE 和 R 的值在结构突变发生前后有较大幅度的改变。突变前后 RSGC 的值从大变小，代表引发结构突变的该次攻击后，网络中的最大连通子图规模变小；GNE 的值从大变小，表示该次攻击使得网络的连通性变差；R 的值从小变大，说明该次攻击造成网络中大量客流损失，与初始网络相比，网络的客运服务功能受损。情景 8～情景 11 下，网络 APL 的值从小变大，说明引发结构突变的该次攻击使得网络节点间的连通性变差。情景 12 下，网络 APL 的值从大变小。这是由于该次攻击引发网络大规模的级联失效，超过 2000 个节点同时失效。所以该情景下，网络 APL 的值直接变小，而不是先增后降。

从突变发生的时间节点来看，情景 8～情景 12 下，随着 α 取值的不断增加，西安城区常规公交-轨道交通复杂网络的节点容量不断减小，网络发生结构突变的时间节点不断提前。情景 8 下，网络在第 42 次攻击后发生结构突变，情景 12 下，网络在第 7 次攻击后发生大范围的结构突变。情景 7 下，虽然 R 有较大的改变，但该时间节点范围内，网络 APL 和 RSGC 的值保持不变，说明该次攻击没有对网络结构造成大的改变。攻击造成部分节点失效，因此 GNE 发生较小程度的改变。不同情景下，不仅网络发生结构突变的时间节点不同，网络发生结构突变前后，网络各个鲁棒性指标的变化程度也各有不同。

情景 12 下，第 7 次攻击使得西安城区常规公交-轨道交通复杂网络的 APL 的值从 18.7695 下降到 15.5799，说明第 7 次攻击后，网络规模虽然变小，但网络中最大连通子图的各节点之间的联系紧密程度有所上升；RSGC 的值从 0.9918 下降到 0.2059，降幅达 79.23%，第 7 次攻击后，网络剩余节点中最大连通子图的节点规模从 2649 个下降到 550 个；GNE 的值从 0.0655 下降到 0.0291，下降幅度很大，网络的连通性变差；此外，第 7 次攻击造成网络中 66.1%的客流量损失。

情景 11 下，第 14 次攻击使得西安城区常规公交-轨道交通复杂网络 RSGC 的值从 0.9880 降到 0.6294，最大连通子图的节点规模从 2665 个下降到 1681 个；GNE 的值从 0.0634 下降到 0.0429，当前网络的连通性不如初始网络；网络 APL 的值从 19.7185 上升到 28.3879，说明网络规模减小的同时，网络最大连通子图的连通性能也大幅下降；此外，第 14 次攻击造成网络中 39.3%的客流量损失。情景 11 与情景 12 相比，发生结构突变的时间节点后移 7 个时间步长，且情景 11 下，网络结构突变的程度更小了。

情景 10 下，第 32 次攻击结束后，西安城区常规公交-轨道交通复杂网络 RSGC 的值从 0.9759 下降到 0.7873，最大连通子图节点规模的减小量为 504 个节点；GNE 的值从 0.0585 下降到 0.0476；APL 的值从 21.2845 上升到 26.2971；客流损失率从 0.0055 上升到 0.2471。可以看出，对比情景 11，网络发生结构突变的时间节点后移 18 个时间步长，造成网络结构突变的该次攻击引发的级联失效规模更小了，对网络结构的破坏也减小了很多。然而，仅一次攻击就造成 24.16%的客流量损失，约 500 个节点失效，对西安城区常规公交-轨道交通复杂网络来说，该情景下，网络的鲁棒性仍然较差。

情景 9 下，西安城区常规公交-轨道交通复杂网络的结构突变发生在第 41 次攻击后，比情景 10 晚 9 个时间步长。网络 APL、RSGC、GNE 和 R 值的变化幅度更小了：APL 的值从 23.3127 上升到 23.9595；RSGC 的值从 0.9382 下降到 0.8940，最大连通子图的节点规模减小量为 118 个节点；GNE 的值从 0.0535 下降到 0.0509；R 的值从 0.0500 上升到 0.1004。对比情景 10，情景 9 下造成网络结构突变的第 41 次攻击，对网络结构的破坏程度进一步减小，客流量损失也进一步减少，西安城区常规公交-轨道交通复杂网络抵御第 41 次攻击的能力明显提升。

情景 8 下，西安城区常规公交-轨道交通复杂网络结构突变发生在第 42 次攻击后，比情景 9 晚 1 个时间步长。网络 APL、RSGC 和 GNE 的变化幅度比情景 9 更小：APL 的值从 22.5487 上升到 23.0095；RSGC 的值从 0.9656 下降到 0.9236，最大连通子图的节点规模减小量为 112 个节点；GNE 的值从 0.0554 减小到 0.0536。从 APL、RSGC 和 GNE 的变化情况可以看出，情景 8 下第 42 次攻击对网络结构造成的破坏与情景 9 下第 41 次攻击对网络结构造成的破坏程度差不多。从图 7.7 可以看出，在发生结构突变前，两种情景下，网络四个鲁棒性指标值的变化曲线是重合的。突变发生后，各指标值变化幅度不同，致使两条曲线开始分开，但偏移的角度很小。虽然情景 8 和情景 9 下，突变造成的网络结构破坏程度相差不大，但相应时间节点上造成的客流损失率不同：情景 8 下，客流损失率为 6.15%；情景 9 下，客流损失率为 5.04%。

情景 8～情景 12，随着 α 取值的不断减小，即网络节点容量的不断增加，西安城区常规公交-轨道交通复杂网络抵御级联失效的能力不断增强；并且网络抵御总攻击次数从情景 12 下的 147 次上升到情景 8 下的 977 次。情景 8 下，结构突变发生在第 42 次攻击结束时。尽管情景 8 下，西安城区常规公交-轨道交通复杂网络的鲁棒性比情景 9～情景 12 有明显的提升，但在攻击的早期阶段，也存在引发网络中大规模级联失效的关键时间节点，造成大量的客流量损失。这对于一个大型的复杂网络来说，影响也是极大的。从网络结构和客运功能的角度而言，情景 8～情景 12 下，西安城区常规公交-轨道交通复杂网络的鲁棒性都不够高。

情景 7 下，西安城区常规公交-轨道交通复杂网络 RSGC 和 R 的前期突变的情况得到明显改善。虽然网络 RSGC 的值在第 262 次攻击前后出现较大幅度的下降，但对比该时间节点范围内网络 R 的值可知，该次攻击只是对网络中最大连通子图的规模造成一定的影响，但对网络全局的规模并没有很大的影响。网络在情景 7

下具有较高的结构鲁棒性。客运功能方面，情景 7 下，一次攻击最大造成 2.98%的客流量损失，发生在第 213 次攻击后，这个时间节点比较靠后。实际上，常规公交-轨道交通复杂网络中高度连接的站点连续不断受到200多次攻击是不太可能的。尽管在极端情况下，在发生这类失效之前，也有足够的时间采取措施阻止失效的蔓延。因此，情景 7 下，西安城区常规公交-轨道交通复杂网络具有较高的结构和功能鲁棒性。

3. 结果讨论

总的来说，不管是通过调整参数 β，还是调整参数 α，通过增加网络节点的容量在一定程度上可以增强西安城区常规公交-轨道交通复杂网络的鲁棒性。通过对图 7.6 的分析可知，西安城区常规公交-轨道交通复杂网络在情景 5 下获得较优的结构和功能鲁棒性。从表 7.5 可以看到，情景 5 下，指标值 R 突变发生在第 219 次攻击后，造成 3.18%的客流量损失。通过对图 7.6 的分析可知，西安城区常规公交-轨道交通复杂网络在情景 5 下也能获得较优的结构和功能鲁棒性。从表 7.6 可以看到，在情景 7 下，指标值 R 突变发生在第 213 次攻击后，造成 2.98%的客流量损失。西安城区常规公交-轨道交通复杂网络在情景 5 和情景 7 下能承受的总攻击次数分别是 1153 次和 1115 次。两种情景下，指标值 R 发生突变的时间节点仅相差 6 个时间步长，攻击结束时间相差 38 个时间步长。两种情景下，网络都具有较高的结构和功能鲁棒性。由于常规公交站点和轨道交通站点的容量是不可能无限增大的，考虑资源环境约束和经济效益，$\alpha = 0.15$，$\beta = 0.27$ 时，即情景 7 下，要求的网络节点容量更小，是更优的。考虑社会经济效益，$\alpha = 0.15$，$\beta = 0.27$ 时，西安城区常规公交-轨道交通复杂网络能获得较优的鲁棒性。

7.2.5 随机攻击模式下西安城区常规公交-轨道交通复杂网络鲁棒性分析

通过上述分析可知，西安城区常规公交-轨道交通复杂网络在 $\alpha = 0.15$，$\beta = 0.27$ 时的节点容量下，网络面对最大节点度蓄意攻击表现出较高的鲁棒性。为研究随机攻击和最大节点度蓄意攻击下，西安城区常规公交-轨道交通复杂网络在鲁棒性方面的区别，在 $\alpha = 0.15$，$\beta = 0.27$ 的情况下，对西安城区常规公交-轨道交通复杂网络进行最大节点度蓄意攻击和随机攻击，即每次攻击网络中节点度最大的节点和随机选择一个节点攻击。记录每轮攻击结束网络 APL、RSGC、GNE 和 R 的值，以时间步长为横坐标，各网络鲁棒性指标值为纵坐标，探究两种攻击模式下，网络鲁棒性指标的演变情况，具体如图 7.8 所示。

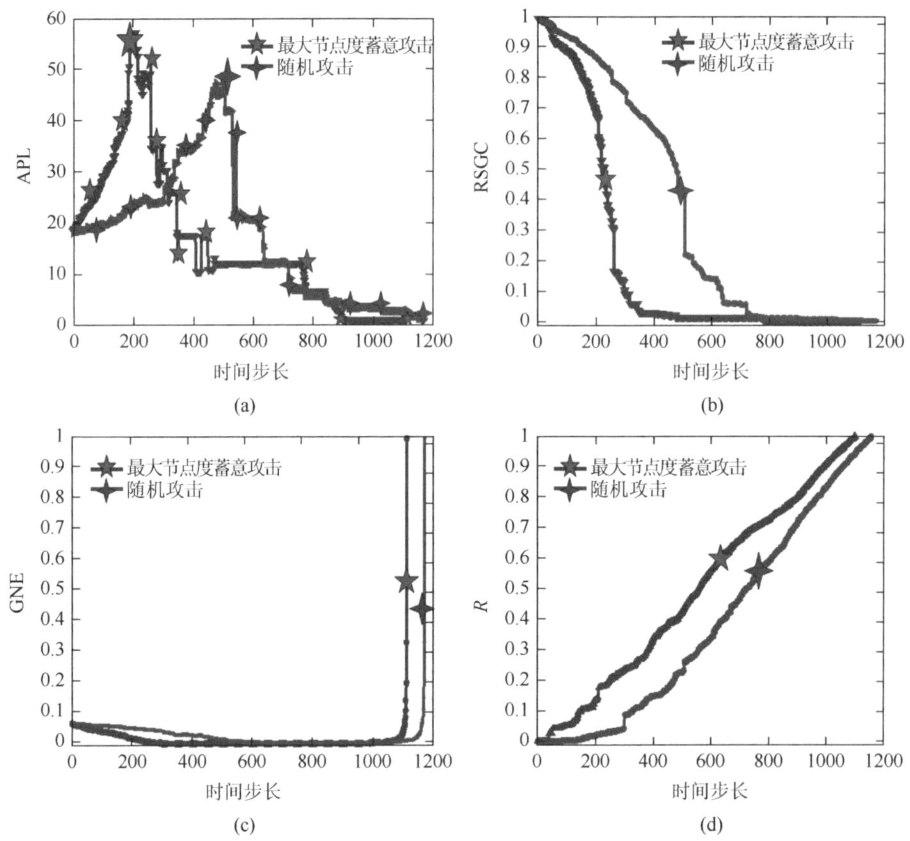

图 7.8　最大节点度蓄意攻击和随机攻击下网络鲁棒性情况

图 7.8 展示了$\alpha = 0.15$，$\beta = 0.27$ 时，西安城区常规公交-轨道交通复杂网络各鲁棒性指标在最大节点度蓄意攻击和随机攻击模式下鲁棒性指标值的变化情况，反映了西安城区常规公交-轨道交通复杂网络在蓄意和随机攻击下的不同鲁棒性表现。

图 7.8（a）是网络 APL 指标值的变化情况，可以看出：不管是最大节点度蓄意攻击还是随机攻击，西安城区常规公交-轨道交通复杂网络的 APL 值均呈现先升后降的趋势。两种攻击模式下，网络 APL 的值上升幅度明显不一样：西安城区常规公交-轨道交通复杂网络在最大节点度蓄意攻击下，在第 208 次攻击后，网络 APL 的值增加到最大值 57.0572；在随机攻击模式下，网络 APL 的值在第 501 次攻击后达到峰值 48.5234。从 APL 值的变化幅度可以看出，西安城区常规公交-轨道交通复杂网络在最大节点度蓄意攻击下，网络结构遭到的破坏更大，且更早遭到大范围的级联失效。网络在随机攻击模式下，APL 值在中后期出现一定程度的波动。这是由于网络中被攻击的节点是系统随机选择的，一些边缘节点度小的节点被攻击，对整个网络的 APL 值影响不大。前期失效节点的负载分散到网络中的

其他节点，使得在某一瞬间一个节点的失效引发大范围的级联失效，相应的，APL 的值出现较大幅度的变化。

图 7.8（b）～（d）分别展示了西安城区常规公交-轨道交通复杂网络 RSGC，GNE 和 *R* 指标值在两种攻击模式下的变化情况。从图中可以看到，西安城区常规公交-轨道交通复杂网络在两种攻击模式下的指标值变化趋势较为一致，只是在同一时间节点上，网络各个指标值在随机攻击模式下的下降或上升速度慢于最大节点度蓄意攻击模式。从攻击结束的时间上看，西安城区常规公交-轨道交通复杂网络在随机攻击模式下共承受了 1115 次攻击，在最大节点度蓄意攻击模式下共承受了 1172 次攻击。总之，西安城区常规公交-轨道交通复杂网络面对随机攻击的鲁棒性表现优于最大节点度蓄意攻击模式下的鲁棒性表现。

在随机攻击模式下，被攻击节点是系统随机选择的，因此，每一次的随机攻击模拟，网络级联失效的过程都是不同的，这导致网络可承受的总攻击次数也是不一样的。统计 50 次随机攻击下，在不同仿真情景下，西安城区常规公交-轨道交通复杂网络承受随机攻击的平均总次数和承受最大节点度蓄意攻击的次数，记录如表 7.7 所示。

表 7.7　各情景下网络承受攻击的次数

情景	最大节点度蓄意攻击	随机攻击（模拟 50 次攻击，取平均值）	差值
情景 1	676	651	–25
情景 2	846	835	–11
情景 3	966	986	20
情景 4	1073	1127	54
情景 5	1153	1223	70
情景 6	1201	1321	120
情景 7	1115	1156	41
情景 8	977	996	19
情景 9	823	821	–2
情景 10	488	556	68
情景 11	332	399	67
情景 12	147	189	42

从表 7.7 可以看到，随机攻击模式下，西安城区常规公交-轨道交通复杂网络承受攻击的平均总次数大多高于最大节点度蓄意攻击模式下该网络可承受的攻击次数。特别地，情景 1、情景 2 和情景 9 下，网络在最大节点度蓄意攻击模式下

承受的总攻击次数高于随机攻击模式下的次数。随机攻击模式下可承受的攻击次数是对网络进行 50 次操作取得的平均值。实际上，这三种情景下，网络承受随机攻击模式的次数可能高于最大节点度蓄意攻击模式，也可能低于最大节点度蓄意攻击模式。在这三种情景下，分析网络各鲁棒性指标值在随机攻击模式下的变化情况。分析发现，出现随机攻击模式下攻击结束时间早于最大节点度蓄意攻击模式时，网络各鲁棒性指标值的变化趋势与最大节点度蓄意攻击模式下基本相同，区别在于指标值变化的速度不同：前期阶段，随机攻击模式下，网络指标值变化的速度慢于最大节点度蓄意攻击模式；随着攻击的不断进行，两种模式下的指标值逐渐靠近，在攻击的后期阶段，随机攻击模式下，网络指标值变化的速度逐渐快于最大节点度蓄意攻击模式，进而更早结束攻击。出现这种情况的原因是：攻击的后期阶段，随机攻击模式下，一些节点的失效直接造成网络中多数节点成为孤立节点，此时最大节点度蓄意攻击并没有引起大范围的级联失效。因此，随机攻击模式下，网络崩溃的速度逐渐快于最大节点度蓄意攻击模式下网络演变的速度。

不同情景下，西安城区常规公交-轨道交通复杂网络可承受随机攻击和最大节点度蓄意攻击次数之间的差值各有不同。特别地，情景 6 下，两种攻击模式下，网络承受攻击次数的差值达到 120 次。从网络承受攻击次数的角度出发，该情景下，网络应对随机攻击具有更高的鲁棒性。从表 7.7 可以看出，大多数情景下，西安城区常规公交-轨道交通复杂网络在随机攻击模式下的鲁棒性比最大节点度蓄意攻击模式下的鲁棒性强。由于不同的 α 和 β 取值对网络节点容量的影响是不一样的，且同一组 α 和 β 取值下，不同负载的网络节点容量在其负载的基础上增加的比例也是不同的，因此，网络在面对随机攻击和最大节点度蓄意攻击时，可承受的攻击次数有不同的表现。

7.2.6　混合攻击模式下西安城区常规公交-轨道交通复杂网络鲁棒性分析

现实生活中，城市常规公交和轨道交通系统可能同时发生多处故障，造成多个节点的同时失效。在现有的交通网络鲁棒性研究文献中，部分学者通过随机或蓄意移除网络中一定比例的节点[38, 235, 236]来研究其鲁棒性。这类文献虽然实现了多个节点的同时失效，但仍然是在单一攻击模式下进行的，且没有研究网络客流的动态转移过程，仅仅是研究网络的静态结构鲁棒性。基于此，本书提出一种混合攻击策略，在攻击拥有较高节点度的节点时，同时随机攻击网络中的一个节点。被攻击节点上的客流同时向其邻接节点转移，引发级联失效过程，直到网络中没有节点出现客流过载。

在 $\alpha = 0.15$，$\beta = 0.27$ 的网络节点容量下，分析西安城区常规公交-轨道交通复杂网络在混合攻击策略下的鲁棒性表现，并在最大节点度蓄意攻击和随机攻击模式下对比分析网络的鲁棒性表现。混合攻击策略下，每一次攻击均同时攻击网络中节点度最大的节点和系统随机选择的一个节点，被攻击节点上的客流按照前述客流转移规则进行转移。记录每轮攻击结束时，西安城区常规公交-轨道交通复杂网络的 APL、RSGC、GNE 和 R 的指标值，以时间步长为横坐标，一个步长代表一轮攻击，以各鲁棒性指标值为纵坐标绘图。同时绘制网络在最大节点度蓄意攻击和随机攻击模式下的指标值变化情况。三种攻击模式下，西安城区常规公交-轨道交通复杂网络的鲁棒性表现具体如图 7.9 所示。

图 7.9 展示了西安城区常规公交-轨道交通复杂网络在$\alpha = 0.15$，$\beta = 0.27$ 的节点容量下，随机、混合、最大节点度蓄意攻击三种模式下的鲁棒性表现。图 7.9（a）～（d）分别展示了鲁棒性指标 APL、RSGC、GNE 和 R 在三种攻击模式下的变化趋势。

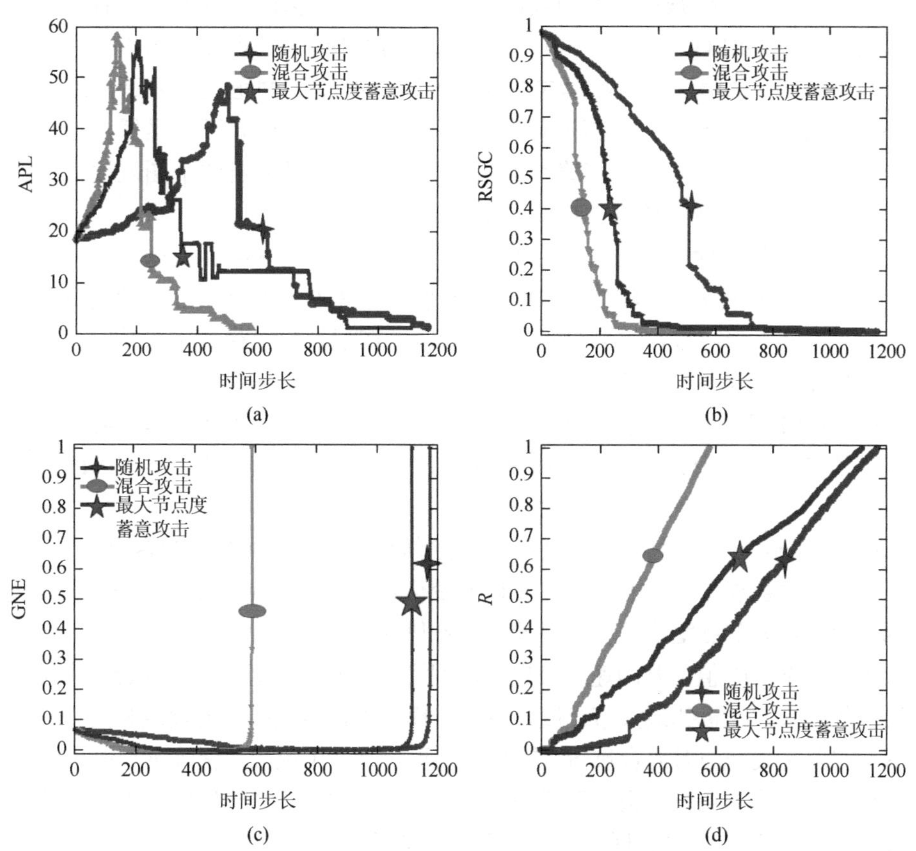

图 7.9　混合攻击策略下网络鲁棒性表现

图 7.9（a）展示了鲁棒性指标 APL 值的变化情况。从图中可以看到，APL 的值随着攻击次数的增大，即网络节点的不断失效，表现出先增后降的趋势。三种攻击模式下，网络 APL 达到峰值的时间节点各有不同。混合攻击模式下，网络 APL 值最早达到峰值，其次是最大节点度蓄意攻击模式，最后是随机攻击模式。西安城区常规公交-轨道交通复杂网络 APL 的值越大，表示当前网络最大连通子图的节点联系紧密度越低，即从一个节点到另一个节点需要经过的节点数越多。从网络 APL 值达到峰值的时间节点看，混合攻击模式会更早对西安城区常规公交-轨道交通复杂网络造成较大的破坏。从攻击结束的时间节点上看，西安城区常规公交-轨道交通复杂网络在混合攻击模式下承受的攻击次数为随机攻击和最大节点度蓄意攻击模式下的一半左右。

图 7.9（b）展示的是西安城区常规公交-轨道交通复杂网络在三种攻击模式下，RSGC 指标值的变化情况。整体上看，三种攻击模式下，网络 RSGC 的值随着节点的不断失效而不断减小。不同攻击模式下，RSGC 值的下降速度各有不同。混合攻击模式下，RSGC 值的下降速度最快，其次是最大节点度蓄意攻击，最后是随机攻击模式。说明混合攻击模式对西安城区常规公交-轨道交通复杂网络中最大连通子图规模的影响更大。随机和最大节点度蓄意攻击模式下，虽然网络结束攻击的时间节点相差不多，但网络在随机攻击模式下，最大连通子图规模大小的下降速度比最大节点度蓄意攻击模式慢很多。

图 7.9（c）是西安城区常规公交-轨道交通复杂网络 GNE 指标值的变化趋势情况。三种攻击模式下，GNE 指标值的大小均表现为先下降后上升的趋势。整体上看，在前期下降阶段，网络 GNE 的下降速度在混合攻击模式下最快，其次是最大节点度蓄意攻击模式，最后是随机攻击模式。混合攻击模式下，GNE 值最早出现转折，GNE 值陡然上升。GNE 开始迅速上升时，表示网络已基本崩溃，网络中剩下的节点数很少。此时，网络 APL 的值远小于初始值，因此，GNE 值陡然变大。

图 7.9（d）展示的是西安城区常规公交-轨道交通复杂网络中的客流变化情况。可以看到，混合攻击模式下，网络 R 值的变化基本呈现直线上升的趋势，最早失去全部客流。最大节点度蓄意攻击模式下，R 值的变化速度比混合攻击模式下慢，随机攻击模式下，R 值上升的速度最慢。从网络客流的变化情况看，混合攻击使得客流更快的损失，随机和最大节点度蓄意攻击模式下，客流损失的速度相对来说更慢一些。也就是说，面对混合攻击，网络需要更快地做出反应，保障乘客的出行。

图 7.9 展示了随机、混合和蓄意三种攻击模式下，西安城区常规公交-轨道交通复杂网络各个鲁棒性指标的变化趋势。可以看到，同一时间节点下，混合攻击对网络造成的破坏更大。由于随机攻击和混合攻击两种模式存在攻击节点选择的随机性，因此各个指标值的演变情况也存在一定的随机性。从表 7.7 可以看到，

西安城区常规公交-轨道交通复杂网络在$\alpha = 0.15$，$\beta = 0.27$的节点容量下，可以承受 1115 次最大节点度蓄意攻击，50 次随机攻击模拟的结果显示，西安城区常规公交-轨道交通复杂网络可承受的随机攻击次数平均为 1156 次。计算 50 次混合攻击模拟下，网络承受攻击次数的平均值，结果为 581 次，约为随机攻击下可承受攻击次数的 50%。从指标值变化的速度和攻击结束的时间节点两个方面综合考虑，西安城区常规公交-轨道交通复杂网络在混合攻击策略下的鲁棒性表现最弱，其次是最大节点度蓄意攻击模式，网络在面对随机攻击时的鲁棒性表现最好。

7.3 城市常规公交-轨道交通复杂网络鲁棒性提升策略

7.3.1 城市常规公交-轨道交通复杂网络关键节点识别

现有研究基本从节点度、节点介数、节点紧密度等几个角度对网络节点的重要程度进行排序[237]。其中，基于节点度的网络节点重要程度排序方法是使用最为广泛的。节点度大小可以反映网络节点在拓扑结构中的影响力。西安城区常规公交-轨道交通复杂网络中，节点度最大为 12，共有两个节点；节点度为 10 的节点有 4 个；节点度为 9 的节点有 8 个；节点度为 8 的节点有 13 个。统计西安城区常规公交-轨道交通复杂网络中节点度排名前 27 的网络节点，具体如表 7.8 所示。

表 7.8 节点度排名前 27 的节点信息

节点 ID	站点名称	节点度	节点 ID	站点名称	节点度
123	大雁塔北广场	12	93	浐河	8
565	东二环长乐路口	12	185	韩森寨	8
506	电子正街丈八东路口	10	290	石家街	8
563	长寿路万寿路口	10	292	胡家庙	8
668	堡子村	10	297	沙坡	8
980	市图书馆	10	442	浐灞商务中心	8
110	广运潭西路广安路口	9	474	郁家庄	8
572	北大街	9	507	长安区政府	8
573	钟楼北	9	567	康复路	8
722	城南客运站	9	604	玉祥门	8
801	城西客运站	9	633	南门外	8
894	纺织城枢纽站	9	678	百花村	8
941	未央路凤城十路口	9	973	和平村	8
1151	灞桥	9			

表 7.8 所列节点是节点度排名前 27 的节点，这 27 个节点对于西安城区常规公交-轨道交通复杂网络的连通性有重要作用。一旦这些节点失效，会直接造成 240 条边失效，GNE 从 0.0688 下降到 0.0586，聚集系数从 0.0866 下降到 0.0769。这 27 个节点的失效使得 GNE 下降 14.83%，网络连通性遭到极大的破坏，并且网络局部连接性也大幅减弱。

通过上述分析结果可知，西安城区常规公交-轨道交通复杂网络在 $\alpha=0.15$，$\beta=0.27$ 的节点容量下，网络鲁棒性得到提升。该节点容量下，在攻击的前期阶段，网络发生大规模级联失效的情况得到了明显改善。然而，随着最大节点度蓄意攻击的不断进行，前期失效节点的负载转移到网络中的其他节点上，最终在某一时刻引发网络结构发生了较大幅度的改变。识别出该节点容量下，引起各网络鲁棒性指标值发生较大幅度改变的关键时间节点，找出对应时间点上受到攻击的节点，对此类节点加以保护，对于整个网络鲁棒性的提升有重要意义。

由于西安城区常规公交-轨道交通复杂网络的初始 GNE 值较小，随着网络节点不断受到攻击，GNE 值呈现先降后升的趋势。攻击后期，网络规模减小了很多，网络中所剩节点不多，网络 APL 的值远小于初始 APL 值，相应的，网络 GNE 的值会不断上升。攻击到最后，网络 APL 的值最小为 1，对应 GNE 的值最大为 1。由于指标值 GNE 变化的特殊性，其较大幅度的改变发生在攻击的后期阶段，对于分析网络鲁棒性的意义不大。因此，仅对网络 APL、RSGC 和 R 指标值的变化情况进行分析。在 $\alpha=0.15$，$\beta=0.27$ 的节点容量下，网络不断受到攻击的过程中，统计致使 APL、RSGC 和 R 发生大幅度改变的 10 次攻击相关信息，包括攻击发生的时间节点、攻击的站点名称，以及指标值的增加或减小量。具体如表 7.9 所示。

表 7.9　关键节点信息

APL			RSGC			*R*		
时间步骤	站点名称	变化量	时间步骤	站点名称	变化量	时间步骤	站点名称	变化量
262	郭杜	17.2565	262	郭杜	0.1348	213	南二环桃园路口	0.0297
280	大华公园世家	8.6177	209	高新六路唐兴路口	0.0569	42	南门外	0.0165
346	西部大道上林苑二路口	7.8611	218	金茂四路金桥三路口	0.0419	53	省体育场	0.0126
291	和迪路口	7.2329	252	信号厂	0.0300	197	东二环互助路口	0.0118
428	北雷村	6.9915	316	红庙村	0.0296	143	朱宏路龙首北路口	0.0080

续表

APL			RSGC			R		
时间步骤	站点名称	变化量	时间步骤	站点名称	变化量	时间步骤	站点名称	变化量
410	浐河东路等驾坡路口	6.7520	231	三官堂	0.0285	154	电视塔	0.0079
451	陕西职业技术学院	6.5961	239	余家寨	0.0266	41	康复路	0.0079
316	红庙村	6.2441	298	沣东农博园	0.0258	342	韩森东路幸福路口	0.0076
188	小寨轨道交通站	5.9934	236	纺东街纺科路口	0.0232	133	和平门外	0.0069
234	穆将王立交西	4.2745	220	桃花潭公园	0.0202	140	太白路科技路口	0.0068

RSGC 反映的是网络动态变化过程中，最大连通子图规模的变化情况，APL 反映的是网络中最大连通子图的平均路径长度变化情况。RSGC 和 APL 的变化侧面说明了西安城区常规公交-轨道交通复杂网络结构连通性的变化情况，R 的变化则更多地说明了网络客运功能的变化情况。

在$\alpha=0.15$，$\beta=0.27$ 的节点容量下，对西安城区常规公交-轨道交通复杂网络进行最大节点度蓄意攻击，从指标值的变化可以看出，前期攻击网络中高度连接的节点，并没有造成大范围的级联失效。随着被攻击节点的不断增加，客流动态转移的积累效应在第 209 次攻击后爆发。该次攻击的站点是高新六路唐兴路口，该站点的失效直接导致网络最大连通子图的规模下降 152 个节点，此时最大连通子图的节点规模为 1618 个节点。当站点郭杜被攻击失效后，对网络的整体连通性产生极大的影响，RSGC 的值仅为 0.1640，网络最大连通子图的节点规模为 438 个节点，攻击前后最大连通子图的节点规模下降了 360 个节点。表 7.9 所列十个对 RSGC 指标值有较大的影响的站点，是维持西安城区常规公交-轨道交通复杂网络结构完整的关键性站点。

在对 APL 指标值产生较大影响的十个站点中，小寨轨道交通站失效最早对网络最大连通子图的连通性产生影响。小寨轨道交通站附近有较多的常规公交站点可换乘，该站点的失效没有造成很大范围的级联失效。但小寨轨道交通站的失效消除了很多有助于网络节点互连的路径，使得网络 APL 的值上升了 5.9934。站点郭杜受到攻击失效后对网络 APL 的影响最大，使得网络进一步分割成多个部分，最大连通子图的节点规模从包含 718 个节点下降到 438 个节点。最大连通子图的节点规模下降，网络 APL 的值也从 51.8797 下降到 34.6232。APL 的值反映了当前网络中，最大连通子图节点之间的可达性。网络中的最大连通子图担负着绝大部分的客流转移，因此引起最大连通子图 APL 值发生较大改变的站点也是整个网络的关键性节点，对网络结构的维持有重要作用。

表 7.9 所列影响指标值 R 的十个站点被攻击的时间基本早于影响指标 APL 和 RSGC 的两类站点被攻击的时间。因此，这十个站点的节点度普遍比其他两类站点的节点度大。可以看到，康复路站和南门外站先后被攻击失效，这两个站点的失效最终造成网络中 2.44%的客流量损失。这两个站点在网络中的节点度均为 8，是网络中高度连接的节点。这两个站点的失效，造成了一定范围的级联失效。两个客流集中站点的失效，加上客流转移导致其他节点的失效，对网络的客运功能造成了较大的影响。特别地，第 213 次攻击的站点是南二环桃园路口站，该站点被攻击造成了网络中 2.97%的客流量损失，这是整个攻击过程中，造成客流损失最大的一次攻击。从 RSGC 指标值可以看出，南二环桃园路口站点攻击前后，最大连通子图的规模没有变化，说明南二环桃园路口站不属于网络最大连通子图中的节点。南二环桃园路口站的节点度为 4，该站点失效一共造成网络中其他 21 个节点发生级联失效，还使得 16 个节点成为孤立节点。因此，攻击该站点造成了大量的客流损失，对网络 RSGC 和 APL 的值却没有影响，但网络 GNE 的值下降。

$\alpha = 0.15$，$\beta = 0.27$ 是使得西安城区常规公交-轨道交通复杂网络面对最大节点度蓄意攻击表现出一定的鲁棒性的较优节点容量，改善了网络在度值较大节点被攻击时引发大规模级联失效的情况。随着攻击节点的不断增加，网络结构逐渐破坏，加之网络中客流的动态转移，在攻击的过程中，出现了一些较为关键的节点，这些节点被攻击失效引起了网络结构大幅度的改变，造成大量客流损失。这类节点与高节点度的节点一样重要。高节点度的节点对于增强网络的连通性、加大节点之间的联系强度有重要作用；网络级联失效过程中的这部分关键节点对于维持网络结构稳定有重大影响。因此，有必要识别出，网络中高度连接的节点以及对网络结构和功能有重大影响的这一类关键节点，并加以保护，提高整个网络的鲁棒性。

7.3.2　城市常规公交-轨道交通复杂网络鲁棒性提升策略

通过上述分析，获得了西安城区常规公交-轨道交通复杂网络较优的节点容量，在该节点容量下，网络面对最大节点度蓄意攻击表现出较高的鲁棒性。分析结果显示，$\alpha = 0.15$，$\beta = 0.27$ 的节点容量下，西安城区常规公交-轨道交通复杂网络在级联失效过程中涌现出了一些对网络结构和功能有重要影响的关键性节点。本节通过对这些关键性节点实施保护性措施，阻止大范围的级联失效发生，观察整个网络应对最大节点度蓄意攻击时的鲁棒性改善情况。

选取表 7.9 对 APL 和 RSGC 有重大影响的前三个站点，分别是：郭杜，节点

ID = 1007；大华公园世家，节点 ID = 1246；西部大道上林苑二路口，节点 ID = 215；高新六路唐兴路口，节点 ID = 285；金茂四路金桥三路口，节点 ID = 402。选取对 R 有重大影响且最早受到攻击的三个站点，以及对 R 造成最大影响的一个站点，分别是：康复路，节点 ID = 567；南门外，节点 ID = 633；省体育场，节点 ID = 166；南二环桃园路口，节点 ID = 311。

对这些节点实施保护措施，设定 $\alpha = 0.15$，$\beta = 0.27$，在最大节点度蓄意攻击下，以时间步长为横坐标，各个鲁棒性指标值的变化为纵坐标绘图。比较实施节点保护措施前后西安城区常规公交-轨道交通复杂网络的鲁棒性表现差异，具体如图 7.10 所示。

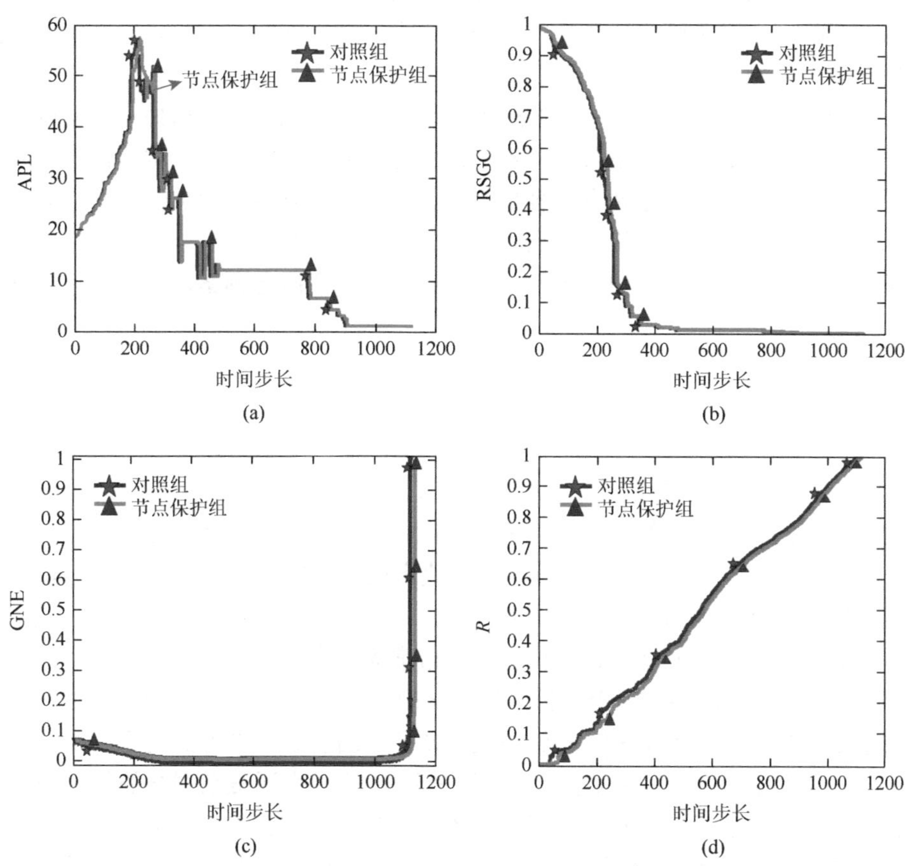

图 7.10　节点保护策略下网络鲁棒性提升效果

图 7.10 展示了西安城区常规公交-轨道交通复杂网络在实施关键节点保护策略下鲁棒性提升情况。图 7.10（a）～（d）分别反映的是指标值 APL、RSGC、

GNE 和 R 的变化情况。从图中可以看到，保护网络中的部分关键节点，减缓了各个网络鲁棒性指标值变化的速率，一定程度上提高了网络的鲁棒性。对九个节点实施保护后，网络在 1128 个节点攻击失效后网络全局崩溃，攻击结束的时间延长了 13 个时间步长。从整体上看，有一定的鲁棒性提升效果，但效果并不明显。

从西安城区常规公交-轨道交通复杂网络的拓扑结构特征值可知：平均每个节点只有 2～3 个节点相连；从一个节点到另一个节点平均需要经过 18 个节点；网络的聚类系数和效率都比较低。说明西安城区常规公交-轨道交通复杂网络的节点之间的连接性不高，节点聚集程度较低。西安城区常规公交-轨道交通复杂网络的这种网络结构特征使得 1115 个节点攻击失效仅造成了 401 个节点发生级联失效，但间接使得 1155 个节点成为孤立节点失效。也是由于这种网络结构特性使得针对节点的保护策略对于网络鲁棒性的提升效果不如增大网络节点容量对网络鲁棒性的提升效果明显。

总的来说，提高西安城区常规公交-轨道交通复杂网络的鲁棒性主要从以下两个方面入手：一是加大网络节点的容量；二是对网络的关键节点实施保护策略。由于常规公交、轨道交通站点的容量不能无限增大，且容量增加伴随着较大的经济、环境成本，因此在较优的节点容量下，在对一些高度值节点进行日常保护的情况下，还要关注网络中的关键性节点，制定相应的应急预案，保护节点能够正常、稳定运行。

7.4 本章小结

城市的可持续发展需要安全可靠的城市公共交通系统支撑，深入分析城市公共交通复杂网络的拓扑结构特性和客运功能特征有助于更好地进行交通规划与管理。本章将极端天气等抽象为网络的节点攻击模式，分析了城市常规公交-轨道交通复杂网络在不同攻击模式下的鲁棒性。

首先，基于复杂网络理论，构建了城市常规公交-轨道交通复杂网络。其次，选取 APL、RSGC、GNE 三个指标来量化常规公交-轨道交通复杂网络的结构鲁棒性，选取 R 指标来量化常规公交-轨道交通复杂网络客运功能方面的鲁棒性。然后，基于非线性负载-容量模型构建了城市常规公交-轨道交通复杂网络的级联失效模型，并设定了级联失效过程中的局部客流动态转移规则。最后，以西安市七个主要城区的常规公交轨道交通系统为例，构建西安城区常规公交-轨道交通复杂网络，并通过 MATLAB 仿真程序分析了西安城区常规公交-轨道交通复杂网络在最大节点度蓄意攻击、随机攻击和混合攻击模式下的鲁棒性表现。

研究结果表明：①容量调整参数 α 和 β 对城区常规公交-轨道交通复杂网络的级联失效过程有显著影响，0.01 的 β 取值增量，或 0.04 的 α 取值减小量均能显著增强网络抵御级联失效的能力；②基于最大节点度蓄意攻击策略，西安城区常规公交-轨道交通复杂网络在 $\alpha = 0.15, \beta = 0.27$ 的较优节点容量下获得了较高的鲁棒性；③总的来说，西安城区常规公交-轨道交通复杂网络在随机攻击模式下的网络鲁棒性表现优于最大节点度蓄意攻击模式；④西安城区常规公交-轨道交通复杂网络面对混合攻击模式表现出一定的脆弱性；⑤对比关键节点保护策略，基于网络节点容量增加的策略对西安城区常规公交-轨道交通复杂网络鲁棒性提升的效果更好。通过合理规划网络节点的容量，可以显著提高西安城区常规公交-轨道交通复杂网络的鲁棒性。本章从网络结构和客运功能两个维度分析了极端天气对常规公交-轨道交通复杂网络在三种攻击模式下的鲁棒性，进一步丰富了公共交通网络鲁棒性相关研究，研究结果为提高极端天气下公共交通网络鲁棒性提供了决策依据。

第 8 章　城市公共交通复杂网络的脆弱性治理及未来展望

基于对暴雨、雾霾等极端天气扰动下的城市公共交通系统脆弱性的仿真模拟，通过脆弱性敏感性分析、关键节点及线路识别和不同攻击模式下的城市公共交通网络鲁棒性分析，本章对极端天气下城市公共交通系统脆弱性仿真分析结论进行总结，提出城市公共交通系统在暴雨、雾霾等极端天气下的鲁棒性提升、脆弱性治理策略，并对未来研究内容进行展望。

8.1　城市公共交通复杂网络脆弱性研究结论

在暴雨极端天气下城市公共交通网络脆弱性测度子课题中，基于城市公共交通网络级联失效模型模拟了常规公交-轨道交通复杂网络在暴雨极端天气下的级联失效过程及脆弱性变化，并分析了复杂网络脆弱性与不同情景变量之间的关系。运用敏感性分析确定了常规公交-轨道交通复杂网络节点及连边的重要度排序，据此提出了两种网络脆弱性治理策略，并通过 MATLAB 仿真对比分析了两种策略的脆弱性治理效果。研究发现：

（1）在考虑网络节点及连边容量的条件下，常规公交-轨道交通复杂网络可能会发生两次级联失效过程，极大地增加了复杂网络的脆弱性。从应急管理的角度来看，两阶段级联失效过程为失效站点及线路的应急救援提供了时间，公共交通管理部门可在第一阶段级联失效过程发生时采取应急措施，防止第二阶段级联失效过程的发生。

（2）随着暴雨降雨强度的增加，复杂网络的脆弱性呈现“先下降再上升最后不变”的趋势。与此同时，存在使常规公交-轨道交通复杂网络崩溃的暴雨降雨强度阈值（$s = 1.8$，$h = 90\text{mm/24h}$）。

（3）随着节点及连边容量的增加，常规公交-轨道交通复杂网络的脆弱性不断下降，且脆弱性下降速度先增大后减小。考虑节点及连边容量增加对脆弱性降低的效果发现，节点及连边的最佳容量为其初始负载的 1.4 倍。

（4）常规公交-轨道交通复杂网络的脆弱性随节点耦合强度、连边耦合强度的增加而增加，且节点耦合强度对网络脆弱性的影响有上限，连边耦合强度对网络脆弱性的影响有下限，因此节点比连边在减轻网络脆弱性方面更有潜力。

（5）绝大部分情景下，常规公交-轨道交通复杂网络脆弱性的主要来源均为全网效率的降低，意味着公共交通管理部门应优先保证公共交通系统中站点对之间最短路径的畅通。

（6）根据节点及连边的重要度排序，提高关键节点及连边的容量最多可以使常规公交-轨道交通复杂网络脆弱性降低 64.46%，提高关键节点及连边的应急能力最多能使复杂网络脆弱性降低 84.72%，因此提高网络关键节点及连边的应急能力比提高其容量对降低网络脆弱性效果更好。

在“重度雾霾下考虑车辆动态限行的城市公共交通网络脆弱性测度”子课题中，针对重雾霾天气下不同的车辆限行政策，分析了城市公共交通网络的脆弱性。研究首先梳理分析了车辆动态限行政策和实施动机，发现车辆限行政策分为两种，即 ODPW 和 OAE。其次，开展车辆动态限行下城市轨道交通网络脆弱性评价，重点研究了车辆动态限行对城市居民出行的影响和对城市轨道交通网络系统的影响，研究认为复杂网络脆弱性评价指标主要分为网络连通脆弱性和网络效率脆弱性两方面。本书基于负载容量模型的城市轨道交通网络级联失效模型，以西安市城市轨道交通网络为例开展实证分析，从网络结构和客运功能维度构建了城市轨道交通网络的脆弱性评价指标体系。研究发现：

（1）车辆动态限行会导致城市 RTN 发生级联失效故障，从而导致车辆动态限行对城市轨道交通造成的后果随时间的推移而恶化。其次，不同的限行政策所造成的初始失效站点不同。但是从轨道交通的管理方面看，管理人员可以根据实际的限行政策对相应限行政策下比较脆弱的站点提前做好分散客流的措施，防止其因过载而失效。

（2）级联失效对网络造成的后果比初始阶段车辆动态限行下客流量的冲击更为严重。

（3）RTN 表现出脆弱性首先是由于其发生了站点失效。其次，随着时间的推移，网络级联失效故障的发生会导致网络脆弱性增强。

（4）容量调整参数 α 和 β 对西安城区常规公交-轨道交通复杂网络级联失效有重大影响。当网络中节点度最大的节点受到攻击时，通过调整 α 和 β 的取值可以明显提高常规公交-轨道交通复杂网络抵御级联失效的能力：固定 α 的情况下，通过增加 0.01 的 β 取值可以阻止网络发生大规模的级联失效；固定 β 的情况下，通过减小 0.04 的 α 取值来增加网络节点容量也可以增强网络抵御级联失效的能力。

在极端天气下城市公共交通复杂网络鲁棒性研究子课题中，将极端天气等抽象为复杂网络的节点攻击模式，分析了城市常规公交-轨道交通复杂网络在不同攻击模式下的鲁棒性。首先，基于复杂网络理论，构建了城市常规公交-轨道交通复杂网络。其次，选取 APL、RSGC、GNE 三个指标来量化常规公交-轨道交通复杂网络的结构鲁棒性，选取客流损失率指标来量化常规公交-轨道交通复杂网络客运功能方面的鲁棒性大小。再次，基于非线性负载-容量模型构建了城市常规公交-轨道交通复杂网络的级联失效模型，并设定了级联失效过程中的局部客流动态转移规则。最后，以西安市七个主要城区的常规公交-轨道交通系统为例，构建西安城区常规公交-轨道交通复杂网络，并通过 MATLAB 仿真程序分析了西安城区常规公交-轨道交通复杂网络在最大节点度蓄意攻击、随机攻击和混合攻击模式下的鲁棒性表现。研究发现：

（1）容量调整参数 α 和 β 对城区常规公交-轨道交通复杂网络的级联失效过程有显著影响，0.01 的 β 取值增量，或 0.04 的 α 取值减小量均能显著增强网络抵御级联失效的能力。

（2）基于最大节点度蓄意攻击策略，西安城区常规公交-轨道交通复杂网络在 $\alpha = 0.15$，$\beta = 0.27$ 的较优节点容量下获得较高的鲁棒性。

（3）总的来说，西安城区常规公交-轨道交通复杂网络在随机攻击模式下，网络的鲁棒性表现优于最大节点度蓄意攻击模式。

（4）西安城区常规公交-轨道交通复杂网络面对混合攻击模式表现出一定的脆弱性。

（5）对比关键节点保护策略，基于网络节点容量增加的策略对西安城区常规公交-轨道交通复杂网络鲁棒性提升的效果更好。通过合理规划网络节点的容量，可以显著提高西安城区常规公交-轨道交通复杂网络的鲁棒性。

8.2 城市公共交通复杂网络脆弱性治理策略

（1）扩充城市公共交通复杂网络关键节点及连边容量。增加城市公共交通复杂网络系统关键节点及连边的容量是对极端天气下城市公共交通复杂网络脆弱性治理的有效手段之一。通过对城市公共交通复杂网络重要的节点及连边容量的增加，可以降低常规公交-轨道交通复杂网络的脆弱性。当关键节点及连边的容量容忍参数增加 0.1 时，整个网络的脆弱性降低 5.17%；当增加 0.4 时，复杂网络的脆弱性下降 64.46%，此时关键节点及连边的最大容量至少为其初始负载的 1.7 倍。在绝大部分情景下，常规公交-轨道交通复杂网络的脆弱性主要来源于全网效率的降低，因此公共交通管理部门应优先保证公共交通系统中站点之间、线路之间最短路径的畅通，从而提高全网效率，减少网络的脆弱性。这种措施不仅可以提升城市交通系统的韧性，还可以保障市民在极端天气条件下的出行安全和便利。

（2）实时监控城市公共交通复杂网络节点状态。在扩大城市公共交通复杂网络关键节点和连边的容量的同时，对网络中的关键节点实施监控与保护策略。在较优的节点容量下，通过监测平均路径长度、最大连通子图的相对大小、全网效率和客流损失率等城市公共交通网络指标值的变化情况，对城市公共交通复杂网络节点状态进行实时监控，对一些高度值节点进行日常保护，重点关注保护公共交通复杂网络中的关键节点，制定相应的应急预案，防止节点出现过载受损、失效等情况，保护节点能够正常、稳定运行，减缓各个公共交通复杂网络鲁棒性指标值变化的速率，从而提高公共交通网络的鲁棒性。

（3）提升城市公共交通复杂网络关键节点及连边应急能力。城市公共交通复杂网络关键节点及连边的应急能力是指节点和连边应对突发情况保持自身正常运行的能力。节点和连边应急能力的提高可以反映为当节点和连边处于临界失效状态时，节点和连边采取应急措施，使其状态回归到正常状态。随着常规公交-轨道交通复杂网络关键节点及连边应急能力的提高，可以有效降低城市公共交通网络脆弱性。研究表明，通过提高关键节点及连边的正常状态值极限，整个公共交通网络的脆弱性可以实现大幅度降低，最大可降低 84.72%。与提高关键节点及连边的最大容量策略的效果相比，关键节点及连边应急能力的提高能够更有效地降低复杂网络的脆弱性，说明在提高关键节点及连边的最大容量的同时，公共交通管理部门应更加关注公共交通系统中关键站点及线路应急能力的提高。

（4）及时调整极端天气下车辆动态限行策略。ODPW 和 OAE 两种限行政策都有可能导致城市公共交通网络发生级联失效现象并且引发城市公共交通复杂网络系统崩溃。相比于 ODPW 限行政策，相同情景下采取 OAE 限行政策更容易导致客流转移量增加，站点拥挤度变高，进而引起公共交通网络节点失效并引发全局崩溃。特别是在极端天气，如严重雾霾或暴雨等情况下，这种风险更加突出。因此，在应对极端天气的情况下，尤其需要根据实际情况灵活选择和调整车辆动态限行策略。公共交通管理部门应该及时监测天气影响，根据实时情况灵活调整 ODPW 和 OAE 限行政策，以最大程度减少对公共交通系统的负面影响。这种灵活性和及时性的调整可以帮助降低公共交通网络的脆弱性，从而提高城市交通系统的抗灾能力和韧性。

（5）提升城市公共交通复杂网络应急管理策略一体化水平。在极端天气条件下，车辆动态限行政策可能会引发城市公共交通复杂网络的级联失效，进而导致城市公共交通系统的崩溃。这种级联失效随着时间的推移而逐渐恶化，而不同的车辆限行政策会导致不同的初始失效站点，城市公共交通系统脆弱性的产生机理也会有所差异。因此，管理人员需要根据实际的限行政策对相应的站点和线路重要程度进行实时评估。针对那些可能因限行政策而变得脆弱的关键站点，应提前采取措施来分散客流，以防止其因过载而失效。一旦实施限行政策，有关部门不仅需要对那些较为脆弱的关键站点采取防御措施，还需要对其相邻节点进行防控，以避免级联失效的发生。因为级联失效对网络造成的后果比初始阶段动态限行下客流量的冲击更为严重。综上所述，针对极端天气下的车辆动态限行，管理人员需要采取及时有效的措施来评估、防范和缓解可能导致的系统级风险，以保障城市公共交通系统的稳定运行。

8.3 未来研究展望

全书以极端天气下城市公共交通多层复杂网络的脆弱性测度和治理为主要目标，通过极端天气对城市公共交通系统影响的研究，分析极端天气对城市公共交通网络的影响机理；建立了城市公共交通网络的动态演变模型，模拟分析极端天气下城市公共交通网络的脆弱性变化，据此识别公共交通网络中的脆弱性站点及线路，并依据站点及线路的实际情况提出相应的脆弱性防控策略，为政府部门进行城市交通系统规划和管理提供理论与政策支撑。随着城市防灾减灾的重要程度与日俱增，特别是在城市交通领域，需要在明确极端天气灾害链作用机理的背景下，对交通基础设施设防重点、新形势城市公共交通系统组成等课题进行进一步探索。在现有基础上，未来可进一步研究的具体问题如下。

（1）考虑其他类型极端天气及灾害链对城市公共交通系统的影响。由于中国境内暴雨极端天气频发，且对城市基础设施破坏严重，因此本书仅研究了暴雨、雾霾极端天气对城市公共交通系统的影响。未来可进一步分析暴雪等其他类型极端天气的特征，类比暴雨、雾霾极端天气将其他类型的极端天气视为扰动变量，据此探究其他类型极端天气对城市公共交通系统的影响，并与暴雨、雾霾极端天气对城市公共交通系统的影响研究结果进行对比。

（2）丰富城市公共交通系统研究要素。由于数据资源、时间精力及计算资源的限制，本书仅收集了西安市常规公交、轨道交通系统的站点、线路和客流数据，以此为基础对基于复杂网络的级联失效模型及脆弱性敏感分析方法进行了应用，并获得了一些具有实际意义的结论。未来应拓展原始数据的获取方法，优化程序的计算效率，选取更多城市的公共交通系统进行结论验证，同时将常规公交、轨道交通系统以外的其他公共交通方式纳入到复杂网络建模中。比如，考虑到共享单车行业的快速发展，以及共享单车在城市常规公交-轨道交通中的接驳作用，未来可以将共享单车纳入系统考虑，构建共享单车-常规公交-轨道交通多模式复杂交通网络模型，并分析该模型应对突发事件的鲁棒性，从而更为全面地分析极端天气对城市公共交通系统的影响。

（3）探讨不同脆弱性治理策略效果差异。目前，由于模型设置较为复杂，策略仿真难度较大，本书仅研究了提高关键节点及连边容量、提高关键节点及连边应急能力两种策略对降低网络脆弱性的效果。未来可进一步探究其他治理策略对减轻网络脆弱性的作用，如优化网络的拓扑结构、增加救援点、建立预警机制等，并将其他策略与本书的两种脆弱性治理策略进行对比分析，进而选择更加合理的脆弱性治理策略，为公共交通运输部门应对极端天气提供决策支持。

（4）在交通网络鲁棒性研究中增加功能性指标。本书从网络结构和客运功能两个方面测度常规公交-轨道交通复杂网络的鲁棒性。选取了三个网络拓扑特征值作为网络结构鲁棒性的测度指标，通过客流量损失率来衡量网络功能鲁棒性的大小。功能鲁棒性指标较为单一，在未来的研究中，可以进一步纳入更多地反映常规公交-轨道交通复杂网络客运功能的指标，从而更加全面准确地分析网络的鲁棒性问题。

（5）进一步考虑动态限行对城市公共交通系统的影响。动态车辆限行已经在许多城市中实施，且对城市公共交通系统影响较大，因此本书仅研究了车辆动态限行对城市轨道交通系统的影响。未来可进一步分析车辆动态限行对常规公交系统的影响，类比轨道交通将动态限行定量转化为相应的影响变量，据此探究车辆动态限行对城市公共交通系统的影响。

（6）优化公共交通网络脆弱度测度算法。项目采用的最大节点度蓄意攻击策略，在面对具有相同节点度的节点时，被攻击节点的选择是由系统决定的。由于节点所处的地理位置不同，节点的重要性各有差异，因此，在未来的研究中可以对网络节点按照重要程度进行排序，选择关键节点进行攻击。在提出的常规公交-轨道交通复杂网络鲁棒性提升策略中，针对关键节点的保护策略对于西安城区常规公交-轨道交通复杂网络的鲁棒性提升效果并不显著，这是由西安城区常规公交-轨道交通复杂网络的结构特性导致的。针对西安城区常规公交-轨道交通复杂网络的结构特性，在以后的研究中，应进一步研究基于网络拓扑结构优化的网络鲁棒性提升策略。

参 考 文 献

[1] 裴玉龙，马部珍，杨世军.基于广义费用的公共交通与私人交通竞争强度研究[J].重庆理工大学学报（自然科学），2020，34（1）：169-175.

[2] 沈犁，向阳，王周全，等. 城市公共交通复合系统抗毁性仿真研究[J]. 运筹与管理，2017，26（9）：105-112.

[3] Puppim de Oliveira J A，Doll C N H，Balaban O，et al. Green economy and governance in cities：assessing good governance in key urban economic processes[J]. Journal of Cleaner Production，2013，58：138-152.

[4] 王新声，北京市公共交通总公司，北方交通大学著. 城市公共交通运营调度管理[M]. 北京：中国铁道出版社，2001.

[5] 尹洪英，徐丽群. 道路交通网络脆弱性评估研究现状与展望[J]. 交通运输系统工程与信息，2010，10（3）：7-13.

[6] Watts D J，Strogatz S H. Collective dynamics of“small-world” networks[J]. Nature，1998，393（6684）：440-442.

[7] 汪小帆，李翔，陈关荣. 复杂网络理论及其应用[M]. 北京：清华大学出版社，2006.

[8] Newman M E J，Watts D J. Scaling and percolation in the small-world network model[J]. Physical Review E，1999，60（6）：7332-7342.

[9] 方锦清，汪小帆，刘曾荣. 略论复杂性问题和非线性复杂网络系统的研究[J]. 科技导报，2004，22（2）：9-12，64.

[10] Lämmer S，Gehlsen B，Helbing D. Scaling laws in the spatial structure of urban road networks[J]. Physica A：Statistical Mechanics and Its Applications，2006，363（1）：89-95.

[11] Porta S，Crucitti P，Latora V. The network analysis of urban streets：a dual approach[J]. Physica A：Statistical Mechanics and Its Applications，2006，369（2）：853-866.

[12] Jiang B. A topological pattern of urban street networks：universality and peculiarity[J]. Physica A：Statistical Mechanics and Its Applications，2007，384（2）：647-655.

[13] Crucitti P，Latora V，Porta S. Centrality measures in spatial networks of urban streets[J]. Physical Review E，2006，73（3）：036125.

[14] Chen Y Z，Li N，He D R. A study on some urban bus transport networks[J]. Physica A：Statistical Mechanics and Its Applications，2007，376：747-754.

[15] Sienkiewicz J，Hołyst J A. Statistical analysis of 22 public transport networks in Poland[J]. Physical Review E，2005，72（4）：046127.

[16] 高自友，吴建军，毛保华，等. 交通运输网络复杂性及其相关问题的研究[J]. 交通运输系统工程与信息，2005，5（2）：79-84.

[17] von Ferber C，Holovatch Y，Palchykov V. Scaling in public transport networks[J]. Condensed

Matter Physics，2005，8（1）：225-234.
[18] Xu X P，Hu J H，Liu F，et al. Scaling and correlations in three bus-transport networks of China[J]. Physica A：Statistical Mechanics and Its Applications，2007，374（1）：441-448.
[19] 杨洋. 城市公共交通特征的新思考[J]. 综合运输，2011，33（1）：52-55.
[20] 李成兵，魏磊，郝羽成. 城市群复合交通网络特性研究[J]. 系统仿真学报，2016，28（12）：2958-2965.
[21] 卫振林，甘杨杰，赵鹏. 城市复合交通网络的若干特性研究[J]. 交通运输系统工程与信息，2015，15（1）：106-111.
[22] Latora V，Marchiori M. Is the Boston subway a small-world network?[J]. Physica A：Statistical Mechanics and Its Applications，2002，314（1/2/3/4）：109-113.
[23] Sienkiewicz J，Holyst J A. Public transport systems in Poland：from Bialystok to *Zielona* Gora by bus and tram using universal statistics of complex networks[J]. Acta Physica Polonica B，2005，36（5）：1771.
[24] Seaton K A，Hackett L M. Stations，trains and small-world networks[J]. Physica A：Statistical Mechanics and Its Applications，2004，339（3/4）：635-644.
[25] Angeloudis P，Fisk D. Large subway systems as complex networks[J]. Physica A：Statistical Mechanics and Its Applications，2006，367：553-558.
[26] Yao X M，Zhao P，Qiao K. Simulation and evaluation of urban rail transit network based on multi-agent approach [J]. Journal of Industrial Engineering & Management，2013，6（1）：367-379.
[27] Derrible S，Kennedy C. Characterizing metro networks：State，form，and structure [J]. Transportation，2010，37（2）：275-297.
[28] 魏磊. 城市群复合交通网络复杂性实证研究[J]. 科技视界，2016（20）：50-51.
[29] 李成兵，郝羽成，王文颖. 城市群复合交通网络可靠性研究[J]. 系统仿真学报，2017，29（3）：565-571，580.
[30] 李成兵，魏磊，李奉孝，等. 基于攻击策略的城市群复合交通网络脆弱性研究[J]. 公路交通科技，2017，34（3）：101-109.
[31] Timmerman P. Vulnerability，resilience and the collapse of society：A review of models and possible climate applications [R]. Toronto，Canada：Institute for Environmental Studies，University of Toronto，1981.
[32] White G F. Natural Hazards [M]. Oxford：Oxford University Press，1974.
[33] Cutter S L. Living with Risk：The Geography of Technological Hazards [M]. London：Edward Arnold，1993.
[34] Bogard W C. Bringing social theory to hazards research[J]. Sociological Perspectives，1988，31（2）：147-168.
[35] Adger W N，Kelly P M. Social vulnerability to climate change and the architecture of entitlements[J]. Mitigation and Adaptation Strategies for Global Change，1999，4（3）：253-266.
[36] 李鹤，张平宇. 矿业城市经济脆弱性演变过程及应对时机选择研究：以东北三省为例[J]. 经济地理，2014，34（1）：82-88.
[37] 王瑞燕，赵庚星，周伟，等. 县域生态环境脆弱性评价及其动态分析：以黄河三角洲垦利

县为例[J]. 生态学报，2009，29（7）：3790-3799.

[38] 张炜熙，李尊实. 环渤海海岸带经济脆弱性研究：以河北省海岸带为考察对象[J]. 河北学刊，2006，26（1）：219-221.

[39] 冯振环，王莉娜，冯领香. 京津冀都市圈自然环境系统脆弱性评价[J]. 自然灾害学报，2013，22（4）：65-74.

[40] 商彦蕊. 灾害脆弱性概念模型综述[J]. 灾害学，2013，28（1）：112-116.

[41] Newman M E J，Forrest S，Balthrop J. Email networks and the spread of computer viruses[J]. Physical Review E，2002，66（3）：035101.

[42] von Ferber C，Holovatch T，Holovatch Y. Attack vulnerability of public transport networks[M]//Traffic and Granular Flow '07. Berlin，Heidelberg：Springer Berlin Heidelberg，2009：721-731.

[43] Berche B，von Ferber C，Holovatch T，et al. Resilience of public transport networks against attacks[J]. The European Physical Journal B，2009，71（1）：125-137.

[44] Cohen R，Erez K，ben-Avraham D，et al. Breakdown of the Internet under intentional attack[J]. Physical Review Letters，2001，86（16）：3682-3685.

[45] Woodward J. Some varieties of robustness[J]. Journal of Economic Methodology，2006，13（2）：219-240.

[46] 安军. 鲁棒性分析的方法论意义[J]. 科学技术哲学研究，2011，28（5）：26-30.

[47] 接婧. 国际学术界对鲁棒性的研究[J]. 系统工程学报，2005，20（2）：153-159.

[48] Sørensen J D，Rizzuto E，Narasimhan H，et al. Robustness：theoretical framework[J]. Structural Engineering International，2012，22（1）：66-72.

[49] Carlson J M，Doyle J. Complexity and robustness[J]. Proceedings of the National Academy of Sciences of the United States of America，2002，99（suppl_1）：2538-2545.

[50] Aldrich J. Autonomy[J]. Oxford Economic Papers，1989，41（1）：15-34.

[51] Albert R，Jeong H，Barabási A L. Error and attack tolerance of complex networks[J]. Nature，2000，406：378-382.

[52] Araujo R P，Liotta L A. The topological requirements for robust perfect adaptation in networks of any size[J]. Nature Communications，2018，9：1757.

[53] Sohn I. Robustness enhancement of complex networks via No-Regret learning[J]. ICT Express，2019，5（3）：163-166.

[54] Wu J，Tan S Y，Liu Z，et al. Enhancing structural robustness of scale-free networks by information disturbance[J]. Scientific Reports，2017，7：7559.

[55] 董志良，杨巧然. 国际粮食贸易网络鲁棒性分析[J]. 当代经济管理，2021，43（6）：73-78.

[56] 赵志刚，周根贵，李虎雄. 复杂加权供应链网络攻击策略和鲁棒性研究[J]. 计算机科学，2019，46（8）：138-144.

[57] 陈志鹏，谢宁，王承民，等. 基于分形机理的复杂电力网络脆弱性评估及鲁棒性提升策略研究[J]. 电网技术，2021，45（2）：657-665.

[58] Wang J W，Jiang C，Qian J F. Robustness of Internet under targeted attack：a cascading failure perspective[J]. Journal of Network and Computer Applications，2014，40：97-104.

[59] 裴燕如，武英达，于强，等. 荒漠绿洲区潜在生态网络增边优化鲁棒性分析[J]. 农业机械

学报，2020，51（2）：172-179.

[60] 王有远，王刚. 基于复杂网络的航空产品协同创新知识网络鲁棒性优化[J]. 南昌大学学报（工科版），2020，42（2）：181-187.

[61] Gao J X，Buldyrev S V，Havlin S，et al. Robustness of a network of networks[J]. Physical Review Letters，2011，107（19）：195701.

[62] Dong G G，Gao J X，Du R J，et al. Robustness of network of networks under targeted attack[J]. Physical Review E，2013，87（5）：052804.

[63] Pocock M J O，Evans D M，Memmott J. The robustness and restoration of a network of ecological networks[J]. Science，2012，335（6071）：973-977.

[64] 陈世明，戴亚明，程运洪. 提高相依网络鲁棒性的加边策略研究[J]. 电子科技大学学报，2019，48（1）：103-109.

[65] 于靓楠，姚西，白泉雨，等. 基于节点备份的相依无标度网络鲁棒性研究[J]. 信息化研究，2019，45（4）：36-40.

[66] 李甍娜，郭进利. 负荷作用下的相依网络鲁棒性研究[J]. 计算机应用研究，2019，36（8）：2388-2391.

[67] 李从东，李文博，曹策俊，等. 面向级联故障的相依网络鲁棒性分析[J]. 系统仿真学报，2019，31（3）：538-548.

[68] 郭伟奇，朱瑞晨，孙璇，等. 考虑节点负载容量的相依网络鲁棒性研究[J]. 信息化研究，2019，45（4）：31-35.

[69] Cardillo A，Scellato S，Latora V，et al. Structural properties of planar graphs of urban street patterns[J]. Physical Review E，2006，73（6）：066107.

[70] Mukherjee S. Statistical analysis of the road network of India[J]. Pramana，2012，79（3）：483-491.

[71] 叶彭姚. 城市道路网拓扑结构的复杂网络特性研究[J]. 交通运输工程与信息学报，2012，10（1）：13-19，30.

[72] 荣力锋.基于复杂网络理论的城市道路交通网络演化规律研究[D].成都：西南交通大学，2014.

[73] 夏永亮.基于复杂网络理论的城市道路网络自动综合方法[J].测绘与空间地理信息，2014，37（8）：155-156，159.

[74] 张宏，李杰. 城市道路复杂网络单元脆弱性实证研究[J]. 长安大学学报（社会科学版），2014，16（2）：33-37.

[75] 刘承良，余瑞林，熊剑平，等.武汉都市圈路网空间通达性分析[J].地理学报，2009，64（12）：1488-1498.

[76] Crucitti P，Latora V，Marchiori M，et al. Efficiency of scale-free networks：error and attack tolerance[J]. Physica A：Statistical Mechanics and Its Applications，2003，320：622-642.

[77] Sullivan J L，Novak D C，Aultman-Hall L，et al. Identifying critical road segments and measuring system-wide robustness in transportation networks with isolating links：a link-based capacity-reduction approach[J]. Transportation Research Part A：Policy and Practice，2010，44（5）：323-336.

[78] Kurant M，Thiran P. Extraction and analysis of traffic and topologies of transportation

networks[J]. Physical Review E，2006，74（3）：036114.

[79] Li S D，Li L X，Yang Y X，et al. Revealing the process of edge-based-attack cascading failures[J]. Nonlinear Dynamics，2012，69（3）：837-845.

[80] Sen P，Dasgupta S，Chatterjee A，et al. Small-world properties of the Indian railway network[J]. Physical Review E，Statistical，Nonlinear，and Soft Matter Physics，2003，67（3 Pt 2）：036106.

[81] 王波，柯红红，蒋天发. 基于复杂网络理论的杭州公交网络建模与特性分析[J]. 武汉大学学报（工学版），2011，44（3）：404-408.

[82] 周溪召，智路平，马洪伟. 基于 P 空间的上海、北京、广州 3 个城市轨道交通网络拓扑结构比较[J]. 上海电机学院学报，2016，19（2）：105-110，116.

[83] Zhang J H，Wang S L，Zhang Z J，et al. Characteristics on hub networks of urban rail transit networks[J]. Physica A：Statistical Mechanics and Its Applications，2016，447：502-507.

[84] 刘志谦，宋瑞. 基于复杂网络理论的广州轨道交通网络可靠性研究[J]. 交通运输系统工程与信息，2010，10（5）：194-200.

[85] 王云琴. 基于复杂网络理论的城市轨道交通网络连通可靠性研究[D]. 北京：北京交通大学，2008.

[86] Zhang J H，Xu X M，Hong L，et al. Networked analysis of the Shanghai subway network，in China[J]. Physica A：Statistical Mechanics and Its Applications，2011，390（23/24）：4562-4570.

[87] Sun D，Zhao Y H，Lu Q C. Vulnerability analysis of urban rail transit networks：a case study of Shanghai，China[J]. Sustainability，2015，7（6）：6919-6936.

[88] Derrible S，Kennedy C. The complexity and robustness of metro networks[J]. Physica A：Statistical Mechanics and Its Applications，2010，389（17）：3678-3691.

[89] Deng Y L，Li Q M，Lu Y，et al.Topology vulnerability analysis and measure of urban metro net-work：The case of Nanjing [J].Journal of Networks，2013，8（6）：1350-1356.

[90] 袁若岑，王丽琼，温志伟. 基于攻击策略的城市轨道交通网络脆弱性研究[J]. 城市轨道交通研究，2015，18（8）：57-61.

[91] Rodríguez-Núñez E，García-Palomares J C. Measuring the vulnerability of public transport networks[J]. Journal of Transport Geography，2014，35：50-63.

[92] Hong L，Ouyang M，Peeta S，et al. Vulnerability assessment and mitigation for the Chinese railway system under floods[J]. Reliability Engineering & System Safety，2015，137：58-68.

[93] Bell M G H，Kurauchi F，Perera S，et al. Investigating transport network vulnerability by capacity weighted spectral analysis [J]. Transportation Research Part B Methodological，2017，99：251-266.

[94] Alam M J，Ahsanul Habib M，Quigley K. Vulnerability in transport network during critical infrastructure renewal：lessons learned from a dynamic traffic microsimulation model[J]. Procedia Computer Science，2017，109：616-623.

[95] Ma Y H，Li X，Chen S，et al. Vulnerability analysis of bus transport network in western China Cities [C]//International Conference on Computer Science and Technolog，2015：455-459.

[96] Luskova M，Leitner B，Titko M. Indicators of societal vulnerability related to impacts of extreme weather events on land transport infrastructure [C]//20th International Scientific Conference on Transport Means，2016：94-97.

[97] Jenelius E, Mattsson L G. Developing a methodology for road network vulnerability analysis [C]// Nectar CLUSTER 1 Meeting, Molde, 2006.

[98] FHWA. FHWA climate resilience pilot program［M/OL］.（2016-10-20）.

[99] Scott V, Dunn R . Vulnerability assessment of a strategic rural road network using a prototype method[C]//ARRB Conference, 26th, 2014, Sydney, New South Wales, Australia, 2014（4.3）.

[100] Bernstein A, Bienstock D, Hay D, et al. Power grid vulnerability to geographically correlated failures—analysis and control implications[C]//IEEE INFOCOM 2014 - IEEE Conference on Computer Communications. April 27-May 2, 2014. Toronto, ON, Canada. IEEE, 2014: 2634-2642.

[101] Babaei M, Ghassemieh H, Jalili M. Cascading failure tolerance of modular small-world networks[J]. IEEE Transactions on Circuits and Systems II: Express Briefs, 2011, 58（8）: 527-531.

[102] Mirzasoleiman B, Babaei M, Jalili M, et al. Cascaded failures in weighted networks[J]. Physical Review E, 2011, 84（4）: 046114.

[103] Mishra B K, Singh A K. Two quarantine models on the attack of malicious objects in computer network [J]. Mathematical Problems in Engineering, 2012,（2011-8-21）, 2011, 2012（1024-123X）: 1-14.

[104] Pu C L, Cui W. Vulnerability of complex networks under path-based attacks[J]. Physica A: Statistical Mechanics and Its Applications, 2015, 419: 622-629.

[105] von Ferber C, Berche B, Holovatch T, et al. A tale of two cities[J]. Journal of Transportation Security, 2012, 5（3）: 199-216.

[106] Cats O, Jenelius E. Beyond a complete failure: the impact of partial capacity degradation on public transport network vulnerability[J]. Transportmetrica B: Transport Dynamics, 2018, 6（2）: 77-96.

[107] Yap M D, van Oort N, van Nes R, et al. Identification and quantification of link vulnerability in multi-level public transport networks: a passenger perspective[J]. Transportation, 2018, 45（4）: 1161-1180.

[108] 叶青. 城市轨道交通网络脆弱性分析与客流协同控制研究[D]. 成都：西南交通大学，2016.

[109] 郭兰兰. 基于复杂网络理论的城市轨道线网可靠性研究[D]. 大连：大连理工大学，2013.

[110] 徐佩佩，邵春福. 城市公共交通网络 RLP 建模及复杂性分析[J]. 武汉理工大学学报（交通科学与工程版），2016，40（2）：321-325.

[111] 汪涛，吴琳丽. 基于复杂网络的城市公交网络抗毁性分析[J]. 计算机应用研究，2010，27（11）：4084-4086.

[112] 曲迎春，徐仲之，龚航，等. 城市轨道交通网络脆弱性分析[J]. 铁道科学与工程学报，2016，13（11）：2276-2283.

[113] Sun L, Huang Y, Chen Y, et al. Vulnerability assessment of urban rail transit based on multi-static weighted method in Beijing, China[J]. Transportation Research Part A-Policy & Practice, 2018, 108: 12-24.

[114] Wang J J, Li Y S, Liu J Y, et al. Vulnerability analysis and passenger source prediction in urban rail transit networks[J]. PLoS One, 2013, 8（11）: e80178.

[115] Newman M E J. A measure of betweenness centrality based on random walks[J]. Social Networks，2005，27（1）：39-54.

[116] Yang Y H，Liu Y X，Zhou M X，et al. Robustness assessment of urban rail transit based on complex network theory：a case study of the Beijing Subway[J]. Safety Science，2015，79：149-162.

[117] Kyriakidis M，Hirsch R，Majumdar A. Metro railway safety：an analysis of accident precursors[J]. Safety Science，2012，50（7）：1535-1548.

[118] Lee K，Jung W S，Park J S，et al. Statistical analysis of the Metropolitan Seoul Subway System：network structure and passenger flows[J]. Physica A：Statistical Mechanics and Its Applications，2008，387（24）：6231-6234.

[119] Wang J W. Robustness of complex networks with the local protection strategy against cascading failures[J]. Safety Science，2013，53：219-225.

[120] Zhou Z P，Irizarry J，Li Q M. Using network theory to explore the complexity of subway construction accident network（SCAN）for promoting safety management[J]. Safety Science，2014，64：127-136.

[121] Holme P，Kim B J，Yoon C N，et al. Attack vulnerability of complex networks[J]. Physical Review E，2002，65（5）：056109.

[122] Barabási A L，Albert R. Emergence of scaling in random networks[J]. Science，1999，286（5439）：509-512.

[123] Freeman L C. Centrality in social networks conceptual clarification[J]. Social Networks，1978，1（3）：215-239.

[124] Callaway D S，Newman M E J，Strogatz S H，et al. Network robustness and fragility：percolation on random graphs[J]. Physical Review Letters，2000，85（25）：5468-5471.

[125] Huang L，Lai Y C，Chen G R. Understanding and preventing cascading breakdown in complex clustered networks[J]. Physical Review E，2008，78（3）：036116.

[126] Guimerà R，Arenas A，Díaz-Guilera A，et al. Dynamical properties of model communication networks[J]. Physical Review E，2002，66（2）：026704.

[127] Wu J J，Gao Z Y，Sun H J. Optimal traffic networks topology：a complex networks perspective[J]. Physica A：Statistical Mechanics and Its Applications，2008，387（4）：1025-1032.

[128] 丁琳，张嗣瀛. 复杂网络上相继故障研究综述[J]. 计算机科学，2012，39（8）：8-13，25.

[129] Zhang L，Fu B B，Li S B. Cascading failures coupled model of interdependent double layered public transit network[J]. International Journal of Modern Physics C，2016，27（12）：1650145.

[130] 窦炳琳，张世永. 复杂网络上级联失效的负载容量模型[J]. 系统仿真学报，2011，23（7）：1459-1463，1468.

[131] 陈世明，庞少鹏，邹小群，等. 面向级联失效的加权网络负载容量非线性模型鲁棒性优化[J]. 控制与决策，2013，28（7）：1041-1045.

[132] Barnes M. Transit systems and ridership under extreme weather and climate change stress：an urban transportation agenda for hazards geography[J]. Geography Compass，2015，9（11）：604-616.

[133] Vajda A，Tuomenvirta H，Juga I，et al. Severe weather affecting European transport systems：the identification，classification and frequencies of events[J]. Natural Hazards，2014，72（1）：169-188.

[134] Fontes T，Costa V，Dias T G. Impacts of weather conditions in urban public transport：Understanding the effects of climatic changes using big data[R]. Transportation Research Board 96th Annual Meeting，Washington DC，United States，2017.

[135] Ford A，Jenkins K，Dawson R，et al. Simulating impacts of extreme weather events on urban transport infrastructure in the UK [C]. UCL STEaPP，2015.

[136] Heyndrickx C，Purwanto J，Ciari F，et al. The impact of extreme weather events on urban mobility in Switzerland：Combining a traffic micro-simulation with an economic macro-model [J]. Arbeitsberichte Verkehrs-und Raumplanung，2014：1012.

[137] Stamos I，Mitsakis E，Salanova J M，et al. Impact assessment of extreme weather events on transport networks：a data-driven approach[J]. Transportation Research Part D：Transport and Environment，2015，34：168-178.

[138] 苏跃江，周芦芦，崔昂. 极端天气对城市交通运行的影响分析及对策[J]. 交通企业管理，2016，31（10）：6-10.

[139] 刘婵娟，徐煜. 暴雨天气下对山地城市交通安全的影响研究[J]. 广东经济，2017（14）：110.

[140] 王笑. 暴雨天气下城市快速路交通流特性研究[D]. 北京：北京交通大学，2015.

[141] 李鹏程，李昊洋. 基于城市雨洪模型的内涝交通影响研究[J]. 水电能源科学，2017（5）：62-65.

[142] 徐月欣. 不同天气条件下的城市快速路交通拥堵评价与短时预测：以西安市为例[D]. 西安：长安大学，2017.

[143] 隋莉颖，陈智宏，倪顺江，等.极端天气条件下交通隐患点识别方法及保障对策研究[J].公路交通科技（应用技术版），2015，11（9）：232-234，269.

[144] Wang Y S，Yao L，Wang L L，et al. Mechanism for the formation of the January 2013 heavy haze pollution episode over central and Eastern China[J]. Science China Earth Sciences，2014，57（1）：14-25.

[145] Makarau A，Richter R，Muller R，et al. Haze detection and removal in remotely sensed multispectral imagery[J]. IEEE Transactions on Geoscience and Remote Sensing，2014，52（9）：5895-5905.

[146] Hautière N，Tarel J P，Aubert D，et al. Blind contrast enhancement assessment by gradient ratioing at visible edges[J]. Image Analysis & Stereology，2011，27（2）：87.

[147] Tarel J P，Hautiere N，Caraffa L，et al. Vision enhancement in homogeneous and heterogeneous fog[J]. IEEE Intelligent Transportation Systems Magazine，2012，4（2）：6-20.

[148] Cheng F C，Lin C H，Lin J L. Constant time O（1） image fog removal using lowest level channel[J]. Electronics Letters，2012，48（22）：1404.

[149] Fletcher L M，Engles M，Hammond B R. Visibility through atmospheric haze and its relation to macular pigment[J]. Optometry and Vision Science，2014，91（9）：1089-1096.

[150] 杜轶群. 雾霾对私家车主交通方式选择行为的影响[J]. 中国公路学报，2014，27（7）：

105-110.

[151] 龚奕，张杰，蓝金辉. 雾霾情况下路网模型及雾霾对交通路网的影响[J]. 交通运输系统工程与信息，2015，15（5）：114-122.

[152] Gallego F，Montero J P，Salas C. The effect of transport policies on car use：a bundling model with applications[J]. Energy Economics，2013，40：S85-S97.

[153] Li R M，Guo M. Effects of odd–even traffic restriction on travel speed and traffic volume：evidence from Beijing Olympic Games[J]. Journal of Traffic and Transportation Engineering（English Edition），2016，3（1）：71-81.

[154] Xu M，Grant-Muller S，Gao Z Y. Implementation effects and integration evaluation of a selection of transport management measures in Beijing[J]. Case Studies on Transport Policy，2017，5（4）：604-614.

[155] 甘俊杰，聂规划，徐迪. 武汉市地铁网络复杂特性与鲁棒性研究[J]. 安全与环境工程，2018，25（6）：120-126.

[156] Zhu W H，Liu K，Wang M，et al. Enhancing robustness of metro networks using strategic defense[J]. Physica A：Statistical Mechanics and Its Applications，2018，503：1081-1091.

[157] Wang X R，Koç Y，Derrible S，et al. Multi-criteria robustness analysis of metro networks[J]. Physica A：Statistical Mechanics and Its Applications，2017，474：19-31.

[158] Rong C. Robustness of urban bus traffic networks：a 'load points' analysis[C]//2010 IEEE International Conference on Intelligent Systems and Knowledge Engineering. November 15-16，2010. Hangzhou，China. IEEE，2010：396-400.

[159] Pang J Z F，Bin Othman N，Ng K M，et al. Efficiency and robustness of different bus network designs[J]. International Journal of Modern Physics C，2015，26（3）：1550024.

[160] 张琳，陆建，雷达. 基于复杂网络和空间信息嵌入的常规公交-地铁复合网络脆弱性分析[J]. 东南大学学报（自然科学版），2019，49（4）：773-780.

[161] Sousa S ，Neto C R，Ferreira F. Structure and robustness of Sao Paulo public transport network[J]. arxiv preprint arxiv：1808.08117，2018.

[162] Dobson I. Cascading network failure in power grid blackouts[M]//Encyclopedia of Systems and Control. Cham：Springer International Publishing，2021：199-202.

[163] Yagan O，Qian D J，Zhang J S，et al. On allocating interconnecting links against cascading failures in cyber-physical networks[C]//2011 IEEE Conference on Computer Communications Workshops （INFOCOM WKSHPS）. April 10-15，2011. Shanghai，China. IEEE，2011.

[164] Ren T，Wang Y F，Liu M M，et al. Analysis of robustness of urban bus network[J]. Chinese Physics B，2016，25（2）：020101.

[165] Su Z，Li L X，Peng H P，et al. Robustness of interrelated traffic networks to cascading failures[J]. Scientific Reports，2014，4：5413.

[166] 谢本凯，涂新雨，李琴. 城市轨道交通网络鲁棒性分析[J]. 科学技术与工程，2020，20（28）：11693-11697.

[167] 蔡鉴明，邓薇. 长沙地铁网络复杂特性与级联失效鲁棒性分析[J]. 铁道科学与工程学报，2019，16（6）：1587-1596.

[168] 沈犁，张殿业，向阳，等. 城市地铁-公交复合网络抗毁性与级联失效仿真[J]. 西南交通大

学学报，2018，53（1）：156-163，196.

[169] Yang Y，Huang A L，Guan W. Statistic properties and cascading failures in a coupled transit network consisting of bus and subway systems[J]. International Journal of Modern Physics B，2014，28（30）：1450212.

[170] Li X H，Guo J Y，Gao C，et al. Network-based transportation system analysis：a case study in a mountain city[J]. Chaos，Solitons & Fractals，2018，107：256-265.

[171] Qi X Y，Mei G，Piccialli F. Resilience evaluation of urban bus-subway traffic networks for potential applications in IoT-based smart transportation[J]. IEEE Sensors Journal，2021，21（22）：25061-25074.

[172] Fu C Q，Wang Y，Wang X Y，et al. Multi-node attack strategy of complex networks due to cascading breakdown [J]. Chaos，Solitons & Fractals，2018，106：61-66.

[173] 刘聪. 交通气象灾害[M]. 北京：气象出版社，2009.

[174] 裴彦. 暴雨灾害条件下轨道交通网络脆弱性与抗毁性研究[D].西安：长安大学，2019.

[175] 陈文涛，葛幼松. 低碳视角下道路环境对出行选择的影响机制：基于多项 Logit 模型的实证研究[J]. 生态经济，2018，34（1）：37-42.

[176] 杨顺成，石龙宇. 宁波市雾霾公众认知及对通勤的影响[J]. 环境科学与技术，2016，39（S1）：329-333.

[177] 王宁. 雾霾对交通安全的影响分析[J]. 人民交通，2018（10）：64-65.

[178] 熊秀琴，李怡雪，赵昂，等. 北京市地铁车厢内 $PM_{2.5}$ 污染情况及通勤人员的相关认知[J]. 环境与职业医学，2018，35（7）：583-588.

[179] 贾世桢，侯万钧，梁丽飞. 基于雾霾影响的城市道路照明质量分析及提升研究：以邯郸市为例[J]. 建筑科学，2018，34（12）：82-86.

[180] Latora V，Marchiori M. Efficient behavior of small-world networks [J]. Physical Review Letters，2001，87（19）：198701.

[181] Nagatani T. Self-organized criticality in 1D traffic flow model with inflow or outflow[J]. Journal of Physics A：Mathematical and General，1995，28（4）：L119-L124.

[182] Bak P，Tang C，Wiesenfeld K. Self-organized criticality：an explanation of the 1/*f* noise[J]. Physical Review Letters，1987，59（4）：381-384.

[183] Wu J J，Gao Z Y，Sun H J，et al. Urban transit system as a scale-free network[J]. Modern Physics Letters B，2004，18（19n20）：1043-1049.

[184] 黄爱玲. 公交客流加权复杂网络结构及动力学行为研究[D]. 北京：北京交通大学，2014.

[185] Moreno Y，Gómez J B，Pacheco A F. Instability of scale-free networks under node-breaking avalanches[J]. Europhysics Letters （EPL），2002，58（4）：630-636.

[186] Watts D J. A simple model of global cascades on random networks[J]. Proceedings of the National Academy of Sciences of the United States of America，2002，99（9）：5766-5771.

[187] Bonabeau E. Sandpile dynamics on random graphs[J]. Journal of the Physical Society of Japan，1995，64（1）：327-328.

[188] Kaneko K. Coupled map lattice[M]//NATO ASI Series. Boston，MA：Springer US，1991：237-247.

[189] Bevers M，Flather C H. Numerically exploring habitat fragmentation effects on populations

using cell-based coupled map lattices[J]. Theoretical Population Biology，1999，55（1）：61-76.

[190] Willeboordse F H，Kaneko K. Pattern dynamics of a coupled map lattice for open flow[J]. Physica D：Nonlinear Phenomena，1995，86（3）：428-455.

[191] Chen H S，Zheng Z，Chen Z W，et al. A lattice gas automata model for the coupled heat transfer and chemical reaction of gas flow around and through a porous circular cylinder[J]. Entropy，2015，18（1）：2.

[192] Ahmed E，Abdusalam H A，Fahmy E S. On telegraph reaction diffusion and coupled map lattice in some biological systems[J]. International Journal of Modern Physics C，2001，12（5）：717-726.

[193] Qian Y S，Wang B B，Xue Y，et al. A simulation of the cascading failure of a complex network model by considering the characteristics of road traffic conditions[J]. Nonlinear Dynamics，2015，80（1）：413-420.

[194] Lhaksmana K M，Murakami Y，Ishida T. Analysis of large-scale service network tolerance to cascading failure[J]. IEEE Internet of Things Journal，2016，3（6）：1159-1170.

[195] 陈星光，周晶，朱振涛. 基于耦合映像格子的城市交通系统相继故障研究[J]. 数学的实践与认识，2009，39（7）：79-84.

[196] Huang A L，Zhang H M，Guan W，et al. Cascading failures in weighted complex networks of transit systems based on coupled map lattices[J]. Mathematical Problems in Engineering，2015：940795.

[197] Peng X Z，Li B Y，Yao H. A cascading invulnerability analysis for multi-layered networks[J]. Advanced Materials Research，2013，846/847：853-857.

[198] Disbro J E，Frame M. Traffic flow theory and chaotic behavior [R]. New York（State）. Dept. of Transportation，1989.

[199] Johanns R D，Roozemond D A. An object based traffic control strategy：A chaos theory approach with an object-oriented implementation [J]. Advanced technologies，1993，4（2）：231-242.

[200] 杜振财，王瑞峰，纪常伟. 基于 Logistic 映射的交通流的混沌态研究[J]. 交通科技，2005（2）：78-80.

[201] Cohen R，Erez K，ben-Avraham D，et al. Cohen，erez，Ben-avraham，and havlin reply[J]. Physical Review Letters，2001，87（21）：219802.

[202] Paul G，Sreenivasan S，Stanley H E. Resilience of complex networks to random breakdown[J]. Physical Review E，2005，72（5）：056130.

[203] Dorogovtsev S N，Mendes J F F. Comment on “breakdown of the Internet under intentional attack”[J]. Physical Review Letters，2001，87（21）：219801.

[204] Motter A E，Lai Y C. Cascade-based attacks on complex networks[J]. Physical Review E，2002，66（6）：065102.

[205] Zhang L，Lu J，Long M，et al. A cascading failures perspective based mesoscopic reliability model of weighted public transit network considering congestion effect and user equilibrium evacuation[J]. Mathematical Problems in Engineering，2018：9292375.

[206] 李立. 济南至青岛高速铁路客运量预测研究[J]. 铁道运输与经济，2016，38（9）：45-49.

[207] Bi S，Zhao Z C，Wang G，et al. Research on travel time prediction under the condition of urban rainstorm in overpass area[J]. Advanced Materials Research，2014，989/990/991/992/993/994：5565-5570.

[208] Xu F F，He Z C，Sha Z R，et al. Survey the impact of different rainfall intensities on urban road traffic operations using Macroscopic Fundamental Diagram[C]//16th International IEEE Conference on Intelligent Transportation Systems （ITSC 2013）. October 6-9，2013. The Hague，Netherlands. IEEE，2013.

[209] Goel G，Sachdeva S N. Impact of rainwater on bituminous road surfacing[M]//Garg V，Singh V P，Raj V，eds. Water Science and Technology Library. Cham：Springer International Publishing，2017：125-134.

[210] Lyu H M，Sun W J，Shen S L，et al. Flood risk assessment in metro systems of mega-cities using a GIS-based modeling approach[J]. Science of the Total Environment，2018，626：1012-1025.

[211] 薄坤，滕靖，刘好德. 气象灾害对城市公交运行影响的指标框架研究[J]. 综合运输，2017，39（2）：75-79.

[212] 董洁霜，吴雨薇，路庆昌. 降雨条件下城市道路网络拓扑结构脆弱性分析[J]. 交通运输系统工程与信息，2015，15（5）：109-113，122.

[213] 杨佩国，靳京，赵东升，等. 基于历史暴雨洪涝灾情数据的城市脆弱性定量研究：以北京市为例[J]. 地理科学，2016，36（5）：733-741.

[214] Ren F C，Zhao T D，Wang H L. Risk and resilience analysis of complex network systems considering cascading failure and recovery strategy based on coupled map lattices[J]. Mathematical Problems in Engineering，2015：761818.

[215] Latora V，Marchiori M. How the science of complex networks can help developing strategies against terrorism[J]. Chaos，Solitons & Fractals，2004，20（1）：69-75.

[216] 王芳. 基于级联失效的均衡路网脆弱性研究[D]. 成都：西南交通大学，2013.

[217] 高洁，陈迎阳. 级联失效下供应链网络脆弱性分析[J]. 物流工程与管理，2016，38（10）：80-83，42.

[218] 尹洪英. 道路交通运输网络脆弱性评估模型研究[D]. 上海：上海交通大学，2011.

[219] 马世英，郭逸豪，宋墩文，等.计及级联失效的电力信息系统脆弱性评估[J].发电技术，2018，39（3）：226-232.

[220] Ouyang M，Hong L，Mao Z J，et al. A methodological approach to analyze vulnerability of interdependent infrastructures[J]. Simulation Modelling Practice and Theory，2009，17（5）：817-828.

[221] Dueñas-Osorio L，Craig J I，Goodno B J. Seismic response of critical interdependent networks[J]. Earthquake Engineering & Structural Dynamics，2007，36（2）：285-306.

[222] 蔡毅，邢岩，胡丹. 敏感性分析综述[J]. 北京师范大学学报（自然科学版），2008，44（1）：9-16.

[223] 王艳琴. 环境保护部发布 HJ633—2012《环境空气质量指数（AQI）技术规定（试行）》[J]. 中国标准导报，2012（4）：49.

[224] Liu Z Y，Li R M，Wang X，et al. Effects of vehicle restriction policies：analysis using license

plate recognition data in Langfang，China[J]. Transportation Research Part A：Policy and Practice，2018，118：89-103.

[225] 冯春，芶韩丹，杨玄，等. 基于复杂网络理论的快递网络脆弱性分析[J]. 交通运输工程与信息学报，2020，18（1）：9-15.

[226] Boccaletti S，Latora V，Moreno Y，et al. Complex networks：structure and dynamics[J]. Physics Reports，2006，424（4/5）：175-308.

[227] 谢珊珊. 基于演化模型的供应链网络脆弱性研究[D]. 武汉：华中科技大学，2015.

[228] 种鹏云，尹惠. 蓄意攻击策略下危险品运输网络级联失效仿真[J]. 复杂系统与复杂性科学，2018，15（1）：45-55，74.

[229] Zhang D M，Du F，Huang H W，et al. Resiliency assessment of urban rail transit networks：Shanghai metro as an example[J]. Safety Science，2018，106：230-243.

[230] Xiao X M，Jia L M，Wang Y H. Correlation between heterogeneity and vulnerability of subway networks based on passenger flow[J]. Journal of Rail Transport Planning & Management，2018，8（2）：145-157.

[231] Floyd R W. Algorithm 97：shortest path[J]. Communications of the ACM，1962，5（6）：345.

[232] Snelder M，van Zuylen H J，Immers L H. A framework for robustness analysis of road networks for short term variations in supply[J]. Transportation Research Part A：Policy and Practice，2012，46（5）：828-842.

[233] Ren T，Wang Y F，Liu M M，et al. Analysis of robustness of urban bus network[J]. Chinese Physics B，2016，25（2）：020101.

[234] Lordan O，Sallan J M，Simo P，et al. Robustness of the air transport network[J]. Transportation Research Part E：Logistics and Transportation Review，2014，68：155-163.

[235] 孙军艳，牛亚儒，吴冰莹，等. 西安公共交通系统的网络特性和鲁棒性分析[J]. 华侨大学学报（自然科学版），2019，40（2）：148-155.

[236] 金彪，赵磊，林小玲，等. 基于复杂网络的福州公交网络分析与评价[J]. 福建师范大学学报（自然科学版），2018，34（1）：17-26，86.

[237] Gao C，Wei D J，Hu Y，et al. A modified evidential methodology of identifying influential nodes in weighted networks[J]. Physica A：Statistical Mechanics and Its Applications，2013，392（21）：5490-5500.

附录 1　西安市气象数据（2011～2019 年）

附表 1-1　西安市气象数据（2011 年）

年份	月份	平均气温（℃）	平均最高气温（℃）	平均最低气温（℃）	最高气温极值（℃）	最低气温极值（℃）	降水量（mm）	最大单日降水量（mm）	降水天数	平均能见度（km）	最小能见度（km）	最大能见度（km）
2011	01	−2.7	1.06	−6.39	5.72	−8.61	0.51	0.25	2	14.27	7.08	22.21
2011	02	3.94	8.56	−0.64	15.89	−6.78	14.99	8.64	5	11.33	8.53	23.17
2011	03	8.72	13.93	3.09	23.28	−0.5	14.73	6.1	4	16.29	10.78	21.57
2011	04	17.68	23.47	11.39	33.61	3.61	17.27	10.92	4	16.3	8.69	22.69
2011	05	20.39	25.83	14.86	36.39	9.78	80.26	29.46	10	16.51	5.47	23.34
2011	06	25.99	31.32	20.43	39.0	17.0	33.27	16.0	9	17.08	6.92	23.82
2011	07	26.64	31.63	22.18	38.72	18.22	94.74	25.4	11	16.19	9.17	25.43
2011	08	24.6	28.58	20.85	38.11	17.28	79.76	28.19	12	13.37	6.76	20.44
2011	09	18.56	21.9	15.74	32.22	9.22	303.78	55.88	16	13.76	7.89	22.53
2011	10	15.08	19.28	11.08	25.39	6.28	51.56	16.76	12	13.71	4.83	27.2
2011	11	9.37	12.09	6.61	17.28	0.61	92.2	19.3	18	11.6	4.67	20.92
2011	12	1.63	5.1	−1.61	9.0	−4.78	6.86	3.81	3	12.09	2.9	22.69

数据来源：WheatA 小麦芽-农业气象大数据系统

附表 1-2　西安市气象数据（2012 年）

年份	月份	平均气温（℃）	平均最高气温（℃）	平均最低气温（℃）	最高气温极值（℃）	最低气温极值（℃）	降水量（mm）	最大单日降水量（mm）	降水天数	平均能见度（km）	最小能见度（km）	最大能见度（km）
2012	01	−0.8	2.83	−4.33	9.5	−9.5	12.7	5.84	3	10.46	1.29	22.69
2012	02	2.19	5.95	−1.62	10.61	−5.61	0.0	0.0	0	14.55	7.56	23.82
2012	03	8.51	13.36	3.69	22.61	−0.78	17.27	4.83	11	13.92	5.79	21.89
2012	04	18.04	23.91	11.41	30.11	5.61	14.48	8.13	6	17.35	11.91	23.01
2012	05	21.68	26.66	16.57	32.61	13.0	72.64	29.72	11	15.11	5.79	22.85
2012	06	26.74	32.14	21.08	38.22	18.11	21.59	16.26	5	17.14	10.78	23.17
2012	07	27.62	32.63	23.19	39.72	19.78	83.06	19.56	13	15.39	9.17	22.05
2012	08	25.52	29.82	21.79	35.22	17.39	87.38	39.62	9	14.48	10.78	19.63
2012	09	19.88	24.44	15.8	29.61	10.28	103.12	19.81	9	14.31	6.12	24.14
2012	10	15.09	19.78	10.64	25.28	4.78	16.0	4.32	9	13.52	6.44	19.96
2012	11	6.52	11.02	1.54	18.0	−4.22	12.19	4.06	6	14.02	8.21	20.92
2012	12	0.34	4.11	−3.63	12.28	−8.61	1.27	1.02	2	12.86	3.54	21.08

数据来源：WheatA 小麦芽-农业气象大数据系统

附表 1-3　西安市气象数据（2013 年）

年份	月份	平均气温（℃）	平均最高气温（℃）	平均最低气温（℃）	最高气温极值（℃）	最低气温极值（℃）	降水量（mm）	最大单日降水量（mm）	降水天数	平均能见度（km）	最小能见度（km）	最大能见度（km）
2013	01	0.9	6.11	–4.09	13.28	–8.0	1.02	1.02	1	12.84	5.95	22.69
2013	02	4.57	9.06	0.58	16.22	–3.39	12.95	5.59	5	9.98	2.09	21.57
2013	03	13.27	19.14	7.4	30.28	1.89	5.59	4.06	2	13.52	7.4	18.19
2013	04	16.3	22.15	10.21	32.0	3.5	19.56	7.62	6	15.11	3.38	21.57
2013	05	21.77	26.21	16.53	36.28	11.89	144.53	75.18	10	14.87	4.99	22.69
2013	06	27.52	32.54	21.45	39.28	15.11	28.19	13.97	6	17.54	12.23	23.01
2013	07	27.4	31.11	23.21	36.11	20.61	163.07	34.04	14	13.57	8.05	21.4
2013	08	28.3	32.39	23.51	38.0	19.39	23.11	9.91	6	15.95	11.27	22.85
2013	09	22.78	27.12	18.24	34.89	13.39	29.97	7.87	7	13.36	8.37	17.7
2013	10	17.03	21.75	12.27	32.5	7.78	21.08	7.87	5	11.59	5.63	17.22
2013	11	8.41	12.69	4.51	17.61	–2.72	42.67	13.72	6	12.63	5.31	24.3
2013	12	2.2	6.99	–2.58	14.39	–8.28	0.0	0.0	0	10.91	1.61	19.63

数据来源：WheatA 小麦芽-农业气象大数据系统

附表 1-4　西安市气象数据（2014 年）

年份	月份	平均气温（℃）	平均最高气温（℃）	平均最低气温（℃）	最高气温极值（℃）	最低气温极值（℃）	降水量（mm）	最大单日降水量（mm）	降水天数	平均能见度（km）	最小能见度（km）	最大能见度（km）
2014	01	3.08	8.53	–2.13	13.89	–5.61	0.25	0.25	1	12.04	3.06	21.73
2014	02	2.42	5.44	–0.42	15.5	–4.39	19.3	5.08	10	7.58	1.13	15.45
2014	03	12.26	17.61	6.77	26.89	1.11	14.48	7.37	8	14.36	6.44	21.57
2014	04	16.26	20.51	11.49	28.61	7.89	73.41	20.07	13	12.54	3.86	19.63
2014	05	21.2	26.36	15.32	33.89	10.61	74.42	28.45	7	15.88	9.66	22.05
2014	06	26.11	31.58	20.48	37.39	17.61	83.57	24.89	13	9.69	3.22	18.02
2014	07	29.21	34.7	23.64	40.61	20.11	60.71	37.85	9	15.59	6.28	24.94
2014	08	25.08	29.66	20.64	36.61	17.0	99.82	36.32	9	9.14	3.54	18.02
2014	09	20.36	23.84	17.34	30.61	15.11	253.75	28.96	20	6.82	1.61	17.06
2014	10	16.37	20.86	12.36	27.28	7.11	17.27	7.11	6	6.28	1.45	22.85
2014	11	8.91	12.89	4.89	21.28	1.22	25.4	6.86	7	7.11	1.29	22.85
2014	12	2.24	7.01	–2.27	14.72	–6.0	0.51	0.51	1	9.32	2.9	19.96

数据来源：WheatA 小麦芽-农业气象大数据系统

附表 1-5　西安市气象数据（2015 年）

年份	月份	平均气温（℃）	平均最高气温（℃）	平均最低气温（℃）	最高气温极值（℃）	最低气温极值（℃）	降水量（mm）	最大单日降水量（mm）	降水天数	平均能见度（km）	最小能见度（km）	最大能见度（km）
2015	01	2.42	7.03	−2.01	15.39	−6.72	3.3	1.27	3	6.69	1.13	20.28
2015	02	5.77	10.72	0.76	18.39	−3.89	1.27	1.02	2	8.45	1.93	15.13
2015	03	10.84	14.91	6.39	23.39	−1.72	57.66	13.21	10	7.87	2.74	23.17
2015	04	16.43	21.12	10.83	30.89	5.5	92.2	28.7	13	13.1	1.61	23.82
2015	05	21.49	26.56	15.79	32.28	9.39	67.31	21.08	11	15.29	7.72	20.6
2015	06	24.34	28.19	19.57	35.39	16.5	108.97	20.57	15	14.21	3.38	25.75
2015	07	28.32	33.51	22.81	39.0	20.28	24.38	9.4	8	16.9	8.21	27.52
2015	08	26.06	31.06	21.34	38.28	17.89	69.85	49.28	9	15.21	6.44	23.17
2015	09	21.71	25.49	17.55	31.78	11.78	118.62	30.48	16	12.97	3.54	28.49
2015	10	15.14	19.29	10.64	24.72	4.0	66.8	21.59	11	10.28	1.45	24.14
2015	11	8.25	10.79	5.19	16.39	−1.61	37.08	7.87	9	8.08	0.32	24.14
2015	12	3.19	6.71	−0.88	13.78	−6.0	2.54	1.02	3	6.29	0.97	19.96

数据来源：WheatA 小麦芽-农业气象大数据系统

附表 1-6　西安市气象数据（2016 年）

年份	月份	平均气温（℃）	平均最高气温（℃）	平均最低气温（℃）	最高气温极值（℃）	最低气温极值（℃）	降水量（mm）	最大单日降水量（mm）	降水天数	平均能见度（km）	最小能见度（km）	最大能见度（km）
2016	01	0.42	4.24	−4.17	12.39	−11.5	9.14	4.57	7	5.49	0.64	19.47
2016	02	5.14	9.97	−0.72	21.0	−7.22	6.86	4.32	3	9.56	1.93	21.57
2016	03	11.68	15.98	6.63	26.0	−1.22	6.35	2.29	5	7.56	1.77	18.51
2016	04	18.47	23.21	12.76	31.5	8.11	28.19	23.11	5	10.54	1.77	19.96
2016	05	20.26	24.29	14.83	33.22	9.5	76.96	18.29	11	14.66	5.15	26.55
2016	06	26.74	31.54	20.99	37.78	15.72	136.65	40.13	10	16.67	3.06	27.84
2016	07	28.48	33.05	23.54	38.28	18.78	162.56	50.55	13	16.16	3.7	24.14
2016	08	28.58	32.67	24.31	37.11	18.0	66.29	17.78	6	13.87	5.31	24.94
2016	09	22.69	26.5	18.41	34.39	13.89	13.21	5.08	5	9.21	2.09	21.57
2016	10	15.28	18.18	12.11	31.5	4.28	76.71	10.67	16	7.81	2.25	21.08
2016	11	8.37	11.96	4.18	17.78	−3.61	33.27	16.51	4	5.09	1.29	15.61
2016	12	4.79	8.39	0.51	16.22	−3.89	8.64	4.06	4	6.0	0.8	19.63

数据来源：WheatA 小麦芽-农业气象大数据系统

附表 1-7　西安市气象数据（2017 年）

年份	月份	平均气温（℃）	平均最高气温（℃）	平均最低气温（℃）	最高气温极值（℃）	最低气温极值（℃）	降水量（mm）	最大单日降水量（mm）	降水天数	平均能见度（km）	最小能见度（km）	最大能见度（km）
2017	01	0.89	6.58	–4.61	12.0	–10.0	0.0	0.0	0	4.12	1.13	7.4
2017	02	4.05	11.03	–3.61	21.0	–10.0	0.0	0.0	0	4.72	2.41	7.89
2017	03	8.44	13.84	2.45	21.0	–4.0	0.0	0.0	0	4.99	2.41	9.98
2017	04	15.69	22.43	9.17	30.0	2.0	0.0	0.0	0	6.42	3.22	9.66
2017	05	20.7	28.0	13.97	37.0	7.0	0.0	0.0	0	7.26	3.86	9.98
2017	06	24.86	31.2	18.83	37.0	14.0	0.0	0.0	0	7.79	2.25	9.98
2017	07	29.75	36.29	23.58	41.0	19.0	0.0	0.0	0	8.22	4.35	9.98
2017	08	25.4	30.64	21.26	38.0	15.0	0.0	0.0	0	6.63	4.18	9.98
2017	09	20.51	24.93	16.67	30.0	12.0	0.0	0.0	0	5.12	2.09	7.56
2017	10	12.87	16.29	9.91	22.0	4.0	0.0	0.0	0	4.46	1.77	9.17
2017	11	6.92	13.5	0.73	22.0	–6.0	0.0	0.0	0	5.38	2.25	9.98
2017	12	0.77	8.32	–6.68	14.0	–11.0	0.0	0.0	0	5.07	2.57	7.56

数据来源：WheatA 小麦芽-农业气象大数据系统

附表 18　西安市气象数据（2018 年）

年份	月份	平均气温（℃）	平均最高气温（℃）	平均最低气温（℃）	最高气温极值（℃）	最低气温极值（℃）	降水量（mm）	最大单日降水量（mm）	降水天数	平均能见度（km）	最小能见度（km）	最大能见度（km）
2018	01	–0.83	2.24	–4.22	9.72	–9.78	23.88	9.91	11	8.74	1.61	21.57
2018	02	4.96	9.84	–0.79	22.28	–7.28	4.32	3.3	3	15.63	5.95	26.55
2018	03	13.42	18.58	7.78	29.61	2.61	25.15	11.18	8	11.93	4.18	24.3
2018	04	17.86	23.15	11.59	34.5	2.78	42.93	15.49	12	18.96	6.92	27.52
2018	05	21.86	26.43	16.42	35	11.5	34.8	9.91	10	19.63	6.28	29.93
2018	06	26.7	31.77	20.78	37.89	14.28	85.09	19.81	10	18.83	3.22	27.36
2018	07	28.37	32.12	24.36	39.22	20.11	128.02	32	8	13.89	2.25	27.68
2018	08	29.18	33.87	24.64	37.28	19.22	77.72	38.1	5	16.21	9.98	24.94
2018	09	20.76	24.6	16.67	33.22	11.89	61.21	17.02	11	16.91	1.77	27.36
2018	10	15.41	20.94	9.48	24.72	4.28	8.89	2.79	6	12.68	3.06	24.94
2018	11	8	11.68	3.51	22.5	–1.78	33.02	10.92	9	7.02	1.45	18.67
2018	12	1.69	4.54	–1.92	13.22	–7.39	2.79	1.27	3	11.33	1.93	27.84

数据来源：WheatA 小麦芽-农业气象大数据系统

附表 1-9 西安市气象数据（2019 年）

年份	月份	平均气温（℃）	平均最高气温（℃）	平均最低气温（℃）	最高气温极值（℃）	最低气温极值（℃）	降水量（mm）	最大单日降水量（mm）	降水天数	平均能见度（km）	最小能见度（km）	最大能见度（km）
2019	01	1.17	4.82	−3.01	10.78	−7.61	6.6	3.3	3	6.9	0.64	26.72
2019	02	3.64	6.93	−0.17	13.39	−5.11	13.46	3.3	8	5.49	1.45	20.44
2019	03	12.77	17.91	6.74	24.89	2	1.52	0.76	3	15.96	3.86	28
2019	04	17.66	22.45	12.02	32.39	6.39	76.2	19.3	10	12.17	1.77	22.85
2019	05	21.19	25.85	15.46	35.72	10.61	22.61	5.08	11	19.25	7.4	28.32
2019	06	25.54	29.84	20.53	37.39	18.22	139.95	30.99	11	20.74	3.22	29.93
2019	07	27.67	31.92	22.5	38.89	19	71.63	23.62	10	22.55	4.35	29.77
2019	08	26.72	31.16	22.02	38.22	19.39	94.49	31.5	14	18.73	4.02	29.77
2019	09	21.01	25.21	16.66	32.89	13.61	164.08	70.1	14	11.84	2.57	19.47
2019	10	14.51	18.16	10.94	28.22	6	85.85	18.29	17	8.29	1.29	23.34
2019	11	8.89	13.19	4.89	20.5	0.61	13.97	6.1	6	7.35	1.29	25.75
2019	12	4.06	10.19	−1.02	16.11	−5.72	0.51	0.51	1	8.72	1.13	26.72

数据来源：WheatA 小麦芽-农业气象大数据系统

附录 2　西安市空气质量数据（2014～2020 年）

附表 2-1　西安市空气质量数据（2014 年）

月份	AQI	范围	质量等级	PM2.5	PM10	NO_2	CO	SO_2	O_3
2014 年 1 月	175	72～352	中度污染	133	229	3.037	72	85	27
2014 年 2 月	218	83～432	重度污染	173	241	2.507	53	65	32
2014 年 3 月	134	74～250	轻度污染	85	188	2.242	50	37	52
2014 年 4 月	101	55～181	轻度污染	64	149	1.697	46	17	66
2014 年 5 月	100	58～221	良	55	149	1.529	32	16	81
2014 年 6 月	78	53～136	良	46	97	1.42	34	13	110
2014 年 7 月	82	27～110	良	36	87	1.058	34	9	135
2014 年 8 月	74	33～114	良	44	93	1.219	39	11	108
2014 年 9 月	61	18～113	良	39	76	1.383	38	11	65
2014 年 10 月	111	44～251	轻度污染	78	152	1.51	48	20	56
2014 年 11 月	118	53～239	轻度污染	84	155	1.883	48	37	29
2014 年 12 月	104	60～182	轻度污染	67	152	2.035	48	53	26

数据来源：https://www.aqistudy.cn/historydata/

附表 2-2　西安市空气质量数据（2015 年）

月份	AQI	范围	质量等级	PM2.5	PM10	NO_2	CO	SO_2	O_3
2015 年 1 月	132	61～242	轻度污染	95	188	2.897	51	55	25
2015 年 2 月	104	67～200	轻度污染	65	147	2.482	38	38	47
2015 年 3 月	93	53～177	良	60	132	1.787	40	26	59
2015 年 4 月	78	43～138	良	40	106	1.743	36	17	82
2015 年 5 月	78	60～103	良	40	101	1.532	36	17	114
2015 年 6 月	70	32～101	良	36	82	1.27	32	11	97
2015 年 7 月	95	61～142	良	41	98	1.032	36	9	149
2015 年 8 月	90	35～169	良	43	102	1.023	43	10	127
2015 年 9 月	70	37～102	良	42	84	1.143	42	13	89
2015 年 10 月	104	31～202	轻度污染	63	153	1.452	53	21	56
2015 年 11 月	91	38～265	良	59	126	2.06	49	25	24
2015 年 12 月	152	63～317	中度污染	111	212	2.784	63	44	30

数据来源：https://www.aqistudy.cn/historydata/

附表 2-3　西安市空气质量数据（2016 年）

月份	AQI	范围	质量等级	PM2.5	PM10	NO_2	CO	SO_2	O_3
2016 年 1 月	154	63～333	中度污染	113	207	3.013	60	39	36
2016 年 2 月	108	52～251	轻度污染	69	146	1.817	47	28	61
2016 年 3 月	125	58～192	轻度污染	78	188	1.887	63	27	69
2016 年 4 月	96	61～148	良	55	138	1.4	58	17	102
2016 年 5 月	87	47～168	良	44	105	1.113	47	13	120
2016 年 6 月	101	46～179	轻度污染	32	76	1.1	38	8	157
2016 年 7 月	83	35～168	良	27	59	0.926	32	6	136
2016 年 8 月	83	36～121	良	36	71	0.952	34	8	136
2016 年 9 月	91	47～130	良	53	104	1.217	56	14	112
2016 年 10 月	79	39～153	良	53	98	1.355	51	12	55
2016 年 11 月	169	44～304	中度污染	124	221	2.18	70	26	29
2016 年 12 月	214	71～458	重度污染	173	233	2.497	77	35	31

数据来源：https://www.aqistudy.cn/historydata/

附表 2-4　西安市空气质量数据（2017 年）

月份	AQI	范围	质量等级	PM2.5	PM10	NO_2	CO	SO_2	O_3
2017 年 1 月	229	63～499	重度污染	186	260	2.613	73	37	45
2017 年 2 月	172	57～307	中度污染	131	201	2.143	75	33	71
2017 年 3 月	100	48～145	轻度污染	69	120	1.5	63	23	81
2017 年 4 月	93	41～298	良	43	95	1.327	62	15	99
2017 年 5 月	114	50～500	轻度污染	32	76	1.103	55	13	136
2017 年 6 月	110	46～172	轻度污染	33	72	1.067	42	11	165
2017 年 7 月	122	37～201	轻度污染	32	72	1.152	40	8	181
2017 年 8 月	99	35～202	良	35	70	1.161	41	9	148
2017 年 9 月	77	40～123	良	44	90	1.31	53	12	95
2017 年 10 月	75	30～116	良	50	91	1.465	50	12	41
2017 年 11 月	129	66～292	轻度污染	94	159	1.773	74	22	38
2017 年 12 月	172	72～402	中度污染	109	181	2.006	80	32	22

数据来源：https://www.aqistudy.cn/historydata/

附表 2-5　西安市空气质量数据（2018 年）

月份	AQI	范围	质量等级	PM2.5	PM10	NO_2	CO	SO_2	O_3
2018 年 1 月	176	63～330	中度污染	136	184	70	1.887	25	42
2018 年 2 月	106	0～267	轻度污染	76	118	55	1.4	23	75
2018 年 3 月	107	0～218	轻度污染	76	129	62	1.381	15	90
2018 年 4 月	74	0～181	良	35	100	52	1.047	12	99
2018 年 5 月	73	0～145	良	30	83	46	0.89	10	112
2018 年 6 月	100	35～151	良	26	59	36	0.887	8	156
2018 年 7 月	70	29～126	良	24	46	27	0.874	6	120
2018 年 8 月	98	39～136	良	28	56	34	0.877	8	155
2018 年 9 月	62	33～95	良	23	53	42	0.887	10	87
2018 年 10 月	80	50～102	良	43	91	60	1.045	11	73
2018 年 11 月	92	0～242	良	64	104	65	1.323	14	36
2018 年 12 月	109	0～254	轻度污染	79	131	63	1.377	21	29

数据来源：https://www.aqistudy.cn/historydata/

附表 2-6　西安市空气质量数据（2019 年）

月份	AQI	范围	质量等级	PM2.5	PM10	NO_2	CO	SO_2	O_3
2019 年 1 月	178	58～346	中度污染	139	181	70	1.639	17	37
2019 年 2 月	151	79～271	中度污染	114	157	44	1.311	11	66
2019 年 3 月	84	54～120	良	45	113	58	0.755	8	84
2019 年 4 月	82	53～144	良	45	107	46	0.82	7	101
2019 年 5 月	107	35～481	轻度污染	42	115	43	0.577	6	117
2019 年 6 月	91	33～153	良	26	54	34	0.613	5	144
2019 年 7 月	95	36～150	良	22	49	32	0.555	5	152
2019 年 8 月	87	37～140	良	26	56	34	0.681	5	138
2019 年 9 月	67	32～120	良	28	54	41	0.697	6	109
2019 年 10 月	66	25～122	良	38	75	46	0.771	7	48
2019 年 11 月	112	38～231	轻度污染	79	125	58	0.96	10	32
2019 年 12 月	134	52～319	轻度污染	100	143	65	1.145	15	32

数据来源：https://www.aqistudy.cn/historydata/

附表 2-7　西安市空气质量数据（2020 年）

月份	AQI	范围	质量等级	PM2.5	PM10	NO_2	CO	SO_2	O_3
2020 年 1 月	168	68～278	中度污染	130	144	49	1.49	13	46
2020 年 2 月	106	33～185	轻度污染	74	97	29	0.966	11	88
2020 年 3 月	84	34～172	良	47	111	46	0.613	9	86
2020 年 4 月	76	48～111	良	39	94	49	0.603	9	105
2020 年 5 月	82	36～145	良	28	85	38	0.523	7	129
2020 年 6 月	80	33～175	良	25	58	31	0.623	6	128
2020 年 7 月	84	36～180	良	26	54	28	0.632	5	134
2020 年 8 月	66	30～150	良	22	47	29	0.632	5	110
2020 年 9 月	72	33～106	良	33	70	43	0.687	7	110
2020 年 10 月	68	30～134	良	37	86	45	0.726	7	43
2020 年 11 月	102	33～195	轻度污染	71	125	56	0.923	9	50
2020 年 12 月	112	43～205	轻度污染	80	120	54	1.035	13	33

数据来源：https://www.aqistudy.cn/historydata/

附录3　西安市地铁站点数据

附表 3-1　西安市地铁站点表

序号	站点	轨道线路	是否换乘	站点位置详情
1	纺织城	1号线	否	位于纺北路与纺渭路十字，本站为轨道交通1号线终点站
2	半坡	1号线	否	位于纺北路与纺西街交叉口
3	浐河	1号线	否	位于浐河以东、长乐东路与东三环十字西南侧
4	长乐坡	1号线	否	位于长乐路与长十路路口
5	万寿路	1号线	否	位于长乐路与万寿路十字
6	通化门	1号与3号地铁线	是	位于东二环路与长乐路十字
7	康复路	1号线	否	位于长乐路与康复路十字
8	朝阳门	1号线	否	位于朝阳门外、长乐西路与环城东路十字
9	五路口	1号线	否	位于西五路与解放路十字
10	北大街	1号与2号地铁线	是	位于北大街与莲湖路相交十字路口
11	洒金桥	1号线	否	位于莲湖路与西北三路十字
12	玉祥门	1号线	否	位于大庆路与环城西路转盘
13	劳动路	1号线	否	位于劳动路与大庆路十字
14	开远门	1号线	否	位于西二环路与大庆路十字
15	汉城路	1号线	否	位于汉城北路与枣园路十字
16	枣园	1号线	否	位于枣园东路与枣园北路交叉口
17	皂河	1号线	否	位于西户铁路与枣园路交叉口
18	三桥	1号线	否	位于三桥镇三桥路与武警路十字
19	后卫寨	1号线	否	为轨道交通1号线一期工程起点站，位于后围寨盘道西侧
20	韦曲南	2号线	否	韦曲南站为2号线终点站
21	航天城	2号线	否	位于长安区长安街十字路口的南侧
22	凤栖原	2号线	否	位于杜陵东路与凤栖路之间
23	三爻	2号线	否	位于南三环以南三森国际家居城和三爻村附近
24	会展中心	2号线	否	位于长安南路、丈八东路和雁展路交会处，陕西电视塔下绿地范围内，车站附近有省电视塔、西安国际展览中心等重要标志性建筑物

续表

序号	站点	轨道线路	是否换乘	站点位置详情
25	纬一街	2号线	否	位于长安南路与纬一街交叉路口的北侧，西南侧为陕西广播电视中心，站位附近有西北政法大学、西安邮电学院等多所高校
26	小寨	2号与3号地铁线	是	位于长安中路与小寨路十字路口处，与3号线形成"T"字换乘，两车站同步设计、同步施工、车站同名
27	体育场	2号线	否	位于南二环北侧陕西省体育场东门出口与长安北路交会处
28	南稍门	2号线	否	位于长安北路与友谊路十字路口南侧
29	永宁门	2号线	否	位于南门外绿化广场与南关正街下方
30	钟楼	2号线	否	位于钟楼北侧，该区域为西安市商业中心
31	安远门	2号线	否	位于北关正街与自强路十字路口北侧，距离明城墙北门400m
32	龙首原	2号线	否	位于未央路与龙首北路十字路南侧，该区域为古代龙首原位置。周边主要为企事业单位及学校，与南端的凤栖原相对应
33	大明宫西	2号线	否	位于唐代大明宫遗址西侧，站位跨未央路与玄武路十字路口设置
34	市图书馆	2号线	否	位于未央路与凤城二路十字路口。周边多为商业写字楼及住宅区，市图书馆是该地区重要的公益性事业单位
35	凤城五路	2号线	否	位于未央路与凤城五路丁字路口，附近为企事业单位及商住区
36	行政中心	2号线	否	位于张家堡广场中央，东西两侧为规划的西安行政中心
37	运动公园	2号线	否	位于北郊张家堡广场以北，布设在凤城十路与草滩路路口
38	北苑	2号线	否	北苑站位于西安城市北郊，北绕城高速公路南侧
39	北客站	2号线	否	位于未央区元朔路
40	保税区	3号线	否	位于港务西路与秦汉大道交叉口
41	新筑	3号线	否	位于港务西路与潘骞路交叉口南侧
42	双寨	3号线	否	位于港务西路与向东路交叉口北侧，与西安奥体中心相邻
43	国际港务区	3号线	否	港务西路与草临路交叉口
44	务庄	3号线	否	位于西安市灞桥区规划香北路与黄邓路交叉口西侧
45	香湖湾	3号线	否	灞河以北800m，东三环路西侧，小交路折返站
46	浐灞中心	3号线	否	位于新灞路北侧，环四路东侧
47	桃花潭	3号线	否	位于西安市灞桥区
48	广泰门	3号线	否	西安市未央区广安路与广运谭大道交叉口西侧
49	辛家庙	3号线	否	位于东北二环立交南侧
50	石家街	3号线	否	位于东二环与含元路交叉口
51	胡家庙	3号线	否	位于东二环与长缨路交叉口西北侧

续表

序号	站点	轨道线路	是否换乘	站点位置详情
52	长乐公园	3 号线	否	西安市碑林区
53	咸宁路	3 号线	否	位于东二环与咸宁路交叉口
54	延兴门	3 号线	否	位于建工路与东二环交叉口东北侧
55	青龙寺	3 号线	否	位于西影路与雁翔路交叉口东侧
56	北池头	3 号线	否	位于西影路与西延路交叉口东侧
57	大雁塔	3 号线	否	位于小寨东路与雁塔北路交叉口
58	吉祥村	3 号线	否	位于小寨西路南侧、含光路东侧
59	太白南路	3 号线	否	位于科技路与太白南路交叉口西侧
60	科技路	3 号线	否	位于科技路与高新路交叉口
61	延平门	3 号线	否	位于科技路与沣惠路交叉口西侧
62	丈八北路	3 号线	否	位于富裕路与丈八北路交叉口东侧
63	鱼化寨	3 号线	否	位于富裕路与迎宾路交叉口西侧

数据来源：2018 年西安市地铁线路图

附表 3-2　地铁线路介绍表

地铁线路	介绍
1 号线	西安地铁 1 号线，为西安市城市快速轨道交通规划中最早提出修建的线路，为西安地铁第二条开工和运营的线路。一期工程于 2008 年 10 月开工建设、2013 年 09 月 15 日通车，为贯穿市区东西轴线的核心线路。全长 25.4 公里，设 19 座地下车站，平均站距 1.41 公里。西安地铁 1 号线二期东起后卫寨站向西延伸至沣河森林公园，正线全长 6.1 公里。工程沿世纪大道布设，均为地下线，共设四个车站，分别为沣河森林公园站、北槐站、上林路站以及沣东自贸园站。
2 号线	西安地铁 2 号线，为西安地铁首条开工线路、首条运营线路，也是客流量最大、最为重要的线路。一期工程主线于 2006 年 09 月 29 日开工建设、2011 年 09 月 16 日通车，南延段于 2010 年 04 月开工建设、2014 年 06 月 16 日通车，为贯穿市区南北中轴线的核心线路。
3 号线	西安地铁 3 号线一期工程于 2011 年 05 月开工，于 2016 年 11 月 8 日 12:00 正式通车。线路西南起鱼化寨，东北至保税区。线路途经雁塔区、碑林区、新城区、灞桥区四个行政区，串起西安高新技术产业开发区、曲江新区、金花路、西安浐灞生态区、西安国际港务区，线路长 39.15 公里，其中地下线长 27.13 公里，高架线长 11.57 公里，敞口段长 0.45 公里。全线共设 26 座车站，其中 19 座地下站、7 座高架站。

数据来源：http://xa.bendibao.com/ditie/zd_beidajie.shtml

附录4　西安市公交站点数据示例

附表 4-1　公交站点数据示例

序号	站点名称	线路
1	城际铁路秦宫站	1010 路（城际铁路秦宫站-沣河森林公园地铁站）
2	秦汉中学	1010 路（城际铁路秦宫站-沣河森林公园地铁站）
3	兰池二路・秦宫一路口	1010 路（城际铁路秦宫站-沣河森林公园地铁站）
4	秦汉大道・兰池二路口	1010 路（城际铁路秦宫站-沣河森林公园地铁站）
5	兰池大厦	1010 路（城际铁路秦宫站-沣河森林公园地铁站）
6	秦汉新城管委会	1010 路（城际铁路秦宫站-沣河森林公园地铁站）
7	兰池二路・秦苑五路口	1010 路（城际铁路秦宫站-沣河森林公园地铁站）
8	兰池二路・秦苑三路口	1010 路（城际铁路秦宫站-沣河森林公园地铁站）
9	兰池二路・秦苑一路口	1010 路（城际铁路秦宫站-沣河森林公园地铁站）
10	兰池大道・秦苑一路口	1010 路（城际铁路秦宫站-沣河森林公园地铁站）
11	兰池大道・长兴村	1010 路（城际铁路秦宫站-沣河森林公园地铁站）
12	枫丹丽舍	1010 路（城际铁路秦宫站-沣河森林公园地铁站）
13	渭城区秦汉新城服务中心	1010 路（城际铁路秦宫站-沣河森林公园地铁站）
14	金旭路・朝阳六路口	1010 路（城际铁路秦宫站-沣河森林公园地铁站）
15	西北电力建设小区	1010 路（城际铁路秦宫站-沣河森林公园地铁站）
16	金旭路・朝阳五路口	1010 路（城际铁路秦宫站-沣河森林公园地铁站）
17	金旭路・上林路口	1010 路（城际铁路秦宫站-沣河森林公园地铁站）
18	朝阳三路	1010 路（城际铁路秦宫站-沣河森林公园地铁站）
19	昆仑银行	1010 路（城际铁路秦宫站-沣河森林公园地铁站）
20	朝阳二路	1010 路（城际铁路秦宫站-沣河森林公园地铁站）
21	滨河小区	1010 路（城际铁路秦宫站-沣河森林公园地铁站）
22	渭城农商银行	1010 路（城际铁路秦宫站-沣河森林公园地铁站）
23	沣渭怡心岛	1010 路（城际铁路秦宫站-沣河森林公园地铁站）
24	森林公园东门	1010 路（城际铁路秦宫站-沣河森林公园地铁站）
25	沣河森林公园地铁站	1010 路（城际铁路秦宫站-沣河森林公园地铁站）
26	沣河森林公园地铁站	1010 路（沣河森林公园地铁站-城际铁路秦宫站）
27	森林公园东门	1010 路（沣河森林公园地铁站-城际铁路秦宫站）

续表

序号	站点名称	线路
28	沣渭怡心岛	1010 路（沣河森林公园地铁站-城际铁路秦宫站）
29	古渡公园	1010 路（沣河森林公园地铁站-城际铁路秦宫站）
30	渭城农商银行	1010 路（沣河森林公园地铁站-城际铁路秦宫站）
31	滨河小区	1010 路（沣河森林公园地铁站-城际铁路秦宫站）
32	朝阳二路	1010 路（沣河森林公园地铁站-城际铁路秦宫站）
33	昆仑银行	1010 路（沣河森林公园地铁站-城际铁路秦宫站）
34	朝阳三路	1010 路（沣河森林公园地铁站-城际铁路秦宫站）
35	金旭路・上林路口	1010 路（沣河森林公园地铁站-城际铁路秦宫站）
36	金旭路・朝阳五路口	1010 路（沣河森林公园地铁站-城际铁路秦宫站）
37	西北电力建设小区	1010 路（沣河森林公园地铁站-城际铁路秦宫站）
38	金旭路・朝阳六路口	1010 路（沣河森林公园地铁站-城际铁路秦宫站）
39	渭城区秦汉新城服务中心	1010 路（沣河森林公园地铁站-城际铁路秦宫站）
40	枫丹丽舍	1010 路（沣河森林公园地铁站-城际铁路秦宫站）
41	兰池大道・长兴村	1010 路（沣河森林公园地铁站-城际铁路秦宫站）
42	兰池大道・秦苑一路口	1010 路（沣河森林公园地铁站-城际铁路秦宫站）
43	兰池二路・秦苑一路口	1010 路（沣河森林公园地铁站-城际铁路秦宫站）
44	兰池二路・秦苑三路口	1010 路（沣河森林公园地铁站-城际铁路秦宫站）
45	兰池二路・秦苑五路口	1010 路（沣河森林公园地铁站-城际铁路秦宫站）
46	秦汉新城管委会	1010 路（沣河森林公园地铁站-城际铁路秦宫站）
47	兰池大厦	1010 路（沣河森林公园地铁站-城际铁路秦宫站）
48	秦汉大道・兰池二路口	1010 路（沣河森林公园地铁站-城际铁路秦宫站）
49	兰池二路・秦宫一路口	1010 路（沣河森林公园地铁站-城际铁路秦宫站）
50	秦汉中学	1010 路（沣河森林公园地铁站-城际铁路秦宫站）
51	城际铁路秦宫站	1010 路（沣河森林公园地铁站-城际铁路秦宫站）
52	城际铁路秦宫站	1013 路（城际铁路秦宫站-后卫寨地铁站）
53	秦汉中学	1013 路（城际铁路秦宫站-后卫寨地铁站）
54	兰池二路・秦宫一路口	1013 路（城际铁路秦宫站-后卫寨地铁站）
55	泾渭大道・兰池二路口	1013 路（城际铁路秦宫站-后卫寨地铁站）
56	尚稷路草滩八路口	1013 路（城际铁路秦宫站-后卫寨地铁站）
57	尚苑路草滩八路口	1013 路（城际铁路秦宫站-后卫寨地铁站）
58	北三环草滩八路口	1013 路（城际铁路秦宫站-后卫寨地铁站）
59	六村堡物流中心	1013 路（城际铁路秦宫站-后卫寨地铁站）

续表

序号	站点名称	线路
60	石材市场	1013 路（城际铁路秦宫站-后卫寨地铁站）
61	西三环北段	1013 路（城际铁路秦宫站-后卫寨地铁站）
62	南皂河村	1013 路（城际铁路秦宫站-后卫寨地铁站）
63	建章路望城一路口	1013 路（城际铁路秦宫站-后卫寨地铁站）
64	焦家村	1013 路（城际铁路秦宫站-后卫寨地铁站）
65	七四零库	1013 路（城际铁路秦宫站-后卫寨地铁站）
66	建章路零五路口	1013 路（城际铁路秦宫站-后卫寨地铁站）
67	高堡子	1013 路（城际铁路秦宫站-后卫寨地铁站）
68	雁雀门村	1013 路（城际铁路秦宫站-后卫寨地铁站）
69	建章路花园西街	1013 路（城际铁路秦宫站-后卫寨地铁站）
70	三桥农贸市场	1013 路（城际铁路秦宫站-后卫寨地铁站）
71	三桥东	1013 路（城际铁路秦宫站-后卫寨地铁站）
72	三桥	1013 路（城际铁路秦宫站-后卫寨地铁站）
73	三桥西	1013 路（城际铁路秦宫站-后卫寨地铁站）
74	后卫寨地铁站	1013 路（城际铁路秦宫站-后卫寨地铁站）
75	后卫寨地铁站	1013 路（后卫寨地铁站-城际铁路秦宫站）
76	三桥西	1013 路（后卫寨地铁站-城际铁路秦宫站）
77	三桥	1013 路（后卫寨地铁站-城际铁路秦宫站）
78	三桥东	1013 路（后卫寨地铁站-城际铁路秦宫站）
79	三桥农贸市场	1013 路（后卫寨地铁站-城际铁路秦宫站）
80	建章路花园西街	1013 路（后卫寨地铁站-城际铁路秦宫站）
81	雁雀门村	1013 路（后卫寨地铁站-城际铁路秦宫站）
82	高堡子	1013 路（后卫寨地铁站-城际铁路秦宫站）
83	建章路零五路口	1013 路（后卫寨地铁站-城际铁路秦宫站）
84	七四零库	1013 路（后卫寨地铁站-城际铁路秦宫站）
85	焦家村	1013 路（后卫寨地铁站-城际铁路秦宫站）
86	建章路望城一路口	1013 路（后卫寨地铁站-城际铁路秦宫站）
87	南皂河村	1013 路（后卫寨地铁站-城际铁路秦宫站）
88	西三环北段	1013 路（后卫寨地铁站-城际铁路秦宫站）
89	石材市场	1013 路（后卫寨地铁站-城际铁路秦宫站）
90	六村堡物流中心	1013 路（后卫寨地铁站-城际铁路秦宫站）
91	北三环草滩八路口	1013 路（后卫寨地铁站-城际铁路秦宫站）

续表

序号	站点名称	线路
92	尚苑路草滩八路口	1013 路（后卫寨地铁站-城际铁路秦宫站）
93	尚苑路草滩八路口	1013 路（后卫寨地铁站-城际铁路秦宫站）
94	尚稷路草滩八路口	1013 路（后卫寨地铁站-城际铁路秦宫站）
95	泾渭大道・兰池二路口	1013 路（后卫寨地铁站-城际铁路秦宫站）
96	兰池二路・秦宫一路口	1013 路（后卫寨地铁站-城际铁路秦宫站）
97	秦汉中学	1013 路（后卫寨地铁站-城际铁路秦宫站）
98	城际铁路秦宫站	1013 路（后卫寨地铁站-城际铁路秦宫站）
99	大庆路劳动路口	102 路（大庆路劳动路口-公园南路北口）
100	潘家村	102 路（大庆路劳动路口-公园南路北口）
101	玉祥门	102 路（大庆路劳动路口-公园南路北口）
102	洒金桥	102 路（大庆路劳动路口-公园南路北口）
103	许士庙街北口	102 路（大庆路劳动路口-公园南路北口）
104	莲湖公园	102 路（大庆路劳动路口-公园南路北口）
105	北大街	102 路（大庆路劳动路口-公园南路北口）
106	西华门	102 路（大庆路劳动路口-公园南路北口）
107	新城广场	102 路（大庆路劳动路口-公园南路北口）
108	民乐园	102 路（大庆路劳动路口-公园南路北口）
109	东新街	102 路（大庆路劳动路口-公园南路北口）
110	尚勤路南口	102 路（大庆路劳动路口-公园南路北口）
111	东门里	102 路（大庆路劳动路口-公园南路北口）
112	鸡市拐	102 路（大庆路劳动路口-公园南路北口）
113	兴庆公园北门	102 路（大庆路劳动路口-公园南路北口）
114	兴庆路互助路口	102 路（大庆路劳动路口-公园南路北口）
115	东二环互助路口	102 路（大庆路劳动路口-公园南路北口）
116	东二环韩森路口	102 路（大庆路劳动路口-公园南路北口）
117	公园南路北口	102 路（大庆路劳动路口-公园南路北口）
118	公园南路北口	102 路（公园南路北口-大庆路劳动路口）
119	东二环韩森路口	102 路（公园南路北口-大庆路劳动路口）
120	东二环互助路口	102 路（公园南路北口-大庆路劳动路口）
121	兴庆路互助路口	102 路（公园南路北口-大庆路劳动路口）
122	鸡市拐	102 路（公园南路北口-大庆路劳动路口）
123	东门里	102 路（公园南路北口-大庆路劳动路口）

续表

序号	站点名称	线路
124	尚勤路南口	102 路（公园南路北口-大庆路劳动路口）
125	东新街	102 路（公园南路北口-大庆路劳动路口）
126	民乐园	102 路（公园南路北口-大庆路劳动路口）
127	新城广场	102 路（公园南路北口-大庆路劳动路口）
128	西华门	102 路（公园南路北口-大庆路劳动路口）
129	北大街	102 路（公园南路北口-大庆路劳动路口）
130	莲湖公园	102 路（公园南路北口-大庆路劳动路口）
131	许士庙街北口	102 路（公园南路北口-大庆路劳动路口）
132	洒金桥	102 路（公园南路北口-大庆路劳动路口）
133	玉祥门	102 路（公园南路北口-大庆路劳动路口）
134	潘家村	102 路（公园南路北口-大庆路劳动路口）
135	大庆路劳动路口	102 路（公园南路北口-大庆路劳动路口）
136	城西客运站	103 路（城西客运站-火车站）
137	枣园东路东口	103 路（城西客运站-火车站）
138	丝路群雕	103 路（城西客运站-火车站）
139	西二环大庆路口	103 路（城西客运站-火车站）
140	丰登路北口	103 路（城西客运站-火车站）
141	大庆路桃园路口	103 路（城西客运站-火车站）
142	大庆路劳动路口	103 路（城西客运站-火车站）
143	潘家村	103 路（城西客运站-火车站）
144	玉祥门	103 路（城西客运站-火车站）
145	洒金桥	103 路（城西客运站-火车站）
146	许士庙街北口	103 路（城西客运站-火车站）
147	莲湖公园	103 路（城西客运站-火车站）
148	北大街	103 路（城西客运站-火车站）
150	北新街南口	103 路（城西客运站-火车站）
151	革命公园	103 路（城西客运站-火车站）
152	五路口	103 路（城西客运站-火车站）
153	火车站	103 路（城西客运站-火车站）
154	火车站	103 路（火车站-城西客运站）
155	五路口	103 路（火车站-城西客运站）
156	革命公园	103 路（火车站-城西客运站）

续表

序号	站点名称	线路
157	北新街南口	103 路（火车站-城西客运站）
158	北大街	103 路（火车站-城西客运站）
159	莲湖公园	103 路（火车站-城西客运站）
160	许士庙街北口	103 路（火车站-城西客运站）
161	洒金桥	103 路（火车站-城西客运站）
162	玉祥门	103 路（火车站-城西客运站）
163	潘家村	103 路（火车站-城西客运站）
164	大庆路劳动路口	103 路（火车站-城西客运站）
165	大庆路桃园路口	103 路（火车站-城西客运站）
166	丰登路北口	103 路（火车站-城西客运站）
167	西二环大庆路口	103 路（火车站-城西客运站）
168	丝路群雕	103 路（火车站-城西客运站）
169	公交巴士公司	103 路（火车站-城西客运站）
170	汉城路大庆路口	103 路（火车站-城西客运站）
171	城西客运站	103 路（火车站-城西客运站）
172	火车站	103 路（火车站-城西客运站）
173	五路口	103 路（火车站-城西客运站）
174	革命公园	103 路（火车站-城西客运站）
175	北新街南口	103 路（火车站-城西客运站）
176	北大街	103 路（火车站-城西客运站）
177	莲湖公园	103 路（火车站-城西客运站）
178	许士庙街北口	103 路（火车站-城西客运站）
179	洒金桥	103 路（火车站-城西客运站）
180	玉祥门	103 路（火车站-城西客运站）
181	潘家村	103 路（火车站-城西客运站）
182	大庆路劳动路口	103 路（火车站-城西客运站）
183	大庆路桃园路口	103 路（火车站-城西客运站）
184	丰登路北口	103 路（火车站-城西客运站）
185	西二环大庆路口	103 路（火车站-城西客运站）
186	丝路群雕	103 路（火车站-城西客运站）
187	公交巴士公司	103 路（火车站-城西客运站）
188	汉城路大庆路口	103 路（火车站-城西客运站）

续表

序号	站点名称	线路
189	城西客运站	103路（火车站-城西客运站）
190	祥和居小区北门	104路（祥和居小区北门-冶金社区）
191	祥和居小区	104路（祥和居小区北门-冶金社区）
192	浐灞大道西口	104路（祥和居小区北门-冶金社区）
193	辛家庙公交调度站	104路（祥和居小区北门-冶金社区）
194	辛家庙西村	104路（祥和居小区北门-冶金社区）
195	井上村	104路（祥和居小区北门-冶金社区）
196	北二环太华路口	104路（祥和居小区北门-冶金社区）
197	太华路太元路口	104路（祥和居小区北门-冶金社区）
198	大明宫含元殿	104路（祥和居小区北门-冶金社区）
199	大明宫国家遗址公园	104路（祥和居小区北门-冶金社区）
200	大华1935	104路（祥和居小区北门-冶金社区）
201	太华路自强路口	104路（祥和居小区北门-冶金社区）
202	火车站东	104路（祥和居小区北门-冶金社区）
203	西闸口南口	104路（祥和居小区北门-冶金社区）
204	北门外	104路（祥和居小区北门-冶金社区）
205	小北门	104路（祥和居小区北门-冶金社区）
206	星火路立交	104路（祥和居小区北门-冶金社区）
207	小北门	104路（祥和居小区北门-冶金社区）
208	星火路立交	104路（祥和居小区北门-冶金社区）
209	火车西站	104路（祥和居小区北门-冶金社区）
210	玉祥门	104路（祥和居小区北门-冶金社区）
211	潘家村	104路（祥和居小区北门-冶金社区）
212	大庆路劳动路口	104路（祥和居小区北门-冶金社区）
213	大庆路桃园路口	104路（祥和居小区北门-冶金社区）
214	丰登路北口	104路（祥和居小区北门-冶金社区）
215	西二环大庆路口	104路（祥和居小区北门-冶金社区）
216	丝路群雕	104路（祥和居小区北门-冶金社区）
217	枣园东路东口	104路（祥和居小区北门-冶金社区）
218	城西客运站	104路（祥和居小区北门-冶金社区）
219	冶金社区	104路（祥和居小区北门-冶金社区）
220	枣园	104路（枣园-祥和居小区北门）

续表

序号	站点名称	线路
221	冶金社区	104 路（枣园-祥和居小区北门）
222	城西客运站	104 路（枣园-祥和居小区北门）
223	枣园东路东口	104 路（枣园-祥和居小区北门）
224	丝路群雕	104 路（枣园-祥和居小区北门）
225	西二环大庆路口	104 路（枣园-祥和居小区北门）
226	丰登路北口	104 路（枣园-祥和居小区北门）
227	大庆路桃园路口	104 路（枣园-祥和居小区北门）
228	大庆路劳动路口	104 路（枣园-祥和居小区北门）
229	潘家村	104 路（枣园-祥和居小区北门）
230	玉祥门	104 路（枣园-祥和居小区北门）
231	火车西站	104 路（枣园-祥和居小区北门）
232	星火路立交	104 路（枣园-祥和居小区北门）
233	小北门	104 路（枣园-祥和居小区北门）
234	北门外	104 路（枣园-祥和居小区北门）
235	西闸口南口	104 路（枣园-祥和居小区北门）
236	火车站东	104 路（枣园-祥和居小区北门）
237	太华路自强路口	104 路（枣园-祥和居小区北门）
238	大华 1935	104 路（枣园-祥和居小区北门）
239	大明宫国家遗址公园	104 路（枣园-祥和居小区北门）
240	大明宫含元殿	104 路（枣园-祥和居小区北门）
241	太华路太元路口	104 路（枣园-祥和居小区北门）
242	北二环太华路口	104 路（枣园-祥和居小区北门）
243	井上村	104 路（枣园-祥和居小区北门）
244	辛家庙西村	104 路（枣园-祥和居小区北门）
245	辛家庙公交调度站	104 路（枣园-祥和居小区北门）
246	浐灞大道西口	104 路（枣园-祥和居小区北门）
247	祥和居小区	104 路（枣园-祥和居小区北门）
248	泰和居小区	104 路（枣园-祥和居小区北门）
249	郭家滩	105 路（纺西街南口-火车站）
250	半坡路北段	105 路（纺西街南口-火车站）
251	半坡博物馆	105 路（纺西街南口-火车站）
252	半坡公交调度站	105 路（纺西街南口-火车站）

续表

序号	站点名称	线路
253	浐河	105 路（纺西街南口-火车站）
254	空军工程大学	105 路（纺西街南口-火车站）
255	长乐坡	105 路（纺西街南口-火车站）
256	长乐东路西段	105 路（纺西街南口-火车站）
257	长乐路幸福路口	105 路（纺西街南口-火车站）
258	长乐路万寿路口	105 路（纺西街南口-火车站）
259	长乐路公园北路口	105 路（纺西街南口-火车站）
260	东二环长乐路口	105 路（纺西街南口-火车站）
261	圣荣广场	105 路（纺西街南口-火车站）
262	康复路	105 路（纺西街南口-火车站）
263	安仁坊	105 路（纺西街南口-火车站）
264	朝阳门	105 路（纺西街南口-火车站）
265	五路口	105 路（纺西街南口-火车站）
266	火车站	105 路（纺西街南口-火车站）
267	火车站	105 路（火车站-纺西街南口）
268	五路口	105 路（火车站-纺西街南口）
269	朝阳门	105 路（火车站-纺西街南口）
270	安仁坊	105 路（火车站-纺西街南口）
271	康复路	105 路（火车站-纺西街南口）
272	圣荣广场	105 路（火车站-纺西街南口）
273	东二环长乐路口	105 路（火车站-纺西街南口）
274	长乐路公园北路口	105 路（火车站-纺西街南口）
275	长乐路万寿路口	105 路（火车站-纺西街南口）
276	长乐路幸福路口	105 路（火车站-纺西街南口）
277	长乐东路西段	105 路（火车站-纺西街南口）
278	长乐坡	105 路（火车站-纺西街南口）
279	空军工程大学	105 路（火车站-纺西街南口）
280	浐河	105 路（火车站-纺西街南口）
281	半坡公交调度站	105 路（火车站-纺西街南口）
282	半坡博物馆	105 路（火车站-纺西街南口）
283	半坡路北段	105 路（火车站-纺西街南口）
284	郭家滩	105 路（火车站-纺西街南口）

续表

序号	站点名称	线路
285	韩森东路半坡路口	105 路（火车站-纺西街南口）
286	纺西街纺四路口	105 路（火车站-纺西街南口）
287	纺西街纺七路口	105 路（火车站-纺西街南口）
288	纺西街南口	105 路（火车站-纺西街南口）
289	阿房宫高铁站	1061 路（阿房宫高铁站-沣河森林公园地铁站）
290	同力电器产业园	1061 路（阿房宫高铁站-沣河森林公园地铁站）
291	沣东大道沣泾大道口	1061 路（阿房宫高铁站-沣河森林公园地铁站）
292	沣东大道西段	1061 路（阿房宫高铁站-沣河森林公园地铁站）
293	沣东大道科源三路口	1061 路（阿房宫高铁站-沣河森林公园地铁站）
294	沣东二路科源三路口	1061 路（阿房宫高铁站-沣河森林公园地铁站）
295	沣东二路科源一路口	1061 路（阿房宫高铁站-沣河森林公园地铁站）
296	沣东二路科源路口	1061 路（阿房宫高铁站-沣河森林公园地铁站）
297	沣东第一学校	1061 路（阿房宫高铁站-沣河森林公园地铁站）
298	科源路沣东四路口	1061 路（阿房宫高铁站-沣河森林公园地铁站）
299	科源路沣东五路口	1061 路（阿房宫高铁站-沣河森林公园地铁站）
300	茨根村	1061 路（阿房宫高铁站-沣河森林公园地铁站）
301	沣赵村	1061 路（阿房宫高铁站-沣河森林公园地铁站）
302	沣水园	1061 路（阿房宫高铁站-沣河森林公园地铁站）
303	沣河大桥	1061 路（阿房宫高铁站-沣河森林公园地铁站）
304	南北季村	1061 路（阿房宫高铁站-沣河森林公园地铁站）
305	咸阳职业技术学院	1061 路（阿房宫高铁站-沣河森林公园地铁站）
306	统一路・白马河路口	1061 路（阿房宫高铁站-沣河森林公园地铁站）
307	沣西中学	1061 路（阿房宫高铁站-沣河森林公园地铁站）
308	服装学院便民站	1061 路（阿房宫高铁站-沣河森林公园地铁站）
309	同文路・永平路口	1061 路（阿房宫高铁站-沣河森林公园地铁站）
310	电信小区	1061 路（阿房宫高铁站-沣河森林公园地铁站）
311	海泉湾温泉世界	1061 路（阿房宫高铁站-沣河森林公园地铁站）
312	世纪大道・白马河路口	1061 路（阿房宫高铁站-沣河森林公园地铁站）
313	水务集团	1061 路（阿房宫高铁站-沣河森林公园地铁站）
314	中医药大学	1061 路（阿房宫高铁站-沣河森林公园地铁站）
315	沣河森林公园地铁站	1061 路（阿房宫高铁站-沣河森林公园地铁站）
316	沣河森林公园地铁站	1061 路（沣河森林公园地铁站-阿房宫高铁站）

续表

序号	站点名称	线路
317	中医药大学	1061路（沣河森林公园地铁站-阿房宫高铁站）
318	渭滨苑	1061路（沣河森林公园地铁站-阿房宫高铁站）
319	水务集团	1061路（沣河森林公园地铁站-阿房宫高铁站）
320	世纪大道·白马河路口	1061路（沣河森林公园地铁站-阿房宫高铁站）
321	海泉湾温泉世界	1061路（沣河森林公园地铁站-阿房宫高铁站）
322	电信小区	1061路（沣河森林公园地铁站-阿房宫高铁站）
323	同文路·永平路口	1061路（沣河森林公园地铁站-阿房宫高铁站）
324	沣西中学	1061路（沣河森林公园地铁站-阿房宫高铁站）
325	统一路·白马河路口	1061路（沣河森林公园地铁站-阿房宫高铁站）
326	咸阳职业技术学院	1061路（沣河森林公园地铁站-阿房宫高铁站）
327	南北季村	1061路（沣河森林公园地铁站-阿房宫高铁站）
328	沣河大桥	1061路（沣河森林公园地铁站-阿房宫高铁站）
329	延长橡胶	1061路（沣河森林公园地铁站-阿房宫高铁站）
330	沣赵村	1061路（沣河森林公园地铁站-阿房宫高铁站）
331	茨根村	1061路（沣河森林公园地铁站-阿房宫高铁站）
332	科源路沣东五路口	1061路（沣河森林公园地铁站-阿房宫高铁站）
333	科源路沣东四路口	1061路（沣河森林公园地铁站-阿房宫高铁站）
334	沣东第一学校	1061路（沣河森林公园地铁站-阿房宫高铁站）
335	沣东二路科源路口	1061路（沣河森林公园地铁站-阿房宫高铁站）
336	沣东二路科源一路口	1061路（沣河森林公园地铁站-阿房宫高铁站）
337	沣东二路科源三路口	1061路（沣河森林公园地铁站-阿房宫高铁站）
338	沣东大道科源三路口	1061路（沣河森林公园地铁站-阿房宫高铁站）
339	沣东大道西段	1061路（沣河森林公园地铁站-阿房宫高铁站）
340	沣东大道沣泾大道口	1061路（沣河森林公园地铁站-阿房宫高铁站）
341	同力电器产业园	1061路（沣河森林公园地铁站-阿房宫高铁站）
342	阿房宫高铁站	1061路（沣河森林公园地铁站-阿房宫高铁站）
343	沣河森林公园地铁站	1062路（沣河森林公园地铁站-思源环南路西梧桐路口）
344	中医药大学	1062路（沣河森林公园地铁站-思源环南路西梧桐路口）
345	渭滨苑	1062路（沣河森林公园地铁站-思源环南路西梧桐路口）
346	水务集团	1062路（沣河森林公园地铁站-思源环南路西梧桐路口）
347	世纪大道·白马河路口	1062路（沣河森林公园地铁站-思源环南路西梧桐路口）
348	沣西实验学校	1062路（沣河森林公园地铁站-思源环南路西梧桐路口）

续表

序号	站点名称	线路
349	沣西吾悦广场	1062 路（沣河森林公园地铁站-思源环南路西梧桐路口）
350	白马河路·康定路口	1062 路（沣河森林公园地铁站-思源环南路西梧桐路口）
351	康定路·同心路口	1062 路（沣河森林公园地铁站-思源环南路西梧桐路口）
352	康定路·同文路口	1062 路（沣河森林公园地铁站-思源环南路西梧桐路口）
353	康定路·同德路口	1062 路（沣河森林公园地铁站-思源环南路西梧桐路口）
354	康定路·丰邑大道口	1062 路（沣河森林公园地铁站-思源环南路西梧桐路口）
355	康定路·丰耘路口	1062 路（沣河森林公园地铁站-思源环南路西梧桐路口）
356	丰耘路·沣润西路口	1062 路（沣河森林公园地铁站-思源环南路西梧桐路口）
357	丰耘路·开元路口	1062 路（沣河森林公园地铁站-思源环南路西梧桐路口）
358	丰耘路·天府路口	1062 路（沣河森林公园地铁站-思源环南路西梧桐路口）
359	公园大街·钓鱼台路口	1062 路（沣河森林公园地铁站-思源环南路西梧桐路口）
360	公园大街东段	1062 路（沣河森林公园地铁站-思源环南路西梧桐路口）
361	公园大街·丰联路口	1062 路（沣河森林公园地铁站-思源环南路西梧桐路口）
362	公园大街·丰信路口	1062 路（沣河森林公园地铁站-思源环南路西梧桐路口）
363	公园大街·咸户路口	1062 路（沣河森林公园地铁站-思源环南路西梧桐路口）
364	咸户路·天元路口	1062 路（沣河森林公园地铁站-思源环南路西梧桐路口）
365	创新港东	1062 路（沣河森林公园地铁站-思源环南路西梧桐路口）
366	通勤路勤政路口	1062 路（沣河森林公园地铁站-思源环南路西梧桐路口）
367	思源环北路东栾华路口	1062 路（沣河森林公园地铁站-思源环南路西梧桐路口）
368	思源环北路东红枫路口	1062 路（沣河森林公园地铁站-思源环南路西梧桐路口）
369	思源环北路西梧桐路口	1062 路（沣河森林公园地铁站-思源环南路西梧桐路口）
370	西梧桐路勤政路口	1062 路（沣河森林公园地铁站-思源环南路西梧桐路口）
371	西梧桐路格非路口	1062 路（沣河森林公园地铁站-思源环南路西梧桐路口）
372	思源环南路西梧桐路口	1062 路（沣河森林公园地铁站-思源环南路西梧桐路口）
373	思源环南路西梧桐路口	1062 路（思源环南路西梧桐路口-沣河森林公园地铁站）
374	西梧桐路格非路口	1062 路（思源环南路西梧桐路口-沣河森林公园地铁站）
375	西梧桐路勤政路口	1062 路（思源环南路西梧桐路口-沣河森林公园地铁站）
376	思源环北路西梧桐路口	1062 路（思源环南路西梧桐路口-沣河森林公园地铁站）
377	思源环北路东红枫路口	1062 路（思源环南路西梧桐路口-沣河森林公园地铁站）
378	思源环北路东栾华路口	1062 路（思源环南路西梧桐路口-沣河森林公园地铁站）
379	通勤路勤政路口	1062 路（思源环南路西梧桐路口-沣河森林公园地铁站）
380	创新港东	1062 路（思源环南路西梧桐路口-沣河森林公园地铁站）

续表

序号	站点名称	线路
381	咸户路・天元路口	1062路（思源环南路西梧桐路口-沣河森林公园地铁站）
382	公园大街・咸户路口	1062路（思源环南路西梧桐路口-沣河森林公园地铁站）
383	公园大街・丰信路口	1062路（思源环南路西梧桐路口-沣河森林公园地铁站）
384	公园大街・丰联路口	1062路（思源环南路西梧桐路口-沣河森林公园地铁站）
385	公园大街东段	1062路（思源环南路西梧桐路口-沣河森林公园地铁站）
386	公园大街・钓鱼台路口	1062路（思源环南路西梧桐路口-沣河森林公园地铁站）
387	丰耘路・天府路口	1062路（思源环南路西梧桐路口-沣河森林公园地铁站）
388	丰耘路・开元路口	1062路（思源环南路西梧桐路口-沣河森林公园地铁站）
389	丰耘路・沣润西路口	1062路（思源环南路西梧桐路口-沣河森林公园地铁站）
390	康定路・丰耘路口	1062路（思源环南路西梧桐路口-沣河森林公园地铁站）
391	康定路・丰邑大道口	1062路（思源环南路西梧桐路口-沣河森林公园地铁站）
392	康定路・同德路口	1062路（思源环南路西梧桐路口-沣河森林公园地铁站）
393	康定路・同文路口	1062路（思源环南路西梧桐路口-沣河森林公园地铁站）
394	康定路・同心路口	1062路（思源环南路西梧桐路口-沣河森林公园地铁站）
395	白马河路・康定路口	1062路（思源环南路西梧桐路口-沣河森林公园地铁站）
396	沣西吾悦广场	1062路（思源环南路西梧桐路口-沣河森林公园地铁站）
397	沣西实验学校	1062路（思源环南路西梧桐路口-沣河森林公园地铁站）
398	世纪大道・白马河路口	1062路（思源环南路西梧桐路口-沣河森林公园地铁站）
399	水务集团	1062路（思源环南路西梧桐路口-沣河森林公园地铁站）
400	中医药大学	1062路（思源环南路西梧桐路口-沣河森林公园地铁站）
401	沣河森林公园地铁站	1062路（思源环南路西梧桐路口-沣河森林公园地铁站）
402	阿房宫高铁站	1063路（阿房宫高铁站-大王电管站）
403	同力电器产业园	1063路（阿房宫高铁站-大王电管站）
404	沣东大道沣泾大道口	1063路（阿房宫高铁站-大王电管站）
405	沣泾大道沣明路口	1063路（阿房宫高铁站-大王电管站）
406	沣泾大道南段	1063路（阿房宫高铁站-大王电管站）
407	张旺渠村	1063路（阿房宫高铁站-大王电管站）
408	张旺渠小学	1063路（阿房宫高铁站-大王电管站）
409	斗门	1063路（阿房宫高铁站-大王电管站）
410	沣东农博园北	1063路（阿房宫高铁站-大王电管站）
411	客省庄	1063路（阿房宫高铁站-大王电管站）
412	马王小学	1063路（阿房宫高铁站-大王电管站）

续表

序号	站点名称	线路
413	马王	1063 路（阿房宫高铁站-大王电管站）
414	马王西	1063 路（阿房宫高铁站-大王电管站）
415	108 国道王马路口	1063 路（阿房宫高铁站-大王电管站）
416	王家院	1063 路（阿房宫高铁站-大王电管站）
417	小泥河村	1063 路（阿房宫高铁站-大王电管站）
418	大泥河村	1063 路（阿房宫高铁站-大王电管站）
419	新庄	1063 路（阿房宫高铁站-大王电管站）
420	梧村	1063 路（阿房宫高铁站-大王电管站）
421	大王街道东口	1063 路（阿房宫高铁站-大王电管站）
422	大王东	1063 路（阿房宫高铁站-大王电管站）
423	大王中心卫生院	1063 路（阿房宫高铁站-大王电管站）
424	大王西	1063 路（阿房宫高铁站-大王电管站）
425	大王电管站	1063 路（阿房宫高铁站-大王电管站）
426	大王电管站	1063 路（大王电管站-阿房宫高铁站）
427	大王西	1063 路（大王电管站-阿房宫高铁站）
428	大王中心卫生院	1063 路（大王电管站-阿房宫高铁站）
429	大王东	1063 路（大王电管站-阿房宫高铁站）
430	大王街道东口	1063 路（大王电管站-阿房宫高铁站）
431	梧村	1063 路（大王电管站-阿房宫高铁站）
432	新庄	1063 路（大王电管站-阿房宫高铁站）
433	大泥河村	1063 路（大王电管站-阿房宫高铁站）
434	小泥河村	1063 路（大王电管站-阿房宫高铁站）
435	王家院	1063 路（大王电管站-阿房宫高铁站）
436	108 国道王马路口	1063 路（大王电管站-阿房宫高铁站）
437	马王西	1063 路（大王电管站-阿房宫高铁站）
438	马王	1063 路（大王电管站-阿房宫高铁站）
439	马王小学	1063 路（大王电管站-阿房宫高铁站）
440	客省庄	1063 路（大王电管站-阿房宫高铁站）
441	沣东农博园北	1063 路（大王电管站-阿房宫高铁站）
442	斗门	1063 路（大王电管站-阿房宫高铁站）
443	张旺渠小学	1063 路（大王电管站-阿房宫高铁站）
444	张旺渠村	1063 路（大王电管站-阿房宫高铁站）

续表

序号	站点名称	线路
445	沣泾大道南段	1063 路（大王电管站-阿房宫高铁站）
446	沣泾大道沣明路口	1063 路（大王电管站-阿房宫高铁站）
447	沣东大道沣泾大道口	1063 路（大王电管站-阿房宫高铁站）
448	同力电器产业园	1063 路（大王电管站-阿房宫高铁站）
449	阿房宫高铁站	1063 路（大王电管站-阿房宫高铁站）
450	沣润和园	1064 路（沣润和园-昆明池）
451	沣西实验学校	1064 路（沣润和园-昆明池）
452	龙台观路中段	1064 路（沣润和园-昆明池）
453	同文路・龙台观路口	1064 路（沣润和园-昆明池）
454	服装学院北门	1064 路（沣润和园-昆明池）
455	同德路・龙台观路口	1064 路（沣润和园-昆明池）
456	服装学院西门	1064 路（沣润和园-昆明池）
457	统一路・同德路口	1064 路（沣润和园-昆明池）
458	康定路・同德路口	1064 路（沣润和园-昆明池）
459	沣西新城管委会东	1064 路（沣润和园-昆明池）
460	沣西新城管委会西	1064 路（沣润和园-昆明池）
461	丰邑大道・开元路口	1064 路（沣润和园-昆明池）
462	丰邑大道・公园大街口	1064 路（沣润和园-昆明池）
463	沣西大道丰邑大道口	1064 路（沣润和园-昆明池）
464	东马坊村	1064 路（沣润和园-昆明池）
465	沣西大道同德路口	1064 路（沣润和园-昆明池）
466	高桥	1064 路（沣润和园-昆明池）
467	镐京大道王马路口	1064 路（沣润和园-昆明池）
468	西咸新区汽车维修服务中心	1064 路（沣润和园-昆明池）
469	马务村	1064 路（沣润和园-昆明池）
470	北沙河村	1064 路（沣润和园-昆明池）
471	沙河村	1064 路（沣润和园-昆明池）
472	108 国道王马路口	1064 路（沣润和园-昆明池）
473	马王西	1064 路（沣润和园-昆明池）
474	马王	1064 路（沣润和园-昆明池）
475	马王小学	1064 路（沣润和园-昆明池）
476	客省庄	1064 路（沣润和园-昆明池）

续表

序号	站点名称	线路
477	沣东农博园北	1064 路（沣润和园-昆明池）
478	斗门南街口	1064 路（沣润和园-昆明池）
479	昆明池	1064 路（沣润和园-昆明池）
480	昆明池	1064 路（沣润和园-昆明池）
481	昆明池	1064 路（昆明池-沣润和园）
482	斗门南街口	1064 路（昆明池-沣润和园）
483	沣东农博园北	1064 路（昆明池-沣润和园）
484	客省庄	1064 路（昆明池-沣润和园）
485	马王小学	1064 路（昆明池-沣润和园）
486	马王	1064 路（昆明池-沣润和园）
487	马王西	1064 路（昆明池-沣润和园）
488	108 国道王马路口	1064 路（昆明池-沣润和园）
489	沙河村	1064 路（昆明池-沣润和园）
490	北沙河村	1064 路（昆明池-沣润和园）
491	马务村	1064 路（昆明池-沣润和园）
492	西咸新区汽车维修服务中心	1064 路（昆明池-沣润和园）
493	镐京大道王马路口	1064 路（昆明池-沣润和园）
494	高桥	1064 路（昆明池-沣润和园）
495	沣西大道同德路口	1064 路（昆明池-沣润和园）
496	东马坊村	1064 路（昆明池-沣润和园）
497	沣西大道丰邑大道口	1064 路（昆明池-沣润和园）
498	丰邑大道 • 公园大街口	1064 路（昆明池-沣润和园）
499	丰邑大道 • 开元路口	1064 路（昆明池-沣润和园）
500	沣西新城管委会西	1064 路（昆明池-沣润和园）
501	沣西新城管委会东	1064 路（昆明池-沣润和园）
502	康定路 • 同德路口	1064 路（昆明池-沣润和园）
503	统一路 • 同德路口	1064 路（昆明池-沣润和园）
504	服装学院西门	1064 路（昆明池-沣润和园）
505	同德路 • 龙台观路口	1064 路（昆明池-沣润和园）
506	服装学院北门	1064 路（昆明池-沣润和园）
507	同文路 • 龙台观路口	1064 路（昆明池-沣润和园）
508	龙台观路中段	1064 路（昆明池-沣润和园）

续表

序号	站点名称	线路
509	沣西实验学校	1064 路（昆明池-沣润和园）
510	沣润和园	1064 路（昆明池-沣润和园）
511	凤栖路·企业路口	1066 路（凤栖路·企业路口-中央大街北段）
512	西咸城投	1066 路（凤栖路·企业路口-中央大街北段）
513	沣东中心小学	1066 路（凤栖路·企业路口-中央大街北段）
514	西咸大道·上林路口	1066 路（凤栖路·企业路口-中央大街北段）
515	西咸人才大厦	1066 路（凤栖路·企业路口-中央大街北段）
516	沣泾大道·创新二路口	1066 路（凤栖路·企业路口-中央大街北段）
517	沣泾大道·统一路口	1066 路（凤栖路·企业路口-中央大街北段）
518	茨根村	1066 路（凤栖路·企业路口-中央大街北段）
519	科源路沣东五路口	1066 路（凤栖路·企业路口-中央大街北段）
520	科源路沣东四路口	1066 路（凤栖路·企业路口-中央大街北段）
521	沣东第一学校	1066 路（凤栖路·企业路口-中央大街北段）
522	沣东二路科源路口	1066 路（凤栖路·企业路口-中央大街北段）
523	沣东一路科源一路口	1066 路（凤栖路·企业路口-中央大街北段）
524	沣东大道科源一路口	1066 路（凤栖路·企业路口-中央大街北段）
525	科源一路王寺东街口	1066 路（凤栖路·企业路口-中央大街北段）
526	复兴大道王寺东街口	1066 路（凤栖路·企业路口-中央大街北段）
527	沣泾大道南段	1066 路（凤栖路·企业路口-中央大街北段）
528	张旺渠村	1066 路（凤栖路·企业路口-中央大街北段）
529	沣东沣河生态园	1066 路（凤栖路·企业路口-中央大街北段）
530	西咸国际文教园	1066 路（凤栖路·企业路口-中央大街北段）
531	沣柳路文教六路口	1066 路（凤栖路·企业路口-中央大街北段）
532	中央大街北段	1066 路（凤栖路·企业路口-中央大街北段）
533	凤栖路·企业路口	1066 路（凤栖路·企业路口-中央大街北段）
534	西咸城投	1066 路（凤栖路·企业路口-中央大街北段）
535	沣东中心小学	1066 路（凤栖路·企业路口-中央大街北段）
536	西咸大道·上林路口	1066 路（凤栖路·企业路口-中央大街北段）
537	西咸人才大厦	1066 路（凤栖路·企业路口-中央大街北段）
538	沣泾大道·创新二路口	1066 路（凤栖路·企业路口-中央大街北段）
539	沣泾大道·统一路口	1066 路（凤栖路·企业路口-中央大街北段）
540	茨根村	1066 路（凤栖路·企业路口-中央大街北段）

续表

序号	站点名称	线路
541	科源路沣东五路口	1066 路（凤栖路・企业路口-中央大街北段）
542	科源路沣东四路口	1066 路（凤栖路・企业路口-中央大街北段）
543	沣东第一学校	1066 路（凤栖路・企业路口-中央大街北段）
544	沣东二路科源路口	1066 路（凤栖路・企业路口-中央大街北段）
545	沣东一路科源一路口	1066 路（凤栖路・企业路口-中央大街北段）
546	沣东大道科源一路口	1066 路（凤栖路・企业路口-中央大街北段）
547	科源一路王寺东街口	1066 路（凤栖路・企业路口-中央大街北段）
548	复兴大道王寺东街口	1066 路（凤栖路・企业路口-中央大街北段）
549	沣泾大道南段	1066 路（凤栖路・企业路口-中央大街北段）
550	张旺渠村	1066 路（凤栖路・企业路口-中央大街北段）
551	沣东沣河生态园	1066 路（凤栖路・企业路口-中央大街北段）
552	西咸国际文教园	1066 路（凤栖路・企业路口-中央大街北段）
553	沣柳路文教六路口	1066 路（凤栖路・企业路口-中央大街北段）
554	中央大街北段	1066 路（凤栖路・企业路口-中央大街北段）
555	凤栖路・企业路口	1066 路（凤栖路・企业路口-中央大街北段）
556	西咸城投	1066 路（凤栖路・企业路口-中央大街北段）
557	沣东中心小学	1066 路（凤栖路・企业路口-中央大街北段）
558	西咸大道・上林路口	1066 路（凤栖路・企业路口-中央大街北段）
559	西咸人才大厦	1066 路（凤栖路・企业路口-中央大街北段）
560	沣泾大道・创新二路口	1066 路（凤栖路・企业路口-中央大街北段）
561	沣泾大道・统一路口	1066 路（凤栖路・企业路口-中央大街北段）
562	茨根村	1066 路（凤栖路・企业路口-中央大街北段）
563	科源路沣东五路口	1066 路（凤栖路・企业路口-中央大街北段）
564	科源路沣东四路口	1066 路（凤栖路・企业路口-中央大街北段）
565	沣东第一学校	1066 路（凤栖路・企业路口-中央大街北段）
566	沣东二路科源路口	1066 路（凤栖路・企业路口-中央大街北段）
567	沣东一路科源一路口	1066 路（凤栖路・企业路口-中央大街北段）
568	沣东大道科源一路口	1066 路（凤栖路・企业路口-中央大街北段）
569	科源一路王寺东街口	1066 路（凤栖路・企业路口-中央大街北段）
570	复兴大道王寺东街口	1066 路（凤栖路・企业路口-中央大街北段）
571	沣泾大道南段	1066 路（凤栖路・企业路口-中央大街北段）
572	张旺渠村	1066 路（凤栖路・企业路口-中央大街北段）

续表

序号	站点名称	线路
573	沣东沣河生态园	1066路（凤栖路·企业路口-中央大街北段）
574	西咸国际文教园	1066路（凤栖路·企业路口-中央大街北段）
575	沣柳路文教六路口	1066路（凤栖路·企业路口-中央大街北段）
576	中央大街北段	1066路（凤栖路·企业路口-中央大街北段）
577	昆明池	1068路（昆明池-新旺村）
578	斗门南街口	1068路（昆明池-新旺村）
579	沣东农博园北	1068路（昆明池-新旺村）
580	客省庄	1068路（昆明池-新旺村）
581	马王小学	1068路（昆明池-新旺村）
582	马王	1068路（昆明池-新旺村）
583	马王卫生院	1068路（昆明池-新旺村）
584	南二街	1068路（昆明池-新旺村）
585	曹家寨	1068路（昆明池-新旺村）
586	新旺村东	1068路（昆明池-新旺村）
587	新旺村	1068路（昆明池-新旺村）
588	新旺村	1068路（新旺村-昆明池）
589	新旺村东	1068路（新旺村-昆明池）
590	曹家寨	1068路（新旺村-昆明池）
591	南二街	1068路（新旺村-昆明池）
592	马王卫生院	1068路（新旺村-昆明池）
593	马王	1068路（新旺村-昆明池）
594	马王小学	1068路（新旺村-昆明池）
595	客省庄	1068路（新旺村-昆明池）
596	沣东农博园北	1068路（新旺村-昆明池）
597	斗门南街口	1068路（新旺村-昆明池）
598	昆明池	1068路（新旺村-昆明池）
599	城南客运站	106路（城南客运站-大庆路西段）
600	西三爻	106路（城南客运站-大庆路西段）
601	电视塔	106路（城南客运站-大庆路西段）
602	丈八东路东口	106路（城南客运站-大庆路西段）
603	丈八东路朱雀大街口	106路（城南客运站-大庆路西段）
604	明德门	106路（城南客运站-大庆路西段）

续表

序号	站点名称	线路
605	杨家村	106 路（城南客运站-大庆路西段）
606	朱雀大街青松路口	106 路（城南客运站-大庆路西段）
607	西八里村	106 路（城南客运站-大庆路西段）
608	交大一附院	106 路（城南客运站-大庆路西段）
609	朱雀大街小寨路口	106 路（城南客运站-大庆路西段）
610	吉祥村	106 路（城南客运站-大庆路西段）
611	吉祥路四季西巷口	106 路（城南客运站-大庆路西段）
612	吉祥路永松路口	106 路（城南客运站-大庆路西段）
613	永松路	106 路（城南客运站-大庆路西段）
614	五公司家属院	106 路（城南客运站-大庆路西段）
615	公交五公司	106 路（城南客运站-大庆路西段）
616	南二环太白立交南	106 路（城南客运站-大庆路西段）
617	电子科技大学	106 路（城南客运站-大庆路西段）
618	白庙村	106 路（城南客运站-大庆路西段）
619	劳动南路南口	106 路（城南客运站-大庆路西段）
620	西工大西门	106 路（城南客运站-大庆路西段）
621	大唐西市	106 路（城南客运站-大庆路西段）
622	草阳村	106 路（城南客运站-大庆路西段）

数据来源：西安公交网 http://www.xbus.cn/